权威·前沿·原创

皮书系列为
"十二五""十三五"国家重点图书出版规划项目

BLUE BOOK

智库成果出版与传播平台

青年发展蓝皮书

BLUE BOOK OF
YOUTH DEVELOPMENT

中国青年发展报告
No.4

REPORT ON DEVELOPMENT OF YOUTH IN CHINA No.4

当代青年婚恋状况、关联政策和服务供给研究

主　编／陈光金
副主编／马春华　石金群　田　丰　赵联飞

社会科学文献出版社
SOCIAL SCIENCES ACADEMIC PRESS（CHINA）

图书在版编目(CIP)数据

中国青年发展报告. No. 4，当代青年婚恋状况、关联
政策和服务供给研究 / 陈光金主编. -- 北京：社会科
学文献出版社，2020.7
（青年发展蓝皮书）
ISBN 978 - 7 - 5201 - 6448 - 1

Ⅰ. ①中…　Ⅱ. ①陈…　Ⅲ. ①青年 - 研究报告 - 中国
Ⅳ. ①D669.5

中国版本图书馆 CIP 数据核字（2020）第 051833 号

青年发展蓝皮书

中国青年发展报告 No.4
——当代青年婚恋状况、关联政策和服务供给研究

主　　编 / 陈光金
副 主 编 / 马春华　石金群　田　丰　赵联飞

出 版 人 / 谢寿光
责任编辑 / 桂　芳

出　　版 / 社会科学文献出版社·皮书出版分社 （010）59367127
　　　　　 地址：北京市北三环中路甲 29 号院华龙大厦　邮编：100029
　　　　　 网址：www.ssap.com.cn
发　　行 / 市场营销中心 （010）59367081　59367083
印　　装 / 天津千鹤文化传播有限公司

规　　格 / 开　本：787mm × 1092mm　1/16
　　　　　 印　张：20.25　字　数：303 千字
版　　次 / 2020 年 7 月第 1 版　2020 年 7 月第 1 次印刷
书　　号 / ISBN 978 - 7 - 5201 - 6448 - 1
定　　价 / 128.00 元

本书如有印装质量问题，请与读者服务中心 （010 - 59367028）联系

青年发展蓝皮书编委会

中国青年发展报告 No. 4
编写组

主　　编　陈光金

副 主 编　马春华　石金群　田　丰　赵联飞

编　　委　（按姓氏拼音排列）

　　　　　刁鹏飞　傅学军　张芝梅　朱　迪

文章作者　（按文序排列）

　　　　　陈光金　马春华　陈　科　金　令　颜康朴

　　　　　王中汉　刘志强　许　琪　朱　迪　张晓冰

　　　　　张晓倩　石金群　刘汶蓉　徐　鹏　范茹玥

　　　　　国　熙　田　丰

主编/副主编介绍

陈光金 男，湖南醴陵人，博士，研究员，中国社会科学院社会学研究所所长，《社会学研究》主编，《青年研究》主编。主要研究领域：农村社会学，社会分层与流动私营企业主阶层。主要研究成果包括《中国乡村现代化的回顾与前瞻》（专著）、《新经济学领域的拓疆者——贝克尔评传》（专著）、《当代中国社会阶层研究报告》（合著）、《当代英国瑞典社会保障》（合著）、《内发的村庄》（合著）、《中国小康社会》（合著）、《当代中国社会流动》（合著）、《多维视角下的农民问题》（合著）、《当代中国社会结构》（合著）等。

马春华 女，江西永新人，博士，副研究员，中国社会科学院社会学研究所家庭与性别研究室副主任。主要研究领域：家庭社会学、家庭政策、农村贫困、劳动力流动、性别关系。主要研究成果包括《转型期中国城市家庭变迁：基于五城市的调查》（合著）、《家庭与性别评论（第4辑）》（主编）、《家庭与性别评论（第7辑）》（主编）、《20世纪以来海外中国家庭研究述评》（论文）、《中国城市家庭变迁的趋势和最新发现》（合著论文）、《重构国家和青年家庭之间的契约》（论文）、《中国城市家庭亲子关系结构和社会阶层的影响》（论文）、《性别、权力、资源和夫妻间暴力——丈夫受虐和妻子受虐的影响因素分析》（论文）、《欧美和东亚的家庭政策：回顾与评述》（论文）等。

石金群 女，湖南凤凰人，博士，副研究员，中国社会科学院社会学研究所《青年研究》编辑部责任编辑。主要研究领域：家庭研究、青年研究。

主要研究成果包括《独立与依赖——转型期的中国城市家庭代际关系》（专著）、《转型期家庭代际关系流变：机制、逻辑与张力》（论文）、《当代西方家庭代际关系研究的理论新转向》（论文）、《中国城市家庭变迁的趋势和最新发现》（论文）、《女儿赡养的伦理与公平——浙东农村家庭代际关系的性别考察》（论文）、《家庭代际关系与贫困》（论文）、《流动背景下少数民族青年婚姻变迁——以湘西苗族为例》（论文）等。

赵联飞 男，重庆云阳人，博士，研究员，中国社会科学院社会学研究所社会调查与方法研究室副主任、《青年研究》副主编。主要研究领域：社会统计学、互联网与社会、青年研究、澳门研究。主要研究成果包括《现代性与虚拟社区》（专著）、《中国大学生中的三道互联网鸿沟——基于全国12所高校调查数据的分析》（论文）、《网络对青年大学生的政治态度影响：以微博为例》（论文）、《虚拟社区交往及其类型学分析》（论文合著）等。

田 丰 男，安徽蚌埠人，博士，研究员，中国社会科学院社会发展战略研究院研究员。主要研究领域：人口与家庭社会学、青少年与大学生、社会问题与社会治理、社会分层、社会调查方法。主要研究成果包括《当代中国家庭生命周期》（专著）、《家庭负担系数研究》（专著）、《城市工人与农民工的收入差距研究》（论文）、《改革开放的孩子们——中国"70后"和"80后"青年的公平感和民主意识研究》（论文）、《消费、生活方式和社会分层》（论文）、《高等教育体系与精英阶层再生产——基于12所高校调查数据》（论文）等。

前　言

2017 年 4 月颁布的《中长期青年发展规划（2016－2025 年）》（以下简称《规划》）将青年婚恋列为青年发展的十大领域之一，明确了青年婚恋的发展目标是"青年婚恋观念更加文明、健康、理性；青年婚姻家庭和生殖健康服务水平进一步提升；青年的相关法定权利得到更好保障"。围绕这一目标，《规划》提出了"加强青年婚恋观、家庭观教育和引导""切实服务青年婚恋交友""开展青年性健康教育和优生优育宣传教育""保障青年在孕期、产假、哺乳期期间享有的法定权益"等四项具体举措，为今后一个时期内的青年婚恋工作提供了指导性意见。

在《规划》印发之后，国家层面成立《规划》实施工作部际联席会议，并成立了中长期青年发展规划专家委员会，负责指导开展青年发展问题的研究。为反映青年发展现状、研究青年发展问题、推进青年发展制度建设和相关社会政策制定，自 2017 年开始，团中央委托有关研究机构组织编撰《中国青年发展报告》系列蓝皮书。中国社会科学院社会学研究所作为团中央维护青少年权益部的合作单位，于 2018 年 9 月成立课题组，专门负责"青年婚恋"这一专题的编撰工作。本书即课题的最终研究成果。

本书的作者来自各高校和专业，各位作者的观点属于作者本人，既不代表课题组，也不代表作者所在的单位。同时，本书涉及多时点、多区域的调查数据，由于来源不同、口径不同，在个别问题上的结论可能存在着不完全一致的情况，请读者在引用时注意。

本书由陈光金、赵联飞、马春华、田丰、张芝梅、朱迪、石金群、国熙

负责全部统稿，傅学军负责课题的事务协调和资料工作。共青团中央和社会科学文献出版社的多位工作人员为本书的出版做了大量工作，在此表示诚挚谢意。

编　者

2019 年 10 月

摘　要

　　本报告是中国社会科学院社会学研究所青年婚恋状况调查课题组分析报告（青年发展蓝皮书），由中国社会科学院社会学研究所组织研究机构专家、高校学者撰写。为了对青年婚恋问题能有更为准确、真实的把握，2018年12月到2019年1月，中国社会科学院社会学研究所组织和实施了青年婚恋状况调查。本报告所讨论的青年，主要是指20~35周岁的人口群体。青年群体内部的代际差异、社会分化和阶层化都很明显。但是，由于数据的限制，本报告在大多数情况下还是把青年群体作为一个整体来讨论和分析，这可能掩盖了青年群体内部的差异。在可能的情况下，本报告都辅之以有关不同青年群体的讨论，以作弥补。

　　从个人、家庭到社会、市场和国家等因素，共同塑造着青年婚恋的行为。因此，这本青年发展蓝皮书主要从这几个维度共同考察青年婚恋问题。首先，关注青年本身对于婚恋的认知和态度，包括青年婚恋观、性观念、家庭观、生育观和育儿观，同时关注他们的实际行为，因为这些行为是对他们相关观念更加直接和真实的反映。其次，对于青年婚恋行为进行规范的国家政策和法规，包括婚姻法等法律条文，也包括产假等全国性政策，还讨论并借鉴了国外相关经验。再次，讨论国家、社会和市场给青年婚恋提供的各种服务，特别是共青团开展的婚恋服务等等。为了对青年婚恋问题进行更为深入的探讨，蓝皮书也关注了青年婚恋中的几个热点问题，比如晚婚晚育、高额彩礼、离婚率升高等。

　　本报告指出，随着经济发展和社会变迁，中国青年婚恋观和婚恋现状有变的也有不变的。从婚姻的角度来说，不变的是，中国依然是个普婚社会，"男大当婚、女大当嫁"还是中国人普遍接受的价值观，青年人结婚的意愿

依然强烈；变的是，青年人在择偶时更加自主，更加重视感情因素，父母催婚的增加了，结婚的时间普遍推迟了，结婚时女方支出比重增加了。从生育的角度来说，不变的是大多数青年人还是认同生育，希望儿女双全，对于血缘关系/家庭关系有强烈的认同感；变的是，青年人的生育意愿呈下降趋势，不生育的主要原因是经济原因。就性关系而言，实践上，越来越多的未婚青年有过性体验；观念上，青年人的性价值观呈多元化取向，对于婚前性关系更为包容。

青年婚恋问题是青年发展过程中的大问题，也是所有青年在整个生命历程中都将遇到的问题。针对现在青年的婚恋现状和婚恋观，建构和完善青年婚恋的社会支持体系，为青年婚恋创造友好的环境，是政府和社会都无法回避的。本书的各个报告都在结尾部分，针对具体的问题提出了相应的政策建议，希望对于国家出台相应的政策有所助益。

关键词：青年　婚恋观　婚恋现状　婚恋法规　婚恋服务

目　录

Ⅰ　总报告

Ⅱ　分报告

皮书数据库阅读**使用指南**

总 报 告

General Report

B.1

为青年婚恋创造友好的环境

陈光金　马春华

摘　要：　青年的婚恋是青年发展中的大问题。青年婚恋问题涉及许多维度，既包括青年本身对于婚恋的认知和态度，也包括国家等公共权力对于青年婚恋的政策、态度和引导，还包括国家、市场和社会对于青年婚恋提供的服务和支持。这些从个人、家庭到社会、市场和国家的因素，共同塑造着青年婚恋的行为。本文高度总结了这本青年发展蓝皮书在这几个方面的研究成果，包括青年本身的婚恋观、性观念、家庭观、生育观和育儿观以及相应的实际行为；还有对于青年婚恋行为进行规范的婚姻法等法律条文，以及法定产假等相关法规；最后是国家、社会和市场给青年婚恋提供的服务支持。本文认为，如何针对现在青年的婚恋现状和婚恋观，建构和完善青年婚恋的社会支持体系，为青年婚恋创造友好的环境，这是政府

和社会都无法回避的问题。

关键词： 青年　婚恋观　婚恋现状　婚恋法规　婚恋服务

青年的婚恋是青年发展中的大问题。中共中央、国务院于 2017 年 4 月 3 日印发并实施的《中长期青年发展规划（2016 - 2025 年）》（以下简称《规划》），把青年婚恋列为十个发展领域之一，目的是帮助青年人正确地解决好婚恋方面遇到的问题。2017 年 9 月 4 日，为了推动服务青年婚恋工作，共青团中央、民政部和原国家卫生和计划生育委员会制定了《关于进一步做好青年婚恋工作的指导意见》，提出了如何建构和完善青年婚恋的社会支持服务体系。

《规划》所指青年是 14 ～ 35 周岁的人口群体；但《规划》同时强调，在涉及婚姻等领域时，其年龄界限以有关法律规定为准。因此，本文在讨论青年婚恋问题时所说的青年，根据婚姻法对于合法婚龄的规定，主要是指 20 ～ 35 周岁的人口群体。应该注意的是，青年群体内部的代际差异、社会分化和阶层化都很明显。[①] 但是，由于数据的限制，本文在大多数情况下还是把青年群体作为一个整体来讨论和分析，这可能掩盖了青年群体内部的差异。在可能的情况下，本文将辅之以有关不同青年群体的讨论，以作弥补。

青年婚恋问题涉及许多维度，既包括青年本身对于婚恋的认知和态度，也包括国家等公共权力对于青年婚恋的政策、态度和引导，还包括国家、市场和社会对于青年婚恋提供的服务和支持。这些从个人、家庭到社会、市场和国家的因素，共同塑造着青年婚恋的行为。因此，本书主要从这几个维度共同考察青年婚恋问题。首先，是青年本身对于婚恋的认知和态度，包括青年婚恋观、性观念、家庭观、生育观和育儿观，同时关注他们的实际行为，因为这些行为是他们相关观念更加直接和真实的反映。其

---

① 李春玲：《社会变迁与中国青年问题——中国青年社会学的关注点及研究取向》，《青年探索》2018 年第 2 期。

次，是对于青年婚恋行为进行规范的国家政策和法规，包括婚姻法等法律条文，也包括产假等全国性政策，还讨论并借鉴了国外相关经验。再次，是讨论国家、社会和市场给青年婚恋提供的各种服务，特别是共青团开展的婚恋服务等等。为了对于青年婚恋问题进行更为深入的探讨，本蓝皮书也关注了青年婚恋问题中的几个热点问题，例如晚婚晚育、高额彩礼、离婚率逐步升高等等。

为了对青年婚恋问题能有更为准确、真实的把握，2018年12月到2019年1月，中国社会科学院社会学研究所受共青团中央委托组织了青年婚恋状况调查。调查采用配额抽样加网络调查的方法，为保障对青年群体的全面覆盖，抽样涉及年龄、性别、户籍、职业状况等多个维度，不仅在调研前选定指定特征的群体，数据后台也加载了对配额的控制。

根据《规划》对于青年的界定，调查对象涉及14～19岁（25.5%）、20～24岁（26.6%）、25～29岁（27.5%）、30～34岁（20.4%）四个年龄段的人群。调查的内容主要包括婚恋现状和婚恋观念，涉及未婚、初婚等不同婚姻状态的群体。调查样本覆盖安徽、北京、湖北、江苏、江西、山东和上海等七省市，有效样本共计2587个，其中未婚者1935人（包括同居68人）、初婚者620人。最高（或正在接受的）教育程度以大专及以上居多，占76.8%。由于数据涉及省份和人群年龄段的限制，本蓝皮书在分析的时候多辅之以其他相关数据。

一　青年的婚恋现状

青年的婚恋现状，既包括婚姻现状，也包括结婚前的恋爱现状，比如是否曾经恋爱、恋爱持续的时间等等。但是与有关婚姻现状的数据相比，有关恋爱现状的数据非常匮乏。一方面，是因为对于"恋爱"很难定义，在调查中更难给出操作性的定义；另一方面，青年婚恋状况调查中，也只有少量数据涉及青年恋爱问题。因此，下面的分析更多地偏重分析青年的婚姻现状，以及和婚姻相关的因素，比如择偶、婚前性关系等等。

1. 中国还是一个普婚的社会

在当代中国，结婚还是一件为社会所普遍认同的事情，大多数人还是把结婚当作人生的一个必经阶段，"男大当婚、女大当嫁"还是中国人普遍接受的价值观。根据 OECD 的统计，2016 年，欧盟成员国的平均粗结婚率①只有 4.9‰，OECD 成员国平均粗结婚率为 4.8‰，其中最高的土耳其为 7.5‰，最低的阿根廷只有 2.8‰。2016 年中国的粗结婚率为 8.3‰，同样深受儒家文化影响的韩国和日本只有 5.5‰和 5.0‰。②

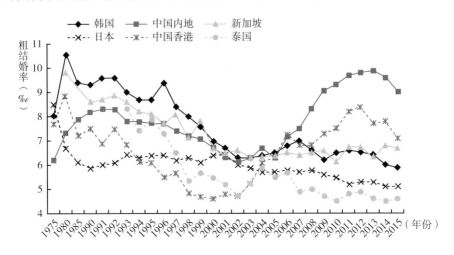

图 1　东亚国家和地区粗结婚率

数据来源：OECD 家庭政策数据库，中国数据来源于《中国民政统计年鉴 2017》。

从历史的角度来说，如图 1 所示，在 2000 年之前，中国的粗结婚率在东亚社会中还处于中间的位置，一直都低于新加坡和韩国。到了 2002 年，中国内地和中国香港的粗结婚率都降到了谷底，随后开始呈现上升的趋势。中国内地到了 2006 年以后已经远远超过中国香港、韩国、新加坡、日本和泰国等东亚地区和国家。虽然中国的粗结婚率上升趋势 2013 年到了峰顶

---

① 粗结婚率（Crude Marriage Rate，CMR），指的是某个年份结婚数量除以总人数，也就是每 1000 人中登记结婚的对数。

② OECD Family Database，http：//www.oecd.org/social/family/database.htm，2019.

（9.9‰）后开始呈现下降趋势，但是到目前为止，还是远远高于韩国等其他东亚社会的。这些数据都说明，中国还是一个普遍结婚的社会。

2. 青年未婚比例增加，但结婚意愿仍然强烈

不分年龄段考察粗结婚率，就无法从中看到具体的青年结婚状况。图2是20～24岁、25～29岁和30～34岁三个年龄段的年轻人未婚的情况。可以看到，无论是男性还是女性，结婚状况都呈现两种趋势。一种趋势是，年龄越大，未婚的比例越低，已婚的比例越高；另外一种趋势是，无论哪个年龄段，未婚的比例都呈增长趋势。

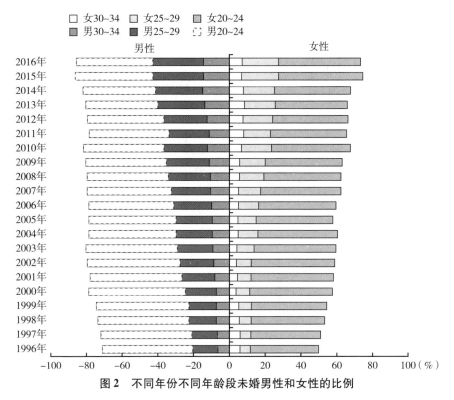

图2　不同年份不同年龄段未婚男性和女性的比例

数据来源：《中国人口与就业统计年鉴》1997～2017年，国家统计局。

整体而言，从1996年到2016年，无论是男性还是女性，20～24岁、25～29岁和30～34岁三个年龄段的未婚比例都在明显上升，特别是25～29岁年龄组的，男女未婚比例都增加了20个百分点。对于女性而言，25～29

岁年龄组未婚比例，2016年是1996年的5倍；30~34岁年龄组，2016年是1996年的10倍。这说明中国男性和女性的初婚年龄都普遍延迟了。

同时，还可以看到，25~29岁年龄组的单身比例相较于20~24岁年龄组还是明显更少。对于男性而言，1996年单身比例，25~29岁的是20~24岁的1/3；2016年，25~29岁的是20~24岁的1/2。对于女性而言，1996年的单身比例，25~29岁的是20~24岁的1/7；2016年，25~29岁的是20~24岁的不到1/3。这个结果一方面说明女性两个年龄段差异更大，另一方面说明现在两个年龄段的差异变小了。

虽然各个年龄段的青年，未婚的比例都在增加，但是这只意味着他（她）们推迟结婚，并不意味着他（她）们选择不婚。从图3可以看出来，无论性别，各个年龄段的未婚青年，结婚意愿依然强烈，男性选择结婚的比例为77.4%，女性选择结婚的比例为68.3%。从中还可以看出两个趋势：一个是无论性别，结婚意愿最为强烈的是25~29岁的青年，而到了30~34岁结婚意愿反而下降了；另外一个趋势是，无论是哪个年龄组，女性的结婚意愿都低于男性，这可能和青年婚恋状况调查的样本偏向受教育程度较高的青年有关，虽然农村户口的样本占46.9%，但是实际上这些青年更多是生活在城市之中。

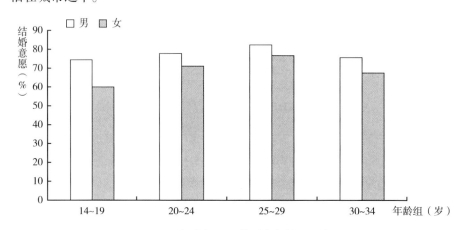

图3　不同年龄段不同性别青年的结婚意愿

数据来源：青年婚恋状况调查，2019。

3. 未婚青年恋爱比例偏低，父母催婚比较普遍

虽然不同年龄段的未婚青年都具有相对强烈的结婚意愿，但是分析这些未婚青年的恋爱状态，可以从图4中看出来，无论是男性还是女性，无论处于哪个年龄段，处于恋爱状态的比例最高的也只有40%（20～24岁的男性）。在现代社会中，恋爱是婚姻的前奏。也就是说，不处于恋爱状态，这些未婚青年的结婚意愿实际上很难转换为现实。

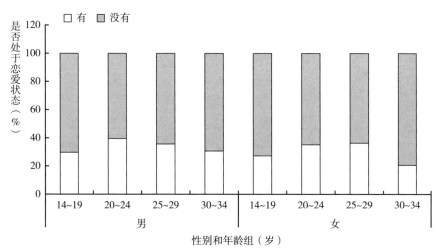

图4　不同年龄段不同性别未婚青年处于恋爱状态的比例

数据来源：青年婚恋状况调查，2019。

这导致的一个重要后果，就是父母催婚和逼婚，因为"男大当婚、女大当嫁"还是为社会所普遍接受。根据青年婚恋状况调查的数据分析，25～29岁和30～34岁的男性和女性，大多数都受过父母的催婚。甚至20～24岁的男性和女性都有一定的比例受到催婚。25～29岁的男性72.4%受到父母催婚，30～34岁的男性该比例为75.3%；25～29岁的女性63.9%受到催婚，30～34岁的女性该比例为57.3%。和人们的普遍印象不同，虽然无论公众还是媒体都更为关注城市中的"剩女"，但是实际上男性受到催婚的比例比女性更高。这个分析结果值得进一步探究和深入分析。

4. 青年的初婚年龄普遍延迟

青年的初婚年龄普遍延迟，从图5中可以更为直观地看出来。从总体趋

势来看，虽然男性和女性的平均初婚年龄略有波动，但是从 1990 年开始，两者还是呈上升的趋势：女性的平均初婚年龄从 1990 年的 22.0 岁上升到 2016 年的 25.4 岁；男性同期从 24.1 岁上升到 27.2 岁。

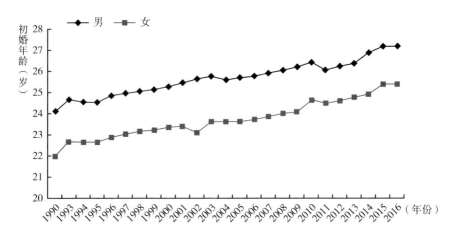

图 5　中国历年分性别平均初婚年龄

数据来源：《中国人口和就业统计年鉴》1994～2017 年各个普查年份的数据。利用一个时点的年龄别未婚比例数据估算平均初婚年龄（singulate mean age at marriage，SMAM）。见曾毅：《利用普查数据估算平均初婚年龄与平均初婚初育间隔的方法及其在四普资料分析中的应用》，《人口与经济》1992 年第 3 期。

如果分城乡来说，特别是在北京、上海、广州等大城市，男女的平均初婚年龄都更高。根据上海市妇联公布的《改革开放 40 年上海女性发展调研报告》，2015 年，上海男性的平均初婚年龄为 30.3 岁，女性为 28.4 岁。本蓝皮书中有关初婚年龄的专项分析一文中，作者分析了"六普"数据，也发现同样的结果：2010 年，城市人群初婚年龄为 27.94 岁，城镇人群初婚年龄为 26.20 岁，乡村人群初婚年龄为 25.86 岁。

5. 婚前性行为越来越普遍

由于婚前性行为越来越普遍，初婚年龄的推迟并不意味着性行为发生的推迟。如图 6 所示，根据青年婚恋状况调查的数据，未婚男青年有 56.3% 有过包括亲吻、抚摸在内的性体验，未婚女青年的这个比例为 44.9%。如果分年龄段来看，14～19 岁的青年，男性有 38.2% 有过性体验，而女性的比例为 26.0%。如果分性别来看，女性有过性体验比例最高的是 25～29 岁的年龄组（61.4%），而男性该比例最高的是 25～29 岁年龄组和 30～34 岁年龄组，这两个年龄组的比例都高达 70%。

有过性行为的比例相对更少，未婚男青年有 39.4% 有过性行为，而未婚女青年这样的比例为 25.7%。如图 6 所示，如果分年龄段来看，14～19 岁的青年，男性 19.4% 有过性行为，女性 9.2% 有过性行为。和性体验不同，无论男性还是女性，年龄越大，有性行为的比例越高。30～34 岁的青年群体中，男性 58.8% 有过性行为，女性有 43.8% 有过性行为。

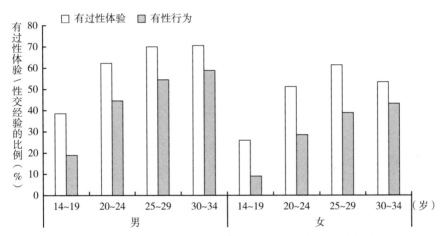

图 6 不同年龄段不同性别未婚青年有过 S 性体验/性行为的比例

数据来源：青年婚恋状况调查，2019。

根据青年婚恋状况调查的数据分析，有过性交经验的未婚青年，其第一次发生性交关系的年龄都不大，男性年龄的平均值为 20.10 岁，女性为 21.25 岁。16.2% 的青年发生第一次性交关系的时候尚未成年（不超过 18 岁），39.6% 的不到 20 岁。从表 1 可以看出来，虽然第一次发生性交关系时年龄偏小，但是大多数是发生在有稳定的恋爱关系的情况下，男性的比例为 66.3%，女性的比例为 71.3%。而所谓的"一夜情"或者刚刚认识的比例都是非常低的。不过，同样应该注意的是，越年轻的年龄组，第一次发生性关系的时候刚刚认识或者认识不久的比例越高。

表1 第一次发生性关系的时候以及和对方的关系

单位：%

性别	年龄	第一次见面	认识不久	认识了一段时间,但没有很稳定的恋爱关系	曾经有稳定的恋爱关系,但当时分手了	当时正处于的稳定的恋爱关系	已经同居	已经订婚	合计
男	14~19岁	6.1	10.6	12.1	9.1	60.6	1.5	0.0	100.0
	20~24岁	3.7	6.7	14.8	5.2	66.7	1.5	1.5	100.0
	25~29岁	3.2	8.9	14.5	6.5	62.9	3.2	0.8	100.0
	30~34岁	6.3	3.1	23.4	4.7	59.4	1.8	1.3	100.0
	合计	4.4	7.5	15.7	6.2	63.2	1.8	1.3	100.0
女	14~19岁	9.4	6.3	15.6	3.1	59.4	6.3	0.0	100.0
	20~24岁	0.0	5.8	11.7	3.9	73.8	2.9	1.9	100.0
	25~29岁	3.5	2.3	19.8	2.3	67.4	2.3	2.3	100.0
	30~34岁	2.1	4.3	25.5	6.4	59.6	0.0	2.1	100.0
	合计	2.6	4.5	17.2	3.7	67.5	2.6	1.9	100.0
合计	14~19岁	7.1	9.2	13.3	7.1	60.2	3.1	0.0	100.0
	20~24岁	2.1	6.3	13.4	4.6	69.7	2.1	1.7	100.0
	25~29岁	3.3	6.2	16.7	4.8	64.8	2.9	1.4	100.0
	30~34岁	4.5	3.6	24.3	5.4	59.5	0.0	2.7	100.0
	合计	3.7	6.2	16.3	5.2	65	2.1	1.5	100.0

数据来源：青年婚恋状况调查，2019。

6. 青年择偶方式更为自主，依赖亲友介绍/自己认识并重

随着社会变迁，青年择偶方式发生着明显的变化。曾经的"父母之命、媒妁之言"逐步让位给了亲友介绍和自己认识。从表2可以看出来，在除了2019年外的其他年份中，还有父母包办形式的择偶方式，这可能是因为这些年份的调查并没有限制被访者的年龄。而到了2019年，被访者最大的不超过35岁，这种情况就明显消失了。同时可以看到的是，青年择偶方式更为自主，自己认识、确立恋爱关系、结婚成家的比重在不断上升。而依靠亲友介绍的比重在下降，但是也依然是一种重要的择偶模式，到了2019年还占据了45.2%，这可能和现在青年工作繁忙、专业性强、社会交往的圈子有限有关。这一点从2019年通过自己认识结婚的青年中，37.4%实际上都是同事或者同学，在同学和同事范围之外结识异性的渠道实际上是很少的可以看出来。

择偶方式的代际差异，也可以从不同年龄组的择偶方式差异看出来。青年婚恋状况调查的数据表明，20~24岁和25~29岁年龄组的青年，通过自己认识结婚成家的都超过一半，比30~34岁年龄组青年通过这种方式成家的高将近10个百分点，而后者比例更高的是通过亲友介绍成家。也就是说，越年轻的群体，择偶的自主性越强。新出现的择偶方式，比如专业的婚恋网站、网络社交平台还有相亲角，在青年择偶方式中发挥的作用还是有限的，比例只有1.6%、3.2%和1.1%，而且不同年龄群体之间并不存在明显的差异。

表2　不同年份的择偶方式

单位：%

择偶方式	2019 年[1]	2008 年[2]	1993 年[3]	1982 年[4]
父母包办	—	3.3	4.3	17.7
亲友介绍	45.2	55.8	54.7	58.5
通过中介机构认识	2.7	0.2	7.9（包括媒婆）	—
自己认识	49.0	40.6	32	23.0
其他	3.1	0.1	1.2	0.8
合计	100.0	100.0	100.0	100

数据来源：1.2019 年的数据来自青年婚恋状况调查，2019；2.2008 年的数据来自马春华等，2011；3.1993 年的数据主要来自沈崇麟、杨善华，1995；4.1982 年的数据主要来自五城市家庭研究项目组，1985。

7. 青年择偶时更重感情因素

从 20 世纪 50 年代到现在，中国青年择偶先后经历了重视社会政治背景的"政治联姻"，重视经济背景和条件的"经济恋爱"，以及重视个人人品、素质的"情爱恋爱"三个阶段。[①] 青年婚恋状况调查的数据表明，虽然媒体上常常在讨论高额的彩礼，还有房子在缔结婚约时候的重要作用，实际上青年在择偶的时候还是更重视情感因素。如图 7 所示，青年择偶时认为最为重

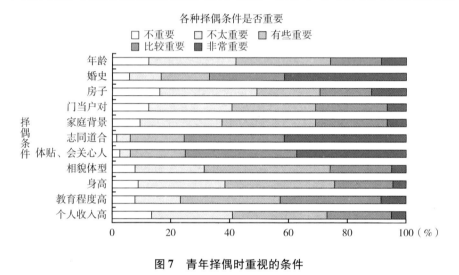

图 7　青年择偶时重视的条件

数据来源：青年婚恋状况调查，2019。

要的因素是"志同道合"，其次是"体贴、会关心人"。而诸如收入和家庭背景等经济、社会条件，身高、相貌、教育程度等外在条件，重要性都远远不及前面两个因素。值得一提的是，"婚史"也很重要。

但是正如图 8 所示，当让被访者在所有的择偶条件中选择最为重要的条件时，被访者大多选择的是"志同道合"和"体贴、会关心人"，甚至后者的比例还超过前者，对于男性和女性来说都是如此。这说明现在青年的择偶主要是建立在感情的基础上的。但是，除了这两个因素外，在其他因素上，两性还是存在着差异的，比如男性更为重视配偶的相貌体型和教育程度，而

[①]　单光鼐：《中国青年婚恋观的变化趋势》，《青年研究》1986 年第 7 期。

女性更为重视配偶的收入，更为重视配偶是否有房产等等，这是和传统的婚姻匹配模式一致的，也就是说因为从夫居，所以男性准备婚房、男性养家糊口，所以收入很重要。

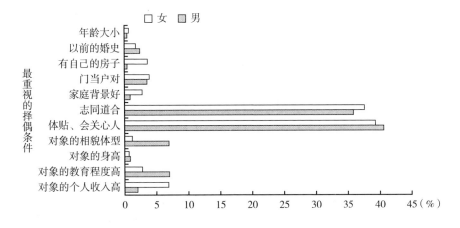

图8 择偶时候最为看重的条件（分性别）

数据来源：青年婚恋状况调查，2019。

8. 青年结婚成本高昂，嫁妆聘礼依然盛行

青年结婚成家的成本，是公众都很关注的一个议题。青年婚恋状况调查也对青年成婚时候的花费进行了了解。从表3可以看出来，男性青年被访者回答的结婚总花费平均数是57.92万元，中位数是25万元；女性青年被访者回答的结婚总花费平均数是47.91万元，中位数是18万元；所有被访者回答的结婚总花费平均数是52.27万元，中位数是20万元。这个结果无论是对于北上广等一线城市来说，还是对于小城市、乡镇来说，都是一笔不菲的开销。同时可以看到，对于男性来说，越年长的年龄组，结婚的总花费越多，这可能跟越年长的男性财富越多有关系；但是女性被访者的回答没有表现出这种趋势，这可能和结婚成本相对来说还是由男性承担得更多有关，因此成本高低和女方的收入或者财富没有表现出明显的相关。这从表3中也可以看出来。

表3 不同性别不同年龄段青年成婚时的各种花费

单位：万元

性别	年龄	费用	总共花费	男方花费	女方嫁妆	男方聘礼
男	20~24岁	平均值	18.75	17.75	6.00	8.25
		中位数	20.00	19.00	5.00	9.00
	25~29岁	平均值	58.82	50.43	11.37	10.52
		中位数	25.00	21.00	5.50	6.40
	30~34岁	平均值	59.30	47.79	20.63	10.85
		中位数	30.00	20.00	8.00	5.00
	合计	平均值	57.92	47.99	16.42	10.64
		中位数	25.00	20.00	6.00	6.00
女	20~24岁	平均值	12.68	11.22	3.53	4.13
		中位数	10.00	6.00	4.00	4.00
	25~29岁	平均值	59.50	38.11	11.76	7.81
		中位数	20.00	10.00	6.00	6.00
	30~34岁	平均值	44.40	30.70	15.90	5.83
		中位数	20.00	10.00	10.00	3.00
	合计	平均值	47.91	32.08	13.26	6.51
		中位数	18.00	10.00	6.00	5.00

数据来源：青年婚恋状况调查，2019。

从表3还可以看出来，现在青年成婚的时候，嫁妆和聘礼依然盛行。而且，可以看出来，无论男女，无论在哪个年龄段，无论是从平均数还是中位数来看，除了20~24岁、25~29岁年龄组中的部分女性外，女方的嫁妆数额实际上是超过了男方聘礼的。而且，从男方聘礼的归属来看，78.66%的选择归属于小家庭，选择归属于女方家庭的只占12.42%，选择两个家庭各分到一部分的占8.92%。因此，从这个结果来看，如果仅仅从嫁妆和聘礼来看，认为女性通过婚姻谋利在一定程度上可以说是不成立的。

如前所述，根据青年婚恋状况调查的结果，青年结婚成本高昂，可能还和青年结婚时需要支出费用的项目有关。如图9所示，各个年龄青年结婚时房子都是一项最为重要的支出，特别是对于男性来说尤其如此。如果把

"购建婚房"的成本也计入结婚成本，那么这里分析的青年结婚成本高于其他调查中的数据也就是合理的。同时，我们也可以看到，对于大多数青年来说，结婚成家时，房子和婚礼、喜宴都是不可缺少的部分，而车、蜜月旅行的重要性相对居后。

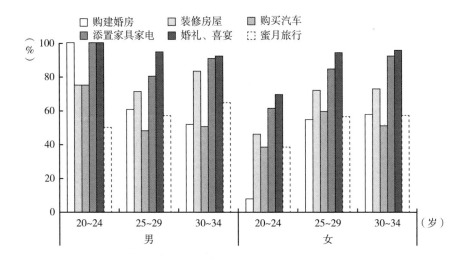

图 9　各年龄段青年结婚时曾支出费用的项目

数据来源：青年婚恋状况调查，2019。

图 10 展示了分别讨论青年结婚的不同项目时，男女双方的负担程度。从图中可以看到很有意思的对比：在男性青年被访者的回答中，无论是哪一种结婚项目，都主要是"完全由男方承担"和"主要由男方承担"，这两项加起来最少也接近 60%（汽车和家具家电），比例最高的婚礼、喜宴达到73.44%，其次住房达到73.08%，装修达到71.96%；而在女性青年被访者的回答中，无论是哪一项结婚项目，最主要的都是"双方差不多"，再加上"主要由女方承担"和"完全由女方承担"，都超过了45%，比例最高的汽车高达73.40%，家具家电和蜜月旅行分别达到了68.18%和69.39%。这个结果可能受不同性别被访者对于婚礼支出的解读的影响，也说明实际上，现代青年成婚的成本女方也分担了相当的部分。

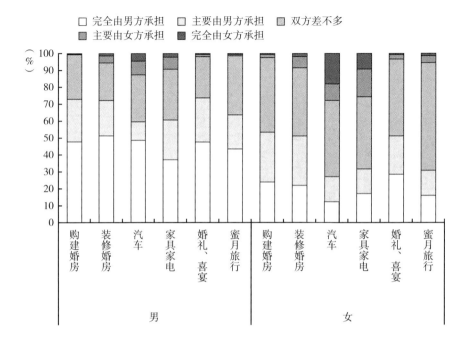

图 10　青年结婚时各项支出双方负担程度

数据来源：青年婚恋状况调查，2019。

9. 离婚率持续上升，青年婚姻不稳定性需要关注

如图 11 所示，中国的离婚率曾经远远低于大多数亚洲国家或地区，但是到了 2015 年中国的粗离婚率①已经是几个国家或地区中最高的，和中国香港持平。中国社会状况综合调查（CSS）2011 年的数据表明，78.7% 的人都同意"如果婚姻太痛苦那么离婚也是一种解脱"，71.8% 的人都同意"与离过婚的人结婚也没有什么不好"。而 16 ~ 34 岁的青年中，这两个比例更高，分别为 82.1% 和 73.8%。对于离婚的宽容和接纳可能是离婚率上升的一个重要原因。

现有的粗离婚率数据反映的是人口总体的离婚情况，没有分年龄段的数

---

① 粗离婚率（Crude Divorce Rate，CDR），指的是某个年份离婚数量除以总人数，也就是每1000 人中登记离婚的对数。

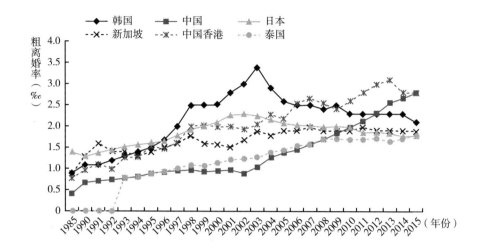

图 11　亚洲国家和地区粗离婚率比较

资料来源：中国的数据来源于《中国民政统计年鉴》2012、2015 年，其他国家和地区数据来源于 OECD Family Database。

据。图 12 反映的是不同年龄段不同性别的人群中，处于离婚状态的人口比例。从整体趋势来看，从 1982 年到 2015 年，总体上处于离婚状态的人口比例是呈上升趋势的，15～19 岁、20～24 岁、25～29 岁和 30～34 岁四个年龄段的青年人口中，处于离婚状态的人口比例也是呈上升趋势的。这些数据说明，现在青年的婚姻变得越来越不稳定，婚姻以离婚告终的比例越来越高。

彭大松和陈友华基于中国家庭追踪调查数据发现，随着时间的推移，中国人初婚持续期在逐渐缩短。具体而言，1980 年以前离婚夫妻的初婚持续期平均为 16.8 年，1981～1990 年下降至平均 12.3 年，而在 1991～2000 年和 2001～2010 年则分别降至平均 8.1 年和 3.8 年。[1]

---

[1]　彭大松、陈友华：《初婚解体风险变化趋势及其影响因素——基于 CFPS2010 数据的分析》，《人口与社会》2016 年第 3 期。

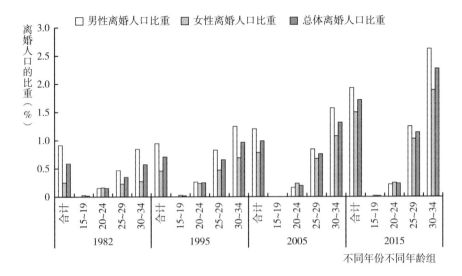

图12 不同年份的青年（15～34岁）中离婚人口的比重

数据来源：1982年普查资料，1995、2005、2015年全国1%人口抽样调查资料。

二 青年的婚恋观

婚恋观指的是对于恋爱和婚姻等所持的价值观，是其选择恋爱和婚姻行为时的道德指导。一个人的婚恋观和其行为可能是一致的，但是也可能不一致，虽然婚恋观可能是其行为的前设，但也可能随着其行为发生改变。

1. 青年对婚姻有着强烈的认同

虽然不同年龄段的未婚人口逐年增加，但是结婚率大体呈上升趋势，在亚洲社会中国的结婚率算比较高的，可以看出中国人对于婚姻还是有着强烈认同的，"男大当婚、女大当嫁"依然是得到整个社会认可的价值观，也是得到青年认同的价值观：根据青年婚恋状况调查的数据来分析，各个年龄段的未婚青年，男性选择结婚的比例为77.4%，女性选择结婚的比例为68.3%。虽然到了30～34岁，青年的结婚意愿下降了，但是男性的比例还是超过70%，女性的比例也超过了60%。

　　青年婚恋状况调查还详细地询问了被访者对于未来婚姻的期许。如图13所示，无论在哪个年龄段，男性都比女性更为期待婚姻的到来，对于婚姻感到恐惧的都不超过10%，女性感到恐惧的比例相对更高。同时，男性对婚姻更为积极，他们认为"婚姻不是无所谓的，不是只能随缘的"的比例明显高于女性；仔细想过未来的婚姻的比例，也明显高于女性。相对来说，女性对于婚姻虽然也期待，但是更多的女性秉承"宁缺毋滥"的原则，这也是她们对于择偶的要求。这可能也是高学历、高收入、高颜值的女性宁愿选择不进入婚姻的一个重要原因。

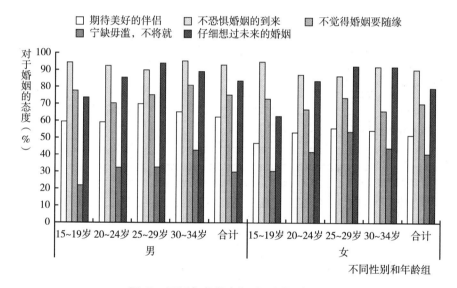

图13　不同年龄段青年对于婚姻的态度

数据来源：青年婚恋状况调查，2019。

　　如前面分析的，青年初婚年龄普遍延迟，根据我国统计年鉴估算的2016年初婚平均年龄，女性为25.4岁，男性为27.2岁。青年婚恋状况调查调查到的未婚者希望的结婚年龄，实际上更为推迟：男性为29.14岁，女性为29.00岁。这说明青年初婚年龄在未来可能继续保持延迟的趋势。原因可能是：一方面青年婚恋状况调查的样本比较偏向城市青年样本，另一方面是真实地存在着这样的趋势，这也是许多工业化、城市化国家的历程所证明的。

2. 青年择偶更重视感情，但是两性差异明显

前文我们讨论了已婚青年的择偶观，从某种程度上来说那些观念已经变成行为，而不仅仅是一种价值观。在这部分我们主要讨论未婚青年的择偶观。从图 14 可以看出来，在择偶观中，和前文讨论的结果一样，无论男女，最重视的都是"体贴、关心人"和"志同道合"两个因素，两者的重要性在男女之间存在差异，但是比例都很高。也就是说，对于现在青年的择偶来说，感情上的情投意合是决定性因素，个人的外貌、背景和财产相对而言都居于次要地位。

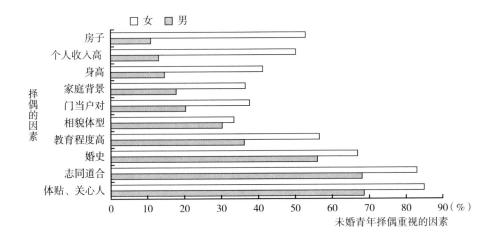

图 14　未婚青年择偶时重视的因素的占比

数据来源：青年婚恋状况调查，2019。

除了这两个情感性的因素外，两性对于未来配偶的婚史和教育程度都很关注。对于未来配偶的婚史，一定程度上关注的是对方的性生活史，也就是说不仅男性关注这个因素，女性也认为男性这方面的历史很重要。对于教育程度的关注，背后可能隐藏的是其他的因素，比如对于男性来说可能是对于后代的关注，因为母亲的教育程度对于儿童的成长和发育有着重要的作用；而对于女性来说，是因为教育程度在一定程度上决定着男性的收入，还可能对于男性气质、谈吐等方面有影响。

除了这些因素外，男女两性在择偶观上表现出了较大的差异。女性除了关注情感因素外，也关注对方收入、房子和家庭背景等物质性的因素；而男性除了关注上述包括情感因素在内的几个因素外，更为关注的是女性相貌体型等个人因素。择偶观的这种差异，是和社会对于家庭中男性、女性的定位一致的。而传统门当户对这个因素，无论对于男女来说都相对不是那么重要。但是，实际上门当户对和教育程度、家庭背景等因素有着一定的重合，需要更加深入地分析和研究才能够厘清门当户对这个传统择偶观在当代中国青年择偶中的地位和作用。

前文也提及了对于婚姻，女性更多地认同"宁缺毋滥"的价值观，这也是其择偶观的一部分。从图15可以看出来，几乎所有年龄段的女性认同的比例都高于男性，这一方面说明女性对于择偶标准的执着，另一方面也说明对于女性而言婚姻的功利性在削弱，女性可以更多地依靠自己独自生活，婚姻更多是和感情联系在一起。只是到30～34岁年龄组，男性和女性认同"宁缺毋滥"的比例接近相等了。也就是说，30岁以后的男性，反而对于婚姻"宁缺毋滥"的认同程度更高了，也就是对于配偶的选择可能更为谨慎了。

3. 青年生育意愿呈下降趋势，大多数希望儿女双全

虽然媒体在讨论青年生育观的时候，很多会谈及丁克家庭，也就是终身不育的家庭；但是从数据分析可以看出来，大多数青年还是希望生育孩子。分析中国综合社会调查（CGSS）项目组不同年份的数据，可以看到，2006年、2011年和2015年，不准备生育孩子的比例只有1.12%、0.97%和2.37%。如图16所示，35岁以下的青年，无论男女，希望能够生育的理想孩子数目都低于总体人口希望生育孩子数目，而且青年男性希望生育孩子数目是最少的。但是总体来看，青年男性和青年女性的生育意愿都是2个孩子上下。从不同年份的变动趋势来看，从2006年到2011年，青年的生育意愿总体来说呈现明显的下降趋势，看不到2011年之后的人口政策变动对于青年生育意愿的影响。而总体人口却呈现一定的波动：2011年希望生育孩子的平均数目是最少的，2006年是最多的。

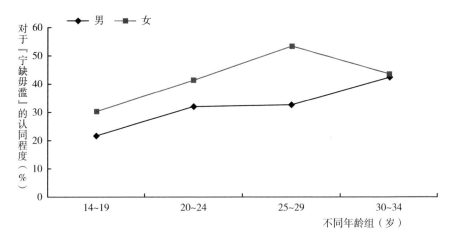

图15 不同性别/年龄青年对于婚姻"宁缺毋滥"的认同程度

数据来源：青年婚恋状况调查，2019。

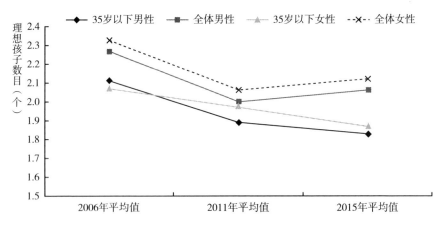

图16 不同年份分性别的理想孩子数目

数据来源：CGSS 2006 年、2011 年和 2015 年。

  图 17 更加清晰地展示了不同年份不同年龄组青年的生育意愿的变动。分性别来看，都呈现明显下降的趋势。但是分不同性别、年龄组可以看到，男性 25 ~ 29 岁年龄组，生育意愿随着年份出现了变动，2015 年的生育意愿超过了 2011 年的，当然增长幅度也极其有限，只是从 1.87% 增加到 1.90%，而其他不同性别的年龄组都呈现明显的下降趋势。这个结果再次证

明了，虽然国家的人口政策发生了变动，但是并没有提高青年的生育意愿。

中国传统上都更加偏好男孩，因此 CGSS 在调查中专门询问了对于男孩和女孩的不同偏好，分析结果表明，无论是从总体来看，还是分年龄组来看，基本上对于男孩和女孩的生育意愿的均值是一样的，在统计上不存在显著的差异。也就是说，从生育意愿来说，各个年龄组的青年群体没有表现出对于男孩和女孩的偏好。大多数青年实际上都是希望儿女双全的。虽然中国传统家庭存在着男孩偏好，但是儿女双全实际上也是中国传统家庭生育意愿的一个重要特征。

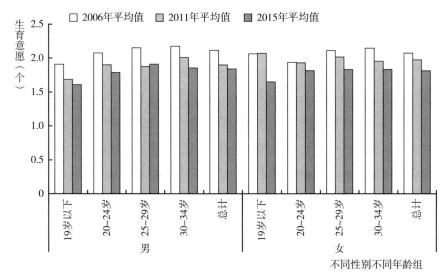

图 17　不同年份不同年龄组青年的生育意愿

数据来源：CGSS 2006 年、2011 年和 2015 年。

4. 青年生育主因是孩子孤单，不生育主因是经济负担过重

从 20 世纪 70 年代开始，中国新生儿的数量和人口出生率都持续下降。总和生育率从 1970 年的 5.65 下降到 1982 年的 2.56。随后出现小幅波动，但是总体还是保持着下降的趋势。到 1993 年的时候，中国的总和生育率下降到替代水平，只有 2.03。到 2000 年前后降到最低 1.50，随后稍微有点回升，到 2013 年增长到 1.60，但是回升幅度不大。[①] 中国处于低生育水平，这是一个

---

① World Bank, World Development Indicators, https://databank.worldbank.org, 2019.

广泛的共识，甚至研究者指出中国面临着"低生育率陷阱"的风险。[①]

要提高生育率，首先要探讨青年人生育和不生育的原因。2010 年之后，中国陆续出台了"双独二孩"政策、"单独二孩"政策和全面二孩政策，新生儿数量出现小幅的增长：新生人口数从 2015 年的 1655 万人增加到 2016 年的 1786 万人，但是 2017 年又下降到 1723 万人，人口出生率也从 12.95‰下降到 12.43‰。经过分析可以看到，2017 年，二孩生育人数保持上升，从 720 万人增加到 883 万人；但是一孩生育人数下降了，从 973 万人下降到 724 万人。

青年婚恋状况调查在了解青年的婚恋观的时候，也着重调查了青年生育和不生育的原因。在青年被访者中，没有孩子的，男性 62.9% 不打算生育，女性 67.0% 不打算生育；有 1 个孩子的，男性 63.5% 不打算再生育，女性 67.8% 不打算再生育。而青年不生育的原因，如图 18 所示，无论是男性还是女性，主要原因都是"经济负担太重"，在不考虑"满意现在的生活状态"这一选项外，其次是"照料负担太重"和"没人照顾孩子"。也就是说，养育孩子对于家庭来说负担过重，而国家和社会在这些方面对于家庭的支持过少，导致这些青年选择放弃生育孩子。

而选择（再）生育的青年，从图 19 可以看出来，无论男女，主要的原因都是"希望孩子有伴"，认同这个观点的可能主要都是生育二孩的青年。这个结果和本蓝皮书利用中国人民大学 2016 年"中国家庭生育决策机制"调查数据所分析的结果是类似的。其次的原因是"希望儿女双全"，这一点和本文前面的分析也是一致的。这些原因都是为了满足孩子或者自己情感上的需求，而把孩子当作晚年生活保障等功利性的原因，或者"别人都生两个孩子"等从众心理，都只有不到 10% 的青年认同。

① 郭志刚：《六普结果表明以往人口估计和预测严重失误》，《中国人口科学》2011 年第 6 期；吴帆：《欧洲家庭政策与生育率变化——兼论中国低生育率陷阱的风险》，《社会学研究》2016 年第 1 期；王广州、周玉娇、张楠：《低生育陷阱：中国当前的低生育风险及未来人口形势判断》，《青年探索》2018 年第 5 期。

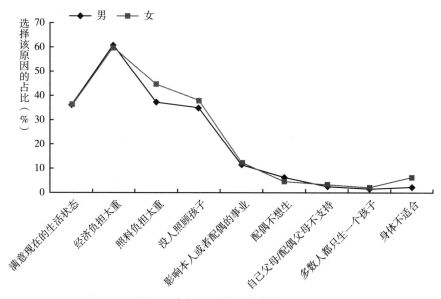

图18　青年不（再）生育的原因

数据来源：青年婚恋状况调查，2019。

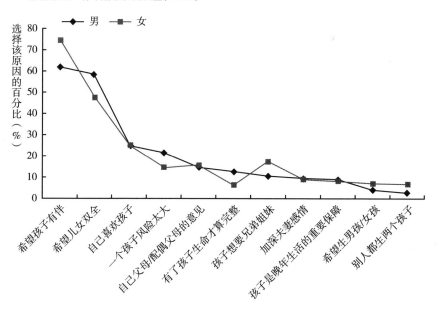

图19　青年希望（再）生育的原因

数据来源：青年婚恋状况调查，2019。

5. 青年的性价值观多元化，对婚前性关系更为包容

所谓的性价值观是在非婚、婚内、异性和同性关系中做出性行为选择时候所倾向的道德指导。性价值观一般有三种，包括绝对主义、相对主义和享乐主义。所谓的绝对主义，指的是对于某些性价值观的无条件忠诚和信服，比如性行为只能是为了生育，其余的都是不道德的；相对主义，认为性选择可以取决于特定的情境，比如婚前性行为，对于处于恋爱中的情侣而言是可以接受的；享乐主义，则认为性行为的终极价值和动机在于追求愉悦和避免痛苦。在性价值观上，社会对于男女两性往往持双重标准，而男女两性也因此对于性价值观持有不同的态度。[①]

如图 20 所示，青年婚恋状况调查对于青年的性价值观进行了调查。从数据结果来看，比较而言，无论男性还是女性，对于"婚外情"与"和多人保持性关系"持完全否定态度的比例都是最高的，也就是说对于绝大多数青年来说都是不可以接受的。但是对于一夜情的看法，青年的性价值观表现出了相对主义的色彩，也就是说比较而言，对婚前一夜情接纳的程度更高，而婚后一夜情和婚外情一样，对于大多数青年来说都是绝对不可以接受的。

对于同性恋，认为完全错误的比例相当高，特别是男性的比例都超过了50%。分性别来看，女性对于同性恋的接纳程度更高一些，无论是男性同性恋还是女性同性恋，她们认为这种行为"完全没错误"的比例接近"完全错误"的比例，甚至超过了对于"婚前同居"和"婚前性行为"的完全认可程度。2017 年中国社会状况综合调查（CSS），也涉及了对于同性恋接纳程度的调查，男性能够接纳的比例为 20.26%，女性能够接纳的比例为29.90%。无论男性还是女性，越年轻的年龄组对于同性恋接纳的程度越高。但是总体来看，无法接纳的被访者还是占大多数："绝对无法接纳"的男性占 55.50%，女性占 45.04%；"比较不能够接纳"的男性占 24.25%，女性占 25.07%。

---

① 〔美〕大卫·诺克斯、卡洛琳·沙赫特：《情爱关系中的选择：婚姻家庭社会学入门》，金梓等译，北京大学出版社，2009，第 114~120 页。

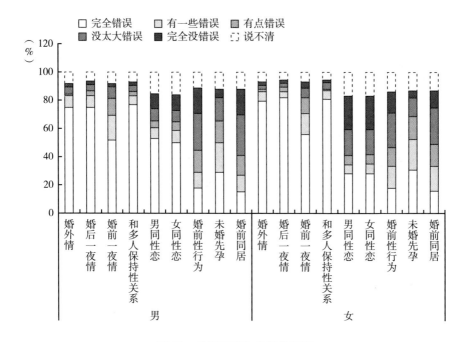

图20 分性别青年的性价值观

数据来源：青年婚恋状况调查，2019。

和其他性行为相比较，青年男女对于"婚前同居"和"婚前性行为"的接纳程度还是比较高的。如图20所示，认为"婚前同居"这种行为"完全没有错误"的比例，男性为17.39%，女性为12.55%；认为"没太大错误"的比例，男性为29.13%，女性为25.83%。认为"婚前性行为""完全没有错误"的比例，男性为17.93%，女性为15.04%；认为"没太大错误"的比例，男性为26.14%，女性为24.38%。这也与婚前性行为和同居越来越普遍的现实相一致。青年婚恋状况调查的未婚被访者中，有8.74%的正处于同居关系之中。2017年中国社会状况综合调查（CSS），也涉及了对于"婚前同居"接纳程度的调查，男性能够接纳的比例高达80.75%，女性能够接纳的比例也有64.45%。总体来看，无论男性还是女性，越年长的年龄组对于婚前同居的接纳程度越高。

"未婚先孕"和"婚前性行为"、"婚前同居"其实是相关的，可以说是后两项的产物。但是从图20可以看出来，无论是男性还是女性，对于

"未婚先孕"的认可程度是远远低于"婚前性行为""婚前同居"的，而且青年女性不认可的比例还要高于男性。这可能是因为：一方面"未婚先孕"涉及随之而来的一系列孩子成长所要面对的问题，不再是"婚前性行为""婚前同居"这么简单；另一方面，对于女性而言，"未婚先孕"对于女性的影响更大，因此女性对于"未婚先孕"认可程度更低。

6. 青年对于家庭关系/血缘关系有强烈的认同

传统中国是家庭主义和家本位的国家，对于青年人来说，家庭的利益和需求居于个人的利益和需求之上。随着工业化和城市化的推进，社会出现大规模的变迁，中国的家庭也发生着变化，家庭主义式微，个人主义在中国兴起。那么，在当代社会中，家庭关系/血缘关系对于青年来说意味着什么呢？个人主义凌驾于家庭主义之上了吗？家庭关系/血缘关系不再重要了吗？

如图21所示，根据2013年中国社会状况综合调查（CSS）所获得的数据，34岁及以下的青年中，除了19岁及以下的年龄组外，把"家庭伦理关系或血缘关系"当作"对社会秩序和个人生活最有根本意义的伦理关系"的比例，都超过了50%，即使是最年幼的一组认同比例也超过了40%。也就是说，对于这些青年来说，家庭关系/血缘关系依然是最为重要的伦理关系，是社会秩序和个人生活的依托所在。从总体上来看，对于家庭关系/血缘关系认同的比例，越年长的年龄组越高，越年幼的年龄组越低。35岁及以上的被访者，对于家庭关系/血缘关系认同的比例远远高于34岁及以下的青年。也就是说越年幼的年龄组，受到家庭主义、家庭本位价值观的影响越弱。

青年总体对于家庭关系/血缘关系的认同也可以从图22看出来，该图展示了青年对于不同关系重要性的排序。从数据分析结果可以看出来，重要性被排在第一位的，主要还是父母和子女的亲子关系：有65.62%的青年把亲子关系排在了最为重要的位置；排在第二位的关系，最多的是夫妻关系（44.97%）；排在第三位的关系，最多的是兄弟姐妹关系（34.23%）。这三种关系都是家庭关系，亲子关系和兄弟姐妹关系是血缘关系，夫妻关系是姻缘关系。从这个结果可以看出来，青年对于家庭关系的认同还是非常强烈的。分性别、分年龄组看，结果都是类似的。

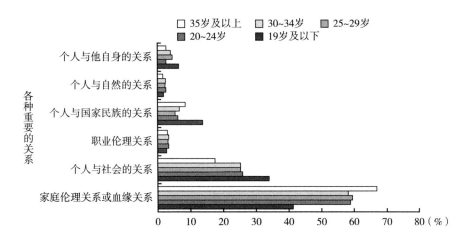

图 21 对社会秩序和个人生活最有根本意义的伦理关系的认同比例

数据来源：CSS 2013 年。

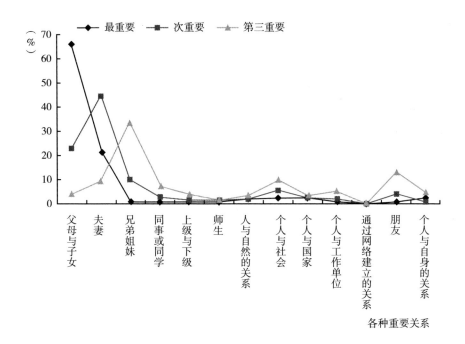

图 22 青年对于不同关系重要程度的排序

数据来源：CSS 2013 年。

三 与青年婚恋领域相关的法律和政策

新中国自成立以来，出台了一系列和婚恋领域相关的法律和政策。这些法律和政策适用的人群是全部人群，而并不局限于青年人。但是，和婚恋领域相关的事件相对集中发生在 35 岁之前的青年时期，因此也可以说这些法律和政策是和青年的婚恋领域相关的。

1. 青年婚恋领域相关的法律相对制度化、体系化

张晓冰在本书的《中国青年婚恋法律、政策现状报告》中对于青年婚恋领域的相关法律做了具体而详尽的梳理。她认为中国和青年婚恋领域相关的法律，是以 1950 年出台并经过不断修订的《婚姻法》为主干，以《反家庭暴力法》《收养法》《继承法》《人口与计划生育法》《母婴保健法》为核心，以《民法总则》《未成年人保护法》《妇女权益保障法》《物权法》《合同法》《涉外民事关系法律适用法》等法律中有关婚恋的条款为枝干，以行政法规、部门规章、司法解释、地方性法规为补充的相对制度化的体系。

1950 年出台的《婚姻法》提出的第一个重要原则就是"婚姻自由"，包括结婚自由和离婚自由。结婚自由的原则，促使了中国婚姻的择偶模式从父母包办转向婚姻当事人自主择偶，也就是说通过自己认识或者亲友介绍确立恋爱关系，进而缔结婚约。这一点在前面讨论择偶模式的时候已经更为详尽地论及，婚姻自由这个《婚姻法》的基本原则已经在现实中得到实现。而离婚自由的原则，减少了离婚可能面临的障碍，也增加了社会对于离婚的接纳和包容。这些年来，中国的离婚率持续上升，离婚自由可能是其中一个重要促进因素。同时，为了优生优育、保障婚姻当事人的身心健康，《婚姻法》还规定了婚龄的底线：男性 22 岁，女性 20 岁。和其他国家相比较，中国的婚龄底线相对较高。

除了确立缔结和解除婚姻自由的基本原则之外，包括《婚姻法》在内的一系列法律还先后完善了青年婚恋制度，比如：夫妻离婚的"感情破裂

原则"，"过错离婚"中离婚财产分割对于非过错方的偏重，在离婚时对于财产分割的规定，离婚或者收养的时候对于未成年人权益的保护和妇女权益的保护，在财产继承中对于儿童权益和妇女权益的保护，等等。对于青年生育影响最大的计划生育，虽然作为法律条文早在 1978 年通过的《中华人民共和国宪法》第五十三条中有专门规定"国家提倡和推行计划生育"，但《人口与计划生育法》这部法案是 2001 年才出台的。而随后由于经济社会发展的要求，各省份开始推行"双独二孩"政策，2013 年推行"单独二孩"政策，2015 年出台"全面二孩"政策，计划生育作为政策开始不断放松，青年可以真正实现二孩理想。

2. 和青年婚恋领域相关的政策相对碎片化

与青年婚恋领域相关的法律体系相比较，和青年婚恋领域相关的政策相对碎片化。有些相关政策从表面来说可能和婚恋领域没有明确的关系，比如住房政策，但是实际上会对青年婚恋产生重要的影响，因为住房在很多情况下是婚姻缔结的一个重要条件。虽然在前面的分析中也指出过相对于住房、收入等物质因素，情感因素在择偶之中占据更为主要的位置。而且，住房对于任何一个家庭来说也都是大宗财产，是离婚时候要分割的重要财产。所以，表面上和婚恋没有关系的住房政策，实际上在极大程度上影响着青年的婚恋。但是类似的政策都散落在不同领域的社会政策之中，可以说是相对碎片化的。

2017 年出台的《中长期青年发展规划（2016 - 2025 年）》中与青年婚恋相关的主要政策，是与青年在孕期、产期和哺乳期享有的相关法定权益相关的政策。这些政策主要是指国家关于孕期、产期和哺乳期的假期政策，主要包括产假、陪产假和育儿假等等。假期政策，一方面能够给母亲提供足够陪伴幼儿的时间；另一方面，也能够保护母亲的健康，同时减少生育和照顾孩子对于母亲就业和收入的不利影响。这些政策中，在全国层面现在中国法定产假 98 天，其时长、津贴额度和筹资模式符合国际劳工组织 2000 年出台的《生育保护公约》（183 号公约）的底线要求。在2015 年实施全面二孩政策之后，各个省级区域法定产假都至少延长了

30 天。

除了产假之外，全国没有法定的陪产假和育儿假。陪产假是省级政策，7～30 天；许多省份也出台了类似育儿假的政策。孩子 1 周岁之前，每天有 1 个小时的哺乳假。《中长期青年发展规划（2016－2025 年）》要求全面落实女性青年在怀孕、生育和哺乳期间依法享有的各项权利，鼓励条件成熟的地方探索在物质、假期等方面给予青年更多支持。从本蓝皮书的分析中可以看到，一方面现有的产假政策覆盖的女性人群还是有限的，至少有一半以上的女性就业人口没有被覆盖在其中，因此应该扩大现有产假政策覆盖面，让更多女性青年能够享受孕期、产期和哺乳期的权益，同时保证现有为产假所覆盖的女性能够真正享受这些权益；另一方面应该增加假期的种类，出台全国性的陪产假和育儿假，推动男性青年使用这些假期，推动育儿和家庭责任分担的男女平等。

而另外一项和青年婚恋相关的重要政策就是母婴保健政策，本书对此有着相对细致的分析。母婴保健政策主要关涉婚前检查、产前检查、婴幼儿保健及预防接种等等，各省份的相关规定都是对于 1994 年出台、2009 年第一次修订、2017 年第二次修订的《母婴保健法》的法律条文的细化。有关婚前检查，不同的省份有着不同的要求，新《婚姻法》已经取消了强制婚前检查的内容。而有关孕产期保护的内容，则主要包括禁止擅自进行胎儿性别鉴定、推行孕妇住院分娩、强调母乳喂养。婴幼儿保健包括对于婴幼儿成长的监测、对日常护理和喂养的指导、早期教育等等；预防接种主要是计划免疫，包括 1 岁以内完成的基础免疫。原卫生部从 1986 年就开始实施儿童预防接种证制度。

四　与青年婚恋领域相关的服务

和青年的婚恋领域相关的服务主要分为两部分。一部分是各级共青团为青年婚恋工作提供的各种服务，做好青年婚恋工作不仅影响青年的健康发展，也关系社会的发展稳定。另外一部分是通过互联网为青年婚恋提供的市场化服务，涵盖大型婚恋公司，还有各种婚恋 App、社交平台等等。

1. 共青团组织为青年提供多样化婚恋服务

中共中央、国务院 2017 年印发并实施的《中长期青年发展规划（2016－2025 年）》把青年婚恋列为和青年发展有着重要关系的十个领域之一，2017 年 9 月 4 日，为了推动服务青年婚恋工作，共青团中央、民政部和原国家卫生计生委制定了《关于进一步做好青年婚恋工作的指导意见》，提出建构和完善青年婚恋的社会支持服务体系。政府部门、各类群团组织和社会力量密切合作，积极为青年婚恋提供各种服务，在相关工作中取得了显著成效。

在为青年提供婚恋服务之前，共青团组织都会积极开展相关调查工作，分析单身青年的婚恋现状和婚恋观，确定不同社会经济背景的青年的不同特点和多样化需求，把婚恋活动和弘扬传统文化、运动健身和绿色环保等主题相结合，为有需求的单身青年提供交友机会，尊重青年的交友自主权，改变传统的相亲模式。同时，为了适应互联网时代社交的特点，提供更加灵活的相亲交友模式，各地共青团利用网站、微博、微信公众号、QQ 群等与青年密切相关的线上交友平台为青年提供婚恋服务，同时也利用这些线上的活动为线下活动服务。

共青团中央网络影视中心的《当代青年群体婚恋观调查报告》，讨论了共青团组织提供的婚恋服务在青年中的受欢迎程度。根据调查结果，74.89% 的青年对团组织举办的联谊活动表示支持和认可。其中，25.99% 的青年认为"非常有必要，可以有效解决对象难的问题"。48.90% 的青年认为"有必要，可以拓宽交友范围"。[①] 本书分报告也用各地共青团组织的个案材料表明，共青团组织在青年婚恋服务方面做的大量工作在一定程度上拓展了青年的交友半径，缓解了青年的婚恋焦虑。虽然这些服务可能存在着覆

---

① 共青团中央网络影视中心：《当代青年群体婚恋观调查报告——"青年之声"〈怎样让青年更幸福〉调查问卷分析》，2018。

盖范围过窄、缺乏牵手之后的后续推动等问题，但还是国内不可忽视的青年婚恋服务的重要组成部分。

2. 市场化的网络婚恋交友服务

随着互联网的发展、生活和工作节奏的加快、现实世界中社交圈子的缩小，网络婚恋交友在青年的婚恋服务中占据着越来越重要的位置，因为网络能够打破时间和空间的界限，提供更加灵活、便捷的交流方式。越来越多的青年开始通过各大婚恋网站寻找恋爱对象，通过"网恋"来确定恋爱对象，甚至结婚对象。"这种网络婚恋交友方式不仅开启了网络时代所特有的男女恋爱交往游戏规则，使人的社会性得到了前所未有的延伸和发展，并已深深影响到了现代人的婚恋情感表达模式"。[1] 网络婚恋交友服务，使青年可以利用碎片时间扩大交友圈，低成本维系网上各种人际关系，有更多机会寻找到合适的伴侣。[2] 使用市场化的网络婚恋交友服务的人群集中在26～34岁。[3]

如图23所示，根据艾瑞咨询对于中国网络婚恋交友行业的分析报告，中国网络婚恋交友行业市场规模，从2013年的19.6亿元增加到2018年的49.9亿元。网络婚恋市场的规模整体保持稳定增长趋势，2019年超过50亿元。同时，网络婚恋行业在整体婚恋市场中的渗透率，从2013年的26.9%增长到2018年的49.10%，预计未来市场渗透率将进一步提升，将在2020年达到59.20%。[4] 也就是说，到了2020年，将近六成的婚恋交友服务是通过网络实现的。虽然共青团中央网络影视中心调查发现，青年对于"网恋"持谨慎的态度[5]，但是这并不意味着网络婚恋交友模式不受欢迎，因为实际上网络婚恋交友服务更多是线上和线下服务相结合。网络婚恋交友服务提供

---

① 黄鹤：《关于我国婚恋网站网络交友的研究——以世纪佳缘为例》，华中师范大学硕士学位论文，2011。
② 白日：《2018婚恋交友平台排行榜》，《互联网周刊》2018年第18期。
③ 艾瑞咨询：《中国网络婚恋交友行业研究报告2019年》，艾瑞咨询系列研究报告（2019年第2期），2019。
④ 艾瑞咨询：《中国网络婚恋交友行业研究报告2019年》，艾瑞咨询系列研究报告（2019年第2期），2019。
⑤ 共青团中央网络影视中心：《当代青年群体婚恋观调查报告——"青年之声"〈怎样让青年更幸福〉调查问卷分析》，2018。

的是交友的平台，但是男女互动并不仅仅停留在虚拟的"网恋"中，最后还是要落实在现实世界的交往之中。

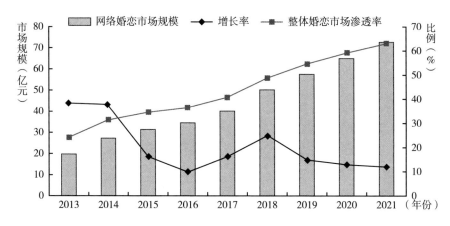

图23　2013~2021年中国整体婚恋市场和网络婚恋市场规模

数据来源：艾瑞咨询，2019。

五　结语

青年的婚恋问题是青年发展过程中的大问题，也是所有的青年在整个生命历程中都将遇到的问题。因此，如何针对现在青年的婚恋现状和婚恋观，建构和完善青年婚恋的社会支持体系，为青年婚恋创造良好的环境，是政府和社会都无法回避的问题。

一方面，要针对青年的不同需求提供多种形式的服务，尽可能地扩大服务的覆盖面。这既有赖于政府部门、群团组织和社会力量密切合作以提升和完善现有的服务，比如借鉴日本、新加坡等相关青年婚恋社会服务的经验；也有赖于规范和引导以网络婚恋交友为主的市场化青年婚恋服务，比如，推动网络婚恋交友市场规范化，帮助网络婚恋市场建立和完善信任体系等等。

另一方面，也需要充实和完善与青年婚恋领域相关的法律和政策体系，比如扩充青年在孕期、产期、哺乳期的权益，推动已有政策的落实，并且延

长现有产假的时间，特别是扩大现有产假的覆盖面，让更多的工作女性享受这些权益。同时，增加包括陪产假、育儿假等在内的假期政策，特别鼓励男性使用这些假期，和女性分担育儿和家庭责任，推动性别平等在工作场所和家庭内部同时实现。在法律层面，应该梳理现有的相关法规，评估其对于青年婚恋的积极和消极作用，避免消极作用的出现。

分 报 告

Sub-reports

B.2
当代青年的婚恋观念

陈科 金令*

摘　要：　婚恋观直接影响恋爱、婚姻行为的价值取向，对青年的择偶行为、婚姻生活起着重要影响作用。运用共青团中央全国青年婚恋状况调查问卷的数据，本报告从择偶观、恋爱观和婚姻观三个方面分析我国当代青年婚恋观的现状。研究发现，当代青年的婚恋观呈现既现代又传统的特点：青年的择偶空间越来越大，择偶方式越来越多元化，择偶标准更注重情感性，在婚姻选择和婚后居住上更加独立；但受传统孝道文化、家庭文化和社会结构的影响，当代青年在婚恋过程中又保留着传统的一面。青年在婚恋过程中一方面受到现代化和个体化进程的影响，另一方面受制于我国特殊的文化传统和

---

* 陈科，重庆大学马克思主义学院教授；金令，中国社会科学院研究生院社会学系硕士研究生。

社会结构。

关键词： 当代青年　择偶观　恋爱观　婚姻观

婚恋观是价值观的重要组成部分，是人们对婚前恋爱、婚姻生活以及婚恋过程中性爱取向的基本看法。它是人们对待婚姻和恋爱的内在标准和主观看法。婚恋观是个人价值观的重要组成部分，它虽属于一种主观标准和价值倾向，却在形成过程中不可避免地会受到各个时代特定社会经济发展状况的影响。它既是个体价值观的重要组成部分，也反映着某一时代的群体在婚恋问题上所持有的共同心理倾向和价值标准。婚恋观对人们的择偶行为、婚姻家庭生活起着重要的导向作用，不但直接影响个体对配偶的选择，还会影响个体对未来婚姻、家庭的责任和义务的承担，影响其一生或几代人的发展与幸福。[①] 青年期是婚恋的黄金时期，青年群体的婚恋观念及价值取向，不仅影响着个体的婚恋行为选择与生活发展，更关系着社会未来的家庭系统、人口结构和社会稳定。

婚恋观并非一成不变，婚恋观的形成有其复杂的社会历史因素，在不同时期，人们的婚恋观也不尽相同。近些年来，由于受我国社会经济发展和价值多元变化的影响，男女青年对恋爱和婚姻的看法与认识也相应发生了变化，出现了一些新的现象。

已有的婚恋观研究主要从择偶价值观、恋爱及性价值观、婚姻家庭观三个方面展开。[②] 本文试运用 2019 年共青团中央最新开展的青年婚恋状况

---

① 纪秋发：《北京青年的婚姻观——一项实证调查分析》，《青年研究》1995 年第 7 期；刘亚丽：《当代大学生婚恋观特点及引导》，《思想教育研究》2003 年第 10 期；马妍：《传统观念与个人理性的碰撞：80 后知识精英婚恋观研究》，《青年研究》2012 年第 5 期。
② 王飞：《当代青年的婚恋观及其影响因素分析——基于 17 ~ 34 岁年龄段的青年调查数据》，《中国青年研究》2015 年第 7 期；王平一：《大陆和台湾地区青年婚恋观的比较研究》，《中国青年政治学院学报》2002 年第 4 期；吴鲁平：《当代中国青年婚恋、家庭与性观念的变动特点与未来趋势》，《青年研究》1999 年第 12 期。

调查数据，从择偶观、恋爱观和婚姻观三个方面分析当代青年的婚恋观念。

青年婚恋状况调查于 2019 年 1 月完成。以"14～34 岁"人群为调查对象，在安徽、北京、湖北、江苏、江西、山东、上海 7 个省市 25 个市/区单元进行了抽样调查，最终获得有效问卷 2587 份。本次问卷根据当前婚姻状况将调查对象分为五类，进行不同的问卷调查，分别为未婚状态（72.2%）、同居（2.6%）、初婚有配偶状态（24.0%）、再婚有配偶状态（0.2%）、离婚状态（1.0%）以及丧偶状态（0.1%）。由于再婚有配偶、离婚或丧偶的样本量太少，本文仅分析未婚和初婚有配偶的样本，删除在关键问题回答上缺失的个案，最后得到 1407 个未婚样本和 620 个初婚有配偶样本（同居样本放在未婚样本中）。其中，男性占比 49.5%，女性占比 50.5%。79.4% 的青年为大学专科及以上学历，8.9% 的为硕士研究生及以上学历。农业户口青年占 45.5%，非农业户口青年占 54.5%（样本基本情况见表 1）。问卷涵盖当代青年对择偶、恋爱、性、婚姻等方面的观点和态度。

表 1　样本基本信息

人口特征		频数	占比（%）
性别	男	1004	49.5
	女	1023	50.5
婚姻状况	未婚	1407	69.5
	初婚有配偶	620	30.5
年龄	14～19 岁	445	22.0
	20～24 岁	520	25.7
	25～29 岁	610	30.0
	30～34 岁	452	22.3
户口类型	农业户口	921	45.5
	非农业户口	1106	54.5
教育状况	大专以下	417	20.6
	大学专科	531	26.2
	大学本科	899	44.4
	硕士研究生及以上	180	8.9

数据来源：2019 年青年婚恋状况调查数据。下同。

一　当代青年的择偶观念与择偶行为

择偶是形成婚姻的前提环节，它不仅是婚姻缔结、家庭建立的前提，而且直接影响着婚姻的质量和家庭的稳定，是青年时期面临的重要选择之一。青年择偶观出于青年对爱情、婚姻本质的思考，是人们对选择配偶的基本看法和态度，其中包括择偶原则、择偶标准、择偶方式及相关的道德与责任等。它是青年价值观的重要组成部分，对青年的择偶行为和婚姻生活的稳定和谐有着重要的影响，在青年的生活中占据着极为重要的地位。本文从择偶标准和择偶方式两个方面分析我国当代青年的择偶观。

（一）择偶标准

择偶标准即人们对婚恋对象的条件和要求。根据已有研究，择偶标准大致可以分为三类：外表、性格以及社会经济资源。[①] 一些研究侧重从教育、户籍和家庭背景等社会经济因素分析其对择偶过程的影响[②]；一些研究则基于社会变迁视角，认为随着社会现代化程度的提高，非社会经济因素的重要性提升，社会经济背景的影响减弱。[③] 传统社会由于婚姻更多为缔结两姓之好，因此在择偶选择中并不太注重情感，而是更看重"门当户对"等理性、实际且客观的条件。对于经历了改革开放的当代青年而言，与其父辈所不同的是，婚姻的缔结不再被视为两个家族或是两个家庭的事，而是更多考虑当事人双方的意愿。[④] 在择偶标准上，相较于传统的门当户对、父母之命，当代青年在择偶标准方面更考虑个人品德、年龄、相貌、收入、住房、受教育

---

① Choo, E. & A. Siow, "Who Marries Whom and Why", *Journal of Political Economy*, 2006, 114 (1), pp. 175 – 201. Shackelford, T. K., D. P. Schmitt & D. M. Buss, "Universal Dimensions of Human Mate Preferences", *Personality and Individual Differences*, 2005, 39 (2), 447 – 458.
② 李煜：《婚姻的教育匹配：50 年来的变迁》，《中国人口科学》2008 年第 3 期。
③ 徐安琪：《择偶标准：五十年变迁及其原因分析》，《社会学研究》2000 年第 6 期。
④ 吴鲁平：《农村青年择偶观从传统向现代的位移》，《中国青年研究》2000 年第 3 期。

程度等个人因素。[①]

还有学者认为，择偶标准的这种动态变化不仅反映在社会历史变迁对它的影响上，也体现在个人生命周期的不同阶段。年轻时往往容易为追求完美而将择偶标准理想化，随着在择偶过程中，不断遇到各种阻碍或限制，会不断地调整自己当初的期望值、降低标准；一些人在经历多年的婚姻生活后，也可能会有新的感悟而对起初的择偶标准进行反思和修正，变得更加切合实际。[②]

2019 年青年婚恋状况调查分别在未婚问卷和初婚有配偶问卷中询问了被访者对择偶标准的看法。以下将分析未婚和初婚有配偶两个群体对择偶标准的基本看法，以窥视择偶标准随不同时代和生命周期而产生的不同变化。

1. 未婚群体

从图 1 我们可以看出，在未婚人群中，"体贴/会关心人"和"志同道合"是最被看重的两个择偶标准，分别有 36.0% 和 33.1% 的回答说这是他们最重要的择偶标准，两项加总为 69.1%，也即有 7 成的被访者将"体贴/会关心人"和"志同道合"这些性格类和兴趣类择偶标准作为自己选择配偶的最重要标准。其他类的择偶标准占比不高，只有 0.6% 和 6.1% 的人选择身高和相貌体型等外表类择偶标准。7.3% 和 5.2% 的人选择收入、教育程度等社会经济因素类择偶标准。择偶标准中自赋性因素的重要性上升，先赋性因素的重要性下降，只有 2.3% 的未婚青年将"家庭背景好"当作择偶的首选条件。

2. 已婚群体

择偶标准的变化不仅反映在社会历史变迁对它的影响上，也反映在个人生命周期的不同阶段，经历了婚姻的群体在择偶标准上是否会发生变化上。图 2 是已婚群体对择偶标准的态度与看法。

---

① 黄希庭等：《当代青年价值观与教育》，四川教育出版社，1994。
② 徐安琪：《择偶标准：五十年变迁及其原因分析》，《社会学研究》2000 年第 6 期。

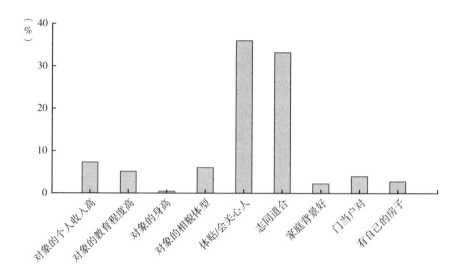

图1 未婚青年的择偶标准

从图2中我们可以看出，性格和兴趣方面的择偶标准依然是大家最看重的，有39.7%的人将"体贴/会关心人"作为最重要的择偶标准，36.7%的人将"志同道合"作为最重要的择偶标准，两项加总为76.4%。社会经济因素择偶标准和外表择偶标准对已婚青年群体的重要性同样不高。排在第三位的是个人收入，只有4.7%的人视它为最重要的择偶标准。

与未婚青年群体相比较，我们发现，性格和兴趣类择偶标准对已婚青年群体的重要性在上升，这验证了徐安琪等人的研究结论，择偶标准不仅会随时代变迁，也会随生命周期不同而有所变化，这可能跟经历婚姻的已婚青年群体更珍惜夫妻之间的相处与和谐有关。但无论哪个群体，外表和社会经济因素都不是最被看重的择偶标准。已婚问卷中还增加了"以前的婚史"和"年龄大小"两个择偶标准，被选的比例也均不高，前者为2.0%，后者为0.5%。可见已婚青年并不是太在意对方是否有婚史，也不在意对方的年龄，而是更看重对方的性格和彼此相处的融洽度。相似相容原则是重要的择偶标准，与双方同质性和相容性相关的如性格好、关心人、思想观念接近、生活习惯相容和性格脾气相投等是最重要的择偶标准。

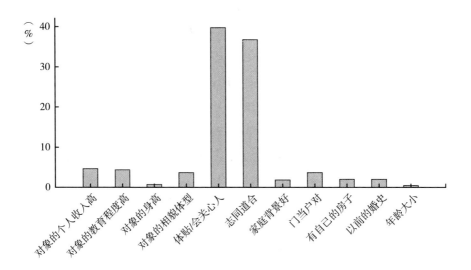

图2　已婚青年的择偶标准

（二）择偶方式

择偶方式反映出婚姻当事人在婚姻中的自主性以及婚姻自由的程度。[①]传统中国社会男女结合是"非媒不娶，非媒不嫁""父母之命，媒妁之言"式的包办婚姻。改革开放以来，随着社会的变迁，人们的婚恋观与婚恋行为发生了显著变化，表现为家长的影响日渐弱化，青年人的自主意识与开放意识不断增强。随着社会流动的增加、交往圈的扩大和互联网等媒介的普及，青年人自己结识伴侣的机会越来越多，当代青年在择偶方式方面也更为多样。[②]

2019年青年婚恋状况调查在已婚问卷中询问了已婚青年当初的择偶方式，从中我们可以了解当代青年的实际择偶行为。调查将择偶方式分为同学/同事、同学/朋友介绍、家人亲戚介绍、同事介绍、专业的婚恋网站、网络平台

①　张应祥：《中国婚姻家庭研究综述》，《中山大学学报论丛》1997年第6期。
②　郭婷、秦雪征：《婚姻匹配、生活满意度和初婚离婚风险——基于中国家庭追踪调查的研究》，《劳动经济研究》2016年第6期。

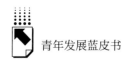
偶遇、现实生活偶遇、相亲角及其他九种方式。

从图3我们可以看出,以自己结识配偶的方式所占的比例最高,有37.4%的人是从同学或同事中自己结识现在的配偶;仅次于自己结识方式的是同学/朋友介绍,有21%的已婚青年通过同学或朋友的介绍认识自己现在的配偶;排在第三位的是家人或亲戚介绍,所占比重为18.7%。如果按照现有研究对择偶方式的分类,"同学/朋友介绍"、"家人亲戚介绍"和"同事介绍"都属于"介绍型"择偶方式,三项加起来的比例为45.2%,即有近五成的已婚青年是通过"介绍型"的择偶方式找到自己的配偶。由此我们可以看出,当代青年人的实际择偶方式是"自己认识"和"介绍认识"双轨并行,两项占比超过8成。

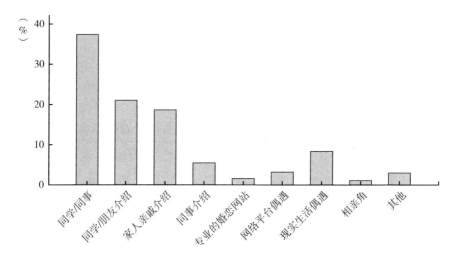

图3　已婚青年的择偶方式

"介绍婚"仍占一定的比重,尤其是家人和亲戚对这一问题的关注是一个比较有中国特色的现象,说明由于中国存在家族文化传统,家族的影响力仍在一定的范围内存在,在一个"普婚制"的文化里,婚姻大事仍是家族成员共同关注的事情。但这种"介绍型"婚姻已同昔日的包办婚有本质的区别,青年一代的婚姻自主性大大增强,即家人亲戚、同学朋友只是一个中间桥梁,双方结识后,经过自由交往,由当事人双方自主确立关系以及决定是否缔结婚姻。这是与包办婚姻有着本质区别的一种自主婚姻。

从图3中当代青年择偶方式的多元化也可以看出，当代青年的择偶空间在不断地扩大，青年择偶的网络从亲缘、地缘转向业缘和学缘，青年择偶的机会增多，选择空间增大。择偶空间正从以家庭为中心的第一生活领域，向以学校、职业场所为中心的第二生活领域和以闲暇生活为中心的第三生活领域伸展。① 不过第三生活领域的择偶空间虽然存在，但目前实际产生的作用仍然有限，比如电视的相亲节目、专业的婚恋网站、网络平台等，最后通过这些方式选择配偶的非常少，这可能跟这些平台的商业操作以及虚拟化的特点有关。只有1.6%的是通过专业婚恋网站、3.2%的通过网络平台偶遇结识现在的配偶。

二 当代青年的恋爱观念与婚前亲密行为

恋爱是婚姻的前奏，恋爱观指处于恋爱阶段但尚未进入婚姻的人士对恋爱关系中双方关系及相处模式的认识，以及对婚前性行为与建立婚姻之间关系的看法，主要体现在对婚前亲密关系和行为的态度以及实际发生的亲密行为方面。了解青年群体对婚前亲密关系和亲密行为的态度对理解婚前亲密关系与婚姻的关系具有重要意义。2019年全国青年婚恋状况调查在未婚问卷中不仅询问了青年未婚者对婚前亲密关系和亲密行为的态度，还询问了实际发生在未婚青年群体中的亲密行为，从中我们可以了解当前青年的婚前亲密关系现状以及对恋爱中双方关系与相处模式的看法和态度。

（一）当代青年对婚前亲密关系与亲密行为的看法和态度

国内外研究均发现，整体而言，青年群体对婚前亲密行为的态度更开

---

① 纪秋发：《北京青年的婚姻观——一项实证调查分析》，《青年研究》1995年第7期。

放，随着改革开放和社会转型的不断深入，中国人对婚前亲密关系和亲密行为的接受度有所上升。中国青年对婚前亲密关系的接受度显著高于老年人。但与美国青年相比，中国青年的观念仍然比较保守，他们更接受以结婚为前提的婚前亲密关系和行为。①

2019 年青年婚恋状况调查数据显示，未婚青年中，对"婚前发生一夜情"和"同时与多人保持性关系"这样比较前卫的亲密行为多持比较保守的态度。其中有 55.5% 的未婚青年认为婚前发生一夜情是完全错误的；尤其是"同时与多人保持性关系"，有 81.8% 的人认为这种行为完全错误，认为有些错误的占 8.2%，也即有 9 成的人认为这是一种错误的行为。对"婚前同居"和"未婚先孕"的接纳度要高得多，对前者有 14.1%、对后者有 29.4% 的人认为是一个完全错误的行为，对"未婚先孕"的接受度要低于对"婚前同居"的接受度，可能跟"未婚先孕"涉及的问题更加复杂有关。

问卷还询问了未婚青年对男女同性恋的态度，对男女同性恋均有43.1% 的人认为这是一个完全错误的行为，但也有近三成的未婚青年认为这没太大错误或完全没有错误。

值得注意的是，对每一项婚前亲密关系都有一定比例的人持"说不清"和"或许有些错误"的模糊态度，这在一定程度上反映了青年对婚前亲密关系和亲密行为的态度具有一定的不确定性。

表 2　未婚青年对婚前亲密关系和亲密行为的看法和态度

单位：%

亲密关系与行为	完全错误	有些错误	或许有些错误	没太大错误	完全没错误	说不清	总计
婚前发生一夜情	55.5	18.6	11.6	7.5	1.6	5.7	100.0
婚前性行为	16.0	13.8	15.8	27.2	17.1	10.2	100.0
婚前同居	14.1	14.8	15.2	28.9	16.5	10.6	100.0

① 刘汶蓉：《中美两国青年性观念及趋势比较》，《当代青年研究》2011 年第 9 期。

亲密关系与行为	完全错误	有些错误	或许有些错误	没太大错误	完全没错误	说不清	总计
未婚先孕	29.4	22.3	15.8	16.3	6.0	10.2	100.0
同时与多人保持性关系	81.8	8.2	4.2	1.5	.6	3.6	100.0
男同性恋	43.1	7.7	6.4	13.6	15.1	14.1	100.0
女同性恋	43.1	8.7	6.3	13.8	15.1	14.8	100.0

（二）当代青年的婚前亲密关系与同居行为

在未婚青年人群中，实际的婚前亲密关系和亲密行为又是怎样的呢？以下将从当代青年的婚前亲密关系与同居行为两个方面来进行分析。

同居和婚前性行为的普遍发生被视作第二次人口转变的主要特征。[1] 了解青年群体的同居观念对理解社会整体实际同居行为的普遍程度、同居与婚姻的关系，以及家庭可能的多元样貌具有重要意义。20世纪70年代后，尽管同居形态不一，各国情况也不尽相同[2]，但在一些欧美国家，同居作为一种生活方式和居住安排，已经从婚姻的前奏（a prelude to marriage）变为婚姻的替代（an alternative to marriage），未婚同居逐渐成为一种独立于婚姻的、广被接受的制度形式。[3] 随着改革开放和社会转型，中国人对同居的接受度也有所上升，婚前同居比例在逐渐增长。中国人民大学性社会学研究所开展的"中国人的性行为与性关系"调查显示，在全国18～61岁的未婚人口中，同居比例已从2000年的21.4%上升到了2015年的31.4%，变化

---

[1] Van de Kaa, D. J., "Europe's Second Demographic Transition", *Population Bulletin*, 1987, 42 (1), pp. 1－57.

[2] Heuveline, P. & Timberlake, J. M., "The Role of Cohabitation in Family Formation: The United States in Comparative Perspective", *Journal of Marriage and Family*, 2004, 5, pp. 1214－1230.

[3] Cherlin, A. J., "The Deinstitutionalization of American Marriage", *Journal of Marriage and Family*, 2004, 66 (4), pp. 848－861.

显著。①

2019 年青年婚恋状况调查数据显示，在未婚青年样本中，有 7.1% 的样本回答目前处在同居关系中，这较低的比例可能跟调查对象的年龄有关。问卷调查的是 14～34 岁的青年，其中 14～19 岁年龄段的占 22.0%，20～24 岁年龄段的占 25.7%，按照中国的学制，这些年龄段中的绝大部分人仍处在就学状态。另外还可能跟中国的文化传统有关，婚前同居在中国仍是一个不能被完全接受的现象，一些被访者可能会隐瞒自己的同居情况。这两项都有可能降低实际的同居率。

表 3 是分年龄段未婚青年的同居情况，从表 3 中，我们可以看出，随着年龄的增长，同居率有增长的趋势，年龄与未婚群体的同居行为之间相关显著。25～29 岁的未婚青年中有 11.5% 的人目前处在同居关系中。但 30～34 岁的同居率要低于 25～29 岁的同居率，这可能跟这个年龄段的更不容易找到同居对象有关，尤其是处在这个年龄段的未婚女性或者有单身的打算或者难以找到亲密的对象，从而降低了该年龄段未婚青年的同居率。

问卷还询问了同居之外的亲密男女朋友关系，结果回答目前有此关系的比例要远高于回答目前处在同居关系中的比例，有 40.1% 的人回答目前有亲密的男女朋友关系。年龄跟婚前亲密关系的相关性与同居的情况相类似，随着年龄的增长，有婚前亲密关系的比例有增长的趋势，20～29 岁这个年龄段，有 45.6% 的未婚青年回答目前有亲密男女朋友关系，但到了 30～34 岁这个年龄段，比例又有所下降，只有 33.3% 的未婚青年拥有亲密的男女朋友关系。

同居是一种比较持久稳固且容易被外界知晓的亲密关系形态，婚前同居比例大大低于婚前拥有亲密关系的比例在一定程度上表明，人们对婚前同居这种比较持久的亲密关系形态仍持比较保守的态度。实际的同居行为占比也要低于对同居的接纳态度，也即说虽然有的青年能在主观上接受同居这一行

---

① 张楠、潘绥铭：《性关系的核心结构及其意义——非婚同居与婚姻的实证比较研究》，《学术界》2016 年第 6 期。

为，但碍于各种客观原因，比如家庭的、社会的、文化的因素等等，实际选择同居行为的仍不多。

表3　当代青年的婚前亲密关系与同居行为

单位：%

年龄	您现在是否处在同居关系中		您目前是否有亲密男女朋友关系		合计
	有	无	有	无	
14～19 岁	2.9	97.1	32.3	67.7	100.0
20～24 岁	7.0	93.0	45.6	54.4	100.0
25～29 岁	11.5	88.5	45.6	54.4	100.0
30～34 岁	10.0	90.0	33.3	66.7	100.0

（三）当代青年的婚前性行为与态度

第一次性行为发生时间和态度是我们观察性行为和性观念变迁的重要指标。杜蕾丝 2008 年全球性报告显示，中国人发生初次性行为的平均年龄是 22.1 岁。北京大学社会调查研究中心联合百合网婚恋研究院发布的《2015 中国人婚恋状况调查报告》指出，被调查对象初次性行为多发生在 18～23 岁，在初次性行为发生时间上，北京市为内地省（区、市）中最早的，平均年龄为 20.63 岁。[①] 2019 年全国青年婚恋状况调查在未婚问卷中询问了与第一次性经历相关的问题。未婚青年样本中，有 38.95% 的人回答了该问题，也就是说有近四成的未婚青年有过婚前性行为经历，第一次与异性发生性交行为的平均年龄在 21 岁，对方的平均年龄也是 21 岁。

调查进一步询问了有关第一次与异性性行为谁主动的问题，从表4 中我们可以看出，在第一次性行为中，认为男方主动的比例要远远高于认为女方主动的比例。男性有 40.3% 的认为是自己主动，认为女方主动的仅有 9.2%；女性也是认为男性主动的居多，有 65.6% 的认为是男方主动，只有

---

① 数据来源于 https://baike.baidu.com/item/2015 中国人婚恋状况调查报告/19269841，最后检索时间：2019 年 4 月 10 日。

3.3%认为是自己主动。可见，可能受传统性观念的影响，女性更多认为自己是在性行为中处于被动的一方。

问卷还询问了未婚青年对自己第一次性行为经历的看法，总的来看，年龄越小，越可能认为自己的第一次性行为有点早、应该年龄更大一点，但14～19岁这个年龄段有37.9%的人认为年龄差不多、正合适，有11.0%的认为有点晚、应该更早一点；20～24岁这个年龄段近七成的人认为从这个年龄来讲，性行为是可以接受的。

表4 第一次性行为经历的性别差异

单位：%

性别	第一次性行为谁主动			合计
	自己主动	对方主动	共同意愿	
男	40.3	9.2	50.5	100.0
女	3.3	65.6	31.1	100.0

三 当代青年的婚姻观念

婚姻观是婚姻这种特定的社会关系在人的意识上的反映，是人们对婚姻的基本看法以及对配偶和婚姻生活的基本评价（包括婚姻生活在个人生活中所占的地位及满意程度），具体表现为个体与婚姻有关的各种选择——从择偶、缔结婚姻之途径、理想的结婚年龄、婚礼仪式、婚后相处模式一直到做出分居、离婚的决定，作为一种社会意识，婚姻观具有群体意识的特点，可反映一个社会的文化特色。[1] 随着我国改革的不断深入，人们的婚姻观念也发生了重大变化。以下将运用2019年青年婚恋状况调查数据分析当代青年对婚姻、家庭和生育的一些基本态度和看法。

---

① 杨善华：《城市青年的婚姻观念》，《青年研究》1988年第4期。

（一）当代青年对婚姻的基本态度与看法

1. 是否结婚

2019 年青年婚恋状况调查在未婚问卷中询问了"您现在或未来是否有结婚的打算"，结果所有未婚青年都回答"现在或未来有结婚的打算"。41.14% 的未婚青年回答在婚姻问题上被父母催促过。年龄与父母对婚姻的关注度之间显著相关，20 ~ 24 岁未婚青年被父母催促的比例为 35.2%，到了 25 ~ 29 岁和 30 ~ 34 岁这个年龄段，该比例分别上升至 75.0% 和 75.3%（见表 5）。

表 5　年龄与父母在婚姻问题上的态度

单位：%

年龄	父母在您的婚姻问题上有没有催促过您？		合计
	有	无	
14 ~ 19 岁	10.6	89.4	100.0
20 ~ 24 岁	35.2	64.8	100.0
25 ~ 29 岁	75.0	25.0	100.0
30 ~ 34 岁	75.3	24.7	100.0

2. 对婚姻的期待

面对婚姻，有 66.9% 的未婚者期待美好伴侣，只有 8.8% 的恐惧婚姻的到来和 25.4% 的面对婚姻持无所谓、随缘的心态（见表 6）。分年龄看未婚青年群体对婚姻的态度，发现年龄越大对婚姻的态度越积极，期待美好伴侣的比例越高，30 ~ 34 岁这个年龄段有 73.3% 的未婚者期待美好的伴侣，不过他们持"宁缺毋滥不将就"态度的比例也很高，有 50% 的人面对婚姻持"宁缺毋滥不将就"的态度，这可能也是这个年龄段未婚青年仍处于单身的主要原因。不过他们并不恐惧婚姻的到来，只有 5.3% 的人对婚姻持有恐惧的态度。

分性别来看，男性比女性更期待美好的伴侣，而女性比男性更持"恐惧"的心理和抱有"宁缺毋滥不将就"的态度。在户口类型上，农业户口

未婚者比非农业户口未婚者更期盼美好的伴侣，非农业户口未婚者更持"宁缺毋滥不将就"的心态。教育程度上，教育程度越高，对婚姻的要求越高，持"宁缺毋滥不将就"的比例也越高。[①]

表6 当代青年对婚姻的期待

单位：%

期待	没有	有	合计
期待美好的伴侣	33.1	66.9	100.0
恐惧婚姻的到来	91.2	8.8	100.0
无所谓、随缘	74.6	25.4	100.0

（二）当代青年期望的结婚年龄

数据显示，在1985~2015年的30年间，初婚年龄除女性在1995年略有下降外，中国的初婚年龄从整体来看呈现逐渐增长的趋势。女性的初婚年龄从1985年的21.75岁增长至2015年的26.21岁，男性的初婚年龄从1985年的23.62岁增长至2015年的28.37岁。这是实际的结婚年龄，当代青年期望的结婚年龄又是怎样的呢？

2019年青年婚恋状况调查数据显示，未婚青年中有82.1%的人希望自己在30岁之前结婚，97.3%的人希望自己在35岁前结婚（见图4）。认为30岁之前应该结婚的占比最高，为32.5%；其次为28岁，占比16.9%；排在第三的是25岁，有12.6%的未婚青年将它作为自己理想的结婚年龄。分教育程度看，受教育程度越高，期望结婚年龄越迟：研究生及以上学历中有43.4%的未婚青年希望自己在30岁之前结婚，19.2%希望在30~35岁结婚；大学本科的有37.0%的人希望在30岁之前结婚，11.9%的人希望在30~35岁结婚。性别和期望结婚年龄显著相关，女性期望的结婚年龄要早于男性期望的结婚年龄。

---

① 限于篇幅，这些方面的数据省略。

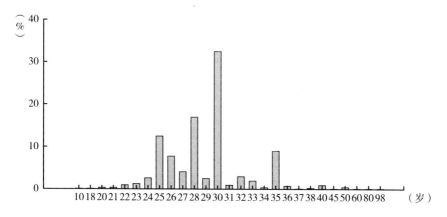

图 4　期望结婚年龄

（三）当代青年对婚姻家庭的一些基本看法

青年时期是人生历程中各种重要生命事件（如结婚、生育、就业等）集中发生的关键时期，[①] 青年对婚姻家庭的一些基本看法和态度将影响其未来的婚姻选择、夫妻关系和家庭模式。2019 年青年婚恋状况调查在已婚问卷中询问了已婚青年对婚姻家庭的一些基本看法，涉及家庭功能、夫妻关系、子女责任、家庭模式等等。

对离婚问题的看法涉及当代青年的独立意识和家庭的稳定。在对"离婚总是对孩子不好"的看法上，62.1% 的人完全赞同这观点，20.3% 持有点赞同的态度，也即大部分人对婚姻持谨慎的态度，意识到离婚对孩子有伤害，但也不太赞同"为了孩子，父母即使婚姻不幸福也永远不应该离婚"的观点，有 45.2% 持不太赞同、17.9% 持完全不赞同的态度。

对家庭教育和父母的责任，大部分人赞同家庭教育的重要性，父母有责任承担主要的教育责任。有 64.8% 的已婚青年赞同父母应该节衣缩食以支持子女的教育，74.8% 认为"孩子学习的好坏，有父母很大的责任"，64.2% 的已婚青年对"孩子将来成年后，家庭是否幸福有我很大的责任"

---

① 宋健、王记文：《中国青年的婚姻状态与主观幸福感》，《中国青年研究》2016 年第 9 期。

持赞同的态度。对"无论有多少钱都需要勤俭持家"这样的优良文化传统，持赞同的比例仍比较高，有49.0%的人完全赞同这观点，37.3%的有点赞同该观点，近9成青年认同这一优良文化传统。但对"棍棒底下出孝子""养儿防老""家庭最重要的功能是传宗接代"这样的传统观念，赞同度大大降低。

问卷中的已婚青年除了扮演父母的角色外还扮演着子女的角色，对于子女角色的定位，61.6%的赞同"孩子成年后必须承担供养父母的责任"，但也有52.1%的已婚青年赞同"子女成年后不应该和父母住在一起"。

夫妻和亲子关系是家庭的两个基本轴，在对这两个家庭基本轴的看法上，30.0%的已婚青年完全赞同夫妻关系比亲子关系重要，31.6%的有点赞同，但也有28.7%的不太赞同，3.7%完全不赞同。可见认为亲子轴更重要的在当代青年中仍有一定的比例。

关于婚礼仪式和婚姻缔结过程的态度也是婚姻观的重要部分，社会上曾流行"宁坐宝马车里哭，不坐自行车上笑"的说法，从调查结果来看，持这种观点的青年不是太多，近7成的青年不太赞同或完全不赞同这观点。但也不能完全接受"没房没车不办婚礼的裸婚"，对此，有38.5%的青年不太赞同，11.8%的完全不赞同（见表7）。

表7 当代青年对婚姻家庭的一些基本看法

单位：%

看法	完全赞同	有点赞同	不太赞同	完全不赞同	不好说	合计
离婚总是对孩子不好	62.1	20.3	9.5	2.7	5.3	100.0
为了孩子，父母即使婚姻不幸福也永远不应该离婚	12.6	17.7	45.2	17.9	6.6	100.0
父母应该节衣缩食以支付子女的教育	30.8	34.0	26.6	5.0	3.5	100.0
孩子学习的好坏，有父母很大的责任	32.2	42.6	18.2	2.9	4.0	100.0
孩子将来成年后，家庭是否幸福有我很大的责任	25.2	39.0	26.8	4.5	4.5	100.0

看法	完全赞同	有点赞同	不太赞同	完全不赞同	不好说	合计
棍棒底下出孝子	7.6	28.2	47.7	12.7	3.7	100.0
养儿防老	10.8	26.8	44.8	13.5	4.0	100.0
家庭最重要的功能是传宗接代	6.8	19.2	47.7	23.1	3.2	100.0
夫妻关系比亲子关系更重要	30.0	31.6	28.7	3.7	6.0	100.0
无论有多少钱都需要勤俭持家	49.0	37.3	9.8	1.1	2.7	100.0
孩子成年后必须承担供养父母的责任	24.2	37.4	28.7	5.5	4.2	100.0
子女成年后不应该和父母住在一起	15.5	36.6	37.7	2.9	7.3	100.0
宁坐宝马车里哭,不坐自行车上笑	7.1	16.8	39.8	30.0	6.3	100.0
没房没车不办婚礼的裸婚	9.5	29.2	38.5	11.8	11.0	100.0

(四)当代青年的生育观念

1. 生育目的

传统中国自然经济条件下,家庭是个体生产和生活最重要的单位。在这种经济条件下,生育的主要目的是"养儿防老"和"传宗接代"。随着经济的发展和个体化意识的增强,生育的目的发生了改变。研究发现,以传宗接代为目的的比重减少,养儿防老的比重也有所减少,生育的最重要目的已由"养儿防老""传宗接代"转变至"增加家庭幸福"。[①] 21 世纪以来育龄青年的生育目的更是表现出多元化的样貌。[②]

从前面对婚姻家庭的态度我们可以看出,赞同"养儿防老"和"传宗接代"的比例已经大大降低。大家更看重的是孩子的情感性目的而非功利

---

① 罗天莹:《改革开放 30 年与青年生育观念的变迁》,《中国青年研究》2008 年第 1 期。
② 贾志科:《20 世纪 50 年代后我国居民生育意愿的变化》,《人口与经济》2009 年第 4 期。

性目的。有87.7%的赞同生育的目的是看着孩子长大的喜悦，86.3%的赞同是为了子女在身边的快乐。赞同增加亲属联系的比例也比较高，有29.7%的完全赞同和40.5%的有点赞同生育子女是为了增加亲属之间的联系。"为了在年老时能够有人帮助""为了延续家族香火""为了从经济上帮助家庭"等功利性目的的比例有所降低，但仍有一定的比例赞同生育是为了在年老时能够有人提供帮助（见表8）。

表8　当代青年的生育目的

单位：%

生育目的	完全赞同	有点赞同	不太赞同	完全不赞同	不好说	合计
为了在年老时能够有人帮助	14.0	32.4	37.4	10.3	5.8	100.0
为了延续家族香火	11.3	30.3	37.9	16.8	3.7	100.0
为了从经济上帮助家庭	6.1	11.1	49.0	29.4	4.4	100.0
为了看着孩子长大的喜悦	46.9	40.8	7.9	1.9	2.4	100.0
为了子女在身边的快乐	46.1	40.2	7.6	2.7	3.4	100.0
为了增加亲属的联系	29.7	40.5	21.0	4.7	4.2	100.0

2. 生育偏好和意愿生育数量

2019年青年婚恋状况调查在未婚问卷中询问了未婚青年的生育偏好和意愿生育数量。未婚青年样本中，意愿生育子女的数量是1~2个，其中打算生育一个的占38.0%，生育两个的占52.4%，生育3个的占2.6%；值得注意的是，其中有5.9%的不愿生育孩子。生育的性别偏好不明显，意愿生育一个孩子的，在性别的选择上，选择男孩的占21.3%，选择女孩的占22.6%，无所谓性别的占56.1%。意愿生育两个孩子的，则大多数希望儿女双全，或无所谓孩子的性别。

四　研究结论及建议

婚恋观是人们价值观的重要组成部分，是人们对婚前恋爱、婚姻生活以及婚恋过程中性爱取向的基本看法，青年群体的婚恋价值取向和婚恋观念不仅影响个体的婚恋行为选择和个人的生活发展，更关系到未来社会的家庭系统、人口结构以及社会的稳定。本文运用2019年全国青年婚恋状况调查数据分析我国当代青年的择偶观念、恋爱观念和婚姻观念，发现当代青年的婚恋观呈现既现代又传统的特点。

受现代化和个体化进程的影响，当代青年在择偶标准和择偶方式上呈现现代的一面。无论是已婚青年群体还是未婚青年群体，"志同道合"和"体贴/会关心人"都是最被看重的两项择偶标准。相似相容原则是一致的择偶标准，与双方同质性和相容性相关的如性格好、关心人、思想观念接近、生活习惯相容和性格脾气相投等是最重要的择偶标准；当代青年的择偶方式日益多元化，择偶空间不断扩大，青年择偶的网络从亲缘、地缘转向业缘和学缘，青年择偶的机会增多，选择空间增大。择偶空间正从以家庭为中心的第一生活领域，向以学校、职业场所为中心的第二生活领域和以闲暇生活为中心的第三生活领域伸展；青年对婚前性行为和亲密关系的接受度提高，实际发生婚前亲密关系的比例和同居率也有所提升；在婚姻观上，大部分人对婚姻持谨慎的态度，意识到离婚对孩子有伤害，但也不太赞同"为了孩子，父母即使婚姻不幸福也永远不应该离婚"的观点。对"棍棒底下出孝子""养儿防老""家庭最重要的功能是传宗接代"这样比较传统的观念，赞同率大大降低。有52.1%的已婚青年赞同"子女成年后不应该和父母住在一起"。有6成的已婚青年赞同夫妻关系比亲子关系重要。关于生育的目的，未婚青年更看重的是生育孩子的情感性目的而非功利性目的。意愿生育子女的数量是1~2个，生育的性别偏好已不明显。

但受我国特殊的文化传统和社会结构的影响，当代青年的婚恋观在某些方面又保留着传统的一面，比如在择偶标准和择偶方式上。"介绍婚"仍占一定的比重，尤其是家人和亲戚对这一问题非常关注，家庭成员的婚姻大事仍是家族成员共同关注的事情；未婚青年中，对"婚前发生一夜情"和"同时和多人保持性关系"这样比较前卫的亲密行为仍多持比较保守的态度。对一些婚前亲密关系总有一定比例的人持"说不清"或"或许有些错误"的模糊态度。实际的同居行为占比也要低于接纳同居者的占比，也就

是说虽然有的青年能在主观上接受同居这一行为，但碍于各种客观原因，比如家庭的、社会的、文化的因素等等，实际选择同居行为的仍不多或存在隐瞒同居的情形；不管哪个年龄段都有一定比例的人认为第一次性行为的时间有些早，这跟人们对婚外性的接受度有一定的关系；在是否结婚上，所有未婚青年都回答"现在或未来有结婚的打算"。41.14%的未婚青年回答在婚姻问题上被父母催促过。年龄与父母对婚姻的关注度之间显著相关，年龄越大受到的催促越多；大部分已婚青年对婚姻持谨慎的态度，认为离婚对孩子有害。对家庭教育和父母的责任，大部分人认为父母有责任承担主要的教育责任。对"无论有多少钱都需要勤俭持家"这样的优良文化传统，赞同者的比例仍比较高；对于子女角色的定位，61.6%的赞同"孩子成年后必须承担供养父母的责任"。亲子轴的重要性在当代青年中仍占一定的地位。对于"没房没车不办婚礼的裸婚"，有38.5%的青年不太赞同，11.8%的完全不赞同。在生育目的上，"为了延续家族香火""为了从经济上帮助家庭"等功利性目的的比例有所降低，但仍有一定比例的人赞同生育的目的是在年老时能够有人提供帮助。意愿生育两个子女的，大多数希望儿女双全。

我国当代青年婚恋观的上述特征表明，我国青年在婚恋过程中一方面受到现代化和个体化进程的影响，另一方面又受到我国特殊的文化传统和社会结构的影响。青年的择偶空间越来越大，择偶方式越来越多元化，择偶标准更注重情感性，在婚姻选择和婚后居住上更加独立；但受孝道文化、家庭文化等的影响，当代青年在婚恋过程中又保留着传统的一面。此外，制度因素也不容忽视，比如对家庭和父母责任的认同，对子女角色的定位跟我国现有的养老抚育制度有着一定的关系，我们应该加强这方面的政策支持，社会对多元、现代的生活方式也应持宽容与接纳的态度。

B.3

当代青年的家庭观念

颜康朴　王中汉*

摘　要： 基于现代化背景，探讨中国传统家庭观念与现代家庭观念在家庭功能、家庭关系与价值理念三方面的异同，并分析转变产生的原因。研究发现，新时期家庭观念中的文化反哺持续深化，家庭与个人之间是一种相辅相成的关系。当代青年家庭观念的变迁受经济、文化、社会和家庭结构变迁的影响。应针对这些新特点给予当代青年相应的建议，以期帮助当代青年建立健康的家庭观念。

关键词： 家庭　家庭观念　家庭功能　家庭关系

家庭是人类文明的重要产物，家庭的历史几乎与人类文明的历史同样悠久。而在中国，家庭更是中华文化体系中的重要组成部分。在新时期，家庭也同我们的社会一样，不断经历着深刻的变革。这些变革的重要内容之一，便是青年家庭观念的变迁。本文将基于对家庭发展历史的梳理，探讨现代化背景下中国传统家庭观念与现代家庭观念在家庭功能、家庭关系与价值理念三方面的异同，并分析转变产生的原因。最后，本文将分析新时期家庭观念的三大新特点，并针对这些新特点给予当代青年相应的建议，以期帮助当代青年建立健康的家庭观念。

---

* 颜康朴，中国人民大学社会与人口学院本科生；王中汉，中国人民大学社会与人口学院博士研究生。

一　家庭观念的含义

家庭观念是人们对家庭的主观认识。由于人们在家庭中的具体实践活动受到家庭中的三个核心要素，即家庭功能、家庭关系与价值理念的影响，因此，人们的家庭观念便也由人们对家庭中这三个核心要素的理解所构成。

家庭功能指家庭在整个宏观的社会体系之中所承担的职能。整体上而言，家庭所承担的功能主要有五种，即生育功能、抚育功能、传承功能、凝聚功能与情感功能。人们对于家庭功能的主观认识则是指人们所赋予并期望家庭在社会生活中所扮演的角色。而由于前四种家庭功能已在家庭发展的历史长河之中得到了较为充分的实现，所以当今社会人们对于家庭功能主要的关注点在于家庭情感功能的实现。

家庭关系指家庭之中以亲属关系为脉络构建而成的关系网络。家庭关系主要分为两类，即以代际关系为基础的家庭纵向关系，以及以夫妻关系为基础的家庭横向关系。而人们对于家庭关系的主观认识指的则是，在各种家庭关系之中，人们更加重视哪一种关系；在每一种关系之中，人们又更为重视关系中的哪一方。

价值理念指家庭在人类社会整体文化体系之中所具有的意义与象征。作为人类文化系统中的一个重要符号，家庭承载了人类社会所赋予的诸多理解与想象，因而自身具有一套成体系的价值理念，而这套价值理念又会反过来对人类社会的具体实践活动产生影响。而人们对于家庭价值理念的主观认识指的则是人们在何种程度上接受并践行家庭所代表的这一套价值理念。对这种接受程度深浅的判断往往是在与人们所接受的其他价值理念，如国家本位的价值理念与个人本位的价值理念等的比较中得到的，即人们在真实的社会实践之中究竟以何种为重，并自觉或不自觉地按照这一价值理念的要求采取行动。

二　当代青年家庭观念的基本状况

笔者基于 2013 年 CGSS 数据与 2016 年中国家庭生育决策机制研究调查

数据，对当代青年家庭观念的基本状况进行分析。其中青年年龄范围则依据国家统计局口径，以 15~34 岁作为标准。具体分析结果如下。

（一）当代青年对家庭功能的认识现状

基于现代化家庭转变的历史背景，现代家庭的主要功能正发生由传统的抚育功能、传承功能与凝聚功能为主向突出情感功能的转变。而这些功能冲突的集中体现，便反映在个体的生育目的上。在传统的家庭功能观念中，生育的目的主要是传宗接代、养儿防老，而在现代的家庭功能观念中，生育行为则较少被赋予功利性的目的，而是被还原成了一种单纯的个人情感体验。因此，笔者将中国家庭生育决策机制研究调查问卷之中，关于"促使您要孩子最重要的因素"这一问题的回答分为情感性认识观点与功利性认识观点两类，其中情感性认识观点包括"人生完整""夫妻幸福""老人心愿""孩子有伴"四种回答，功利性认识观点包括"家庭经济条件允许""工作压力不大""有人帮助照顾""传宗接代""养老有保障"五种回答。基于此进行分析，分析结果如图 1 所示。

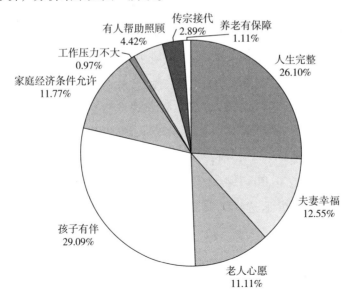

图 1　生育原因（总体）

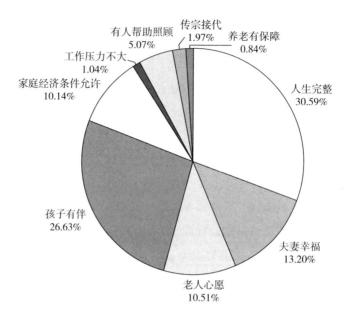

图 2　生育原因（青年）

　　总体上来说，被访者在关于生育原因的回答中旗帜鲜明地倾向于情感性认识观点。四类情感性认识观点回答所占的比例达到了总应答的约八成，而功利性认识观点回答则约占两成。而在情感性认识观点对应的四类回答中，又以"人生完整"与"孩子有伴"两种回答所占比例突出，分别达到了 26.10% 与 29.09%，说明了生育行为在现代家庭中的功能，已经由承担传统的传宗接代、养儿防老等功利性功能，过渡到了现代的构成人生意义的重要组成部分、实现人生幸福追求的情感性功能。而就青年群体而言，其所持观点并未体现出与上述总体观点间鲜明的异质性（$\chi^2 = 0.008764$），甚至更多地支持情感性认识观点（80.93%），且更少地选择"传宗接代""养老有保障"这两种回答（1.97%，0.84%）。

（二）当代青年对家庭关系的认识状况

　　在当代青年对家庭关系的认识上，需要厘清家庭之中何种关系为重。因此，笔者采用了 CGSS 问卷中的"在下列关系中，您认为哪些关系最重要？"这一问题。分析结果如图 3、图 4 所示。

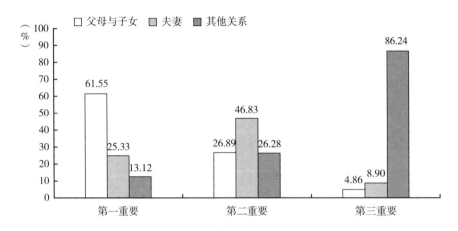

图 3　关系重要程度（总体）

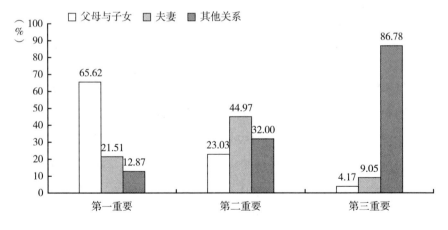

图 4　关系重要程度（青年）

在第一重要的家庭关系中，有 61.55% 的被访者选择了父母与子女的关系，占了超过半数的比例，是夫妻关系所占比例的两倍以上（25.33%）。这说明了尽管中国正经历着家庭现代化转变的浪潮，但并未像西方一样在家庭中出现由纵向亲子关系向横向夫妻关系的重心转移，

纵向关系依然在当今中国家庭之中扮演着重要的角色。而夫妻关系在国人心中则屈居次位，在第二重要的关系中占比最高，为46.83%。如果针对青年进行分析，则可以发现，青年在此问题上所持的观点也未与社会总体出现较大差异（$\chi^2 = 3.376$），青年甚至对家庭纵向关系更为重视，认为父母与子女关系最为重要的比例已达到了认为夫妻关系最为重要所占比例的三倍以上。可见这可能是因为独生子女政策客观上间接提升了子代在家庭中的重要性，所以当今中国家庭关系的重心发生了向纵向关系的进一步偏移。

（三）当代青年对家庭价值认同状况

笔者意图探讨对于当今青年而言，家庭、国家与个人何者为重。因此，笔者采用了CGSS调查问卷中的"您认为哪一种伦理关系对社会秩序和个人生活最具根本性意义"这一问题进行分析。分析结果如下。

总体上来说，当今中国，家庭在国人的心目中依然有着不可撼动的重要地位。近三分之一的被访者认为家庭伦理关系与血缘关系是对社会秩序和个人生活最具根本性意义的伦理关系（64.81%）。仅次于家庭伦理关系与血缘关系，19.39%的被访者认为个人与社会的关系才是当今最具根本性意义的伦理关系。而个人主义则未如西方一样在中国兴起，仅2.85%的被访者视个人与自身的关系最为重要。青年群体在此问题上虽也未呈现与社会总体严重相悖的观点（$\chi^2 = 6.0258$），但在一部分具体内容上的变化值得关注。首先，相比于社会总体对于家庭伦理关系与血缘关系的重视，青年群体更为旗帜鲜明地勇于担负社会的重任，视个人与社会关系为当今最为重要伦理关系的青年比例比社会总体更多（高6.72个百分点），而视家庭伦理关系与血缘关系为最为重要关系的青年比例则比社会总体少了将近一成（低7.49个百分点）。此外，当代青年还更为重视人与自然间的关系（2.39%），同时个人主义意识也更为突出（4.06%）。

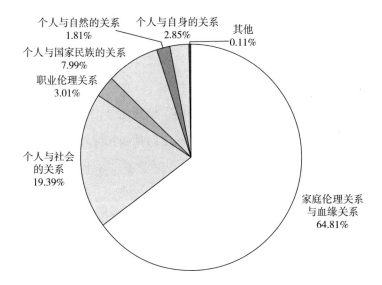

图 5　最具根本性意义的伦理关系（总体）

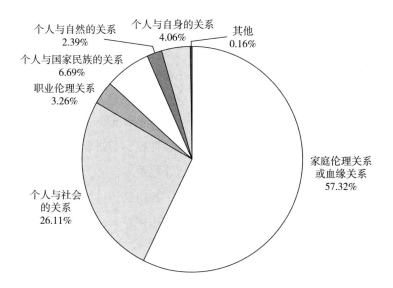

图 6　最具根本性意义的伦理关系（青年）

三 当代家庭观念变化的新特点

（一）文化反哺现象持续深化

传统家庭中所强调的家庭的传承功能，如从社会化的角度进行分析，则只是一种由长辈向晚辈传授经验与知识的单向社会化的过程。但除了这种自上而下的社会化过程之外，也存在着另一种自下而上、由晚辈向长辈传授新知识的社会化过程，即反向社会化过程。

关于反向社会化系统性的理论最早见于曼海姆（Mannheim）所提出的代际社会学当中。① 但学者们随即指出在曼海姆所建构的术语体系中的"代际"实际上并非专指家庭中的代际关系，而是指在队列视角下，不同年代出生的人之间的关系。而这一理论在20世纪80年代，经由周晓红等中国学者进行本土化处理之后，在此基础上提出了"文化反哺"的概念②。而文化反哺概念中所指称的代际关系，便一般指家庭之中的代际关系。

从代际关系视角来说，当今社会中所发生的深刻社会变迁是文化反哺现象的主要动因。这一变迁过程就规模而言是庞大的，使得绝大多数家庭均无可避免地被卷入其中；就速度而言是迅速的，使得每一个社会成员若要紧跟时代，就必须持续不断地学习新事物③。而在对新事物的学习中，青年一代由于思维更加活跃，对新信息更加敏感，往往在学习进程中领先于他们的父母，最终成为知识学习过程中的传授者而非接受者。

而实证研究的结果也印证了上述观点。在对新媒体知识学习的有关调查中，无论是对新媒体有关技能知识、内容知识还是对应用知识的学习，文化

---

① Mannheim, K. (1970). The Problem of Generations. *Psychoanalytic Review*, 57 (3), 378.

② 周晓虹:《文化反哺：变迁社会中的亲子传承》，《社会学研究》2000年第2期。陈云松、朱灿然、张亮亮:《代内"文化反授"：概念、理论和大数据实证》，《社会学研究》2017年第1期。

③ 周晓虹:《文化反哺：生发动因与社会意义》，《青年探索》2017年第5期。

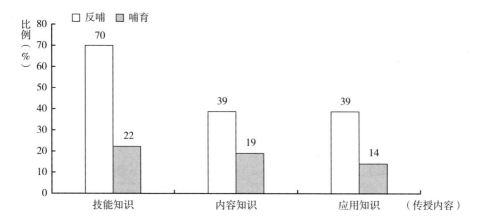

图7 新媒体知识传授形式对比

数据来源：周裕琼：《数字代沟与文化反哺：对家庭内"静悄悄的革命"的量化考察》，《现代传播》（中国传媒大学学报）2014年第2期。

反哺形式的家庭所占比重均超过文化哺育形式的家庭。尤其是在技能知识学习这一方面，在占比达70%的家庭中，技能知识是由晚辈向长辈进行传授的。[1] 由此可见，以文化反哺形式展开对外界新知识的学习已经成为一种不容忽视的趋势。

（二）家庭与个人相辅相成

在传统关于现代家庭与个人关系的叙事中，家庭与个人经常被描述为一种二元对抗的关系。这种二元对抗关系在改革开放之后至21世纪初较为明显，基于个体理性的利益考量与基于家庭的利益考量在这一时期是存在一定冲突的。

但近年来出现的区别于上述两者的第三种声音，则指出家庭与个人之间的关系实际上并非全然对立的零和博弈。[2] 个人既负有对家庭应尽的义务与

---

① 周裕琼：《数字代沟与文化反哺：对家庭内"静悄悄的革命"的量化考察》，《现代传播》（中国传媒大学学报）2014年第2期。

② 康岚：《代差与代同：新家庭主义价值的兴起》，《青年研究》2012年第3期。

责任，也从家庭之中获得慰藉与支持。从这个意义上而言，家庭与个人两者相辅相成。市场经济所带来的功利化与自我中心化固然在一定程度上削弱了个人对家庭进行责任承担与义务履行的意愿，但个人依旧能从家庭中获得支持，在家庭中享受应有的权利。因此，即便从个体理性的角度出发，家庭依然是个人在社会生活中的重要支持与保障，因而个人也相应地会将家庭视作生命中重要的组成部分。

表1　两代人对家庭"责任"与"权利"维度的认同程度

语句类型	测量语句	分值范围	平均值	平均值（父母）	平均值（子女）	标准差	χ^2
作为"责任"的家庭	家庭和谐,比追求自己的利益更重要(谦让顺同)	1~5	4.477	4.655	4.324	0.68	18.8
	家庭圆满了,我个人也圆满了（对家忠诚）	1~5	4.519	4.724	4.351	0.711	20.726
	子女过得不好,父母好像有任务没完成似的(责任义务)	1~5	3.329	3.629	3.043	1.173	18.803
作为"权利"的家庭	家庭让我感到安全和放松的感觉(安全感)	1~5	4.596	4.669	4.531	0.597	5.376
	人最终总要回归家庭的(归属感)	1~5	4.525	4.579	4.467	0.618	4.97
	我需要从家庭中享受亲情和爱（关爱感）	1~5	4.633	4.685	4.593	0.544	6.394
	亲子之间,在各方面是相辅相成、相互影响的(一体感)	1~5	4.596	4.634	4.564	0.555	4.727
	子女成家立业,过好日子,是对父母最大的回报(一体感)	1~5	4.475	4.586	4.385	0.709	7.206

注：数据来自康岚：《代差与代同：新家庭主义价值的兴起》，《青年研究》2012年第3期。

而基于上述观点所进行的实证研究则发现，个体视角下对于家庭中权利与义务两个维度的不同叙事是实际存在的。如果以父代为参照，子代在有关家庭义务维度的语句测量上与父代存在着显著差异（$\chi^2 = 18.8$，20.726，18.803），而在家庭权利维度上则不存在这一差异（$\chi^2 = 5.376$，4.97，6.394，4.727，7.206）。基于此可以认为，尽管市场经济所带来的个体理性在一定程度上确实削弱了青年一代对于家庭义务的认可，但由于家庭权利这一路径的影响依然存在，因而即便是从完全个体理性的角度出发，家庭也应在当代青年的价值观念中占有重要地位。从这个意义来说，对当代青年而言，家庭与个人不再仅仅是在义务履行上相互对立、讨价还价，而且在家庭权利层面上，给予了个人相应的支持。家庭本位观念与个人本位观念不只存在对立关系，也存在相互依存关系。

四 当代青年家庭观念变迁的影响因素

（一）市场经济的发展

市场经济是通过市场配置社会资源的一种经济形式，从产生到现在，市场经济都是一种最具效率和活力的经济运行载体，市场作为一只"看不见的手"在社会资源调配中发挥着决定性的作用。自1978年改革开放以来，我国已经基本建成社会主义市场经济体制，完成了由计划经济到社会主义市场经济的转变。市场经济体制的建成促进了我国基本经济制度和收入分配制度的建立，从而导致我国在不同性质单位和企业就业的人数发生了翻天覆地的变化，在国有经济和集体经济中就业的人数不断下降，而在市场经济中就业的人数得到了快速上升。从1997年到2017年，在国有企业和集体企业中就业的人数从11044万人和2883万人下降到6064万人和406万人，而在代表着市场经济的有限责任公司和股份有限公司中就业的人数增长到6367万人和1846万人，同时，在港澳台单位和外商投资单位中就业的人数也得到了快速的增长，分别达到了1290万人和1291万人，具体见表2。在这一过

程中，人力资本逐渐成为收入分配的基础，每个人都成为自我命运的掌控者，这一变化导致了青年由集体本位到个人本位的价值观转型，青年的家庭观念发生了巨大变迁。

表2 1997～2017年不同性质单位中就业的人数

单位：万人

年份	合计	国有单位	城镇集体单位	股份合作单位	联营单位	有限责任公司	股份有限公司	港澳台单位	外商投资单位
1997	15036	11044	2883	—	43	—	468	281	300
2002	10985	7163	1122	161	45	1083	538	367	391
2007	12024	6424	718	170	43	2075	788	680	903
2012	15236	6839	590	149	39	3787	1243	969	1246
2017	17644	6064	406	77	13	6367	1846	1290	1291

数据来源：2018年《中国统计年鉴》。

在计划经济体制下，单位职工人生中的几乎所有重大事件——教育、工作、结婚、生育都在单位内完成，人们的工作和婚姻选择更多地受到家庭的影响；但是在市场经济体制下，青年人在教育、择业中有了更多的选择，不再受到单位的影响，更早的经济独立和有保障的收入使家庭对青年的经济功能减弱，局限在某一单位的社会资本也对青年人帮助甚少，这让青年人对家庭功能的认识弱化，家庭与个人的关系纽带更加脆弱。由于在市场经济中，人们享有了更多的平等教育和就业的权利，丈夫和妻子在家庭中的经济地位不再不对称，"夫妻平权"和"男女平等"的家庭观念在当代青年中更加普遍。市场经济中青年个人本位的价值观也使其对家庭不再像传统家庭中那样充满依恋，家长的权威进一步被削弱。与此同时，市场经济中弥漫着的追求经济效益、效率第一的价值取向也使当代青年更为重视物质基础、忽视家庭亲情的重要性。

（二）文化与社会价值观的多元化

受中国传统文化和新中国成立后集体主义价值观的影响，传统家庭观念认为家庭利益高于个人利益，家庭的集体属性高于个人属性，当个人利益和家庭利益产生冲突时，家庭利益往往被置于首位，家庭中个人的感受被忽视。随着我国改革开放以来社会主义市场经济体制的确立和发展，以及 21 世纪以来的经济全球化，我国的文化和社会价值观越来越呈现多元化的趋向。在流行文化中，人们更加重视自我意识的觉醒，不再无条件地服从于集体意识，随西方文化渗入的独立和自由意识让青年在决策、判断的时候不再依赖于集体或父母。传统文化与流行文化、东方文化与西方文化的不断交流、融合、碰撞使青年的个人主体意识和平等观念蓬勃发展起来。青年主体意识的发展使当代青年认识到了自己的价值和需求，自己不再只是组成家庭的一分子，还有能力去引导家庭的未来发展走向，这进一步挑战了家长的权威地位，让青年在家庭中更具有主动性，比如当代青年对"父母打孩子"行为的接受程度就很低，超过半数的受访青年（51.5%）对该行为的接受程度仅为 1~2 分，91.6% 的受访青年的接受程度在 6 分以下，见表 3。受访青年的这一态度表明当代青年在对待亲子关系时不再将自己置于被动的受支配地位，而是可以旗帜鲜明地反对不平等的行为、观念。

青年的平等意识让当代青年更加重视父母与子女间、夫妻间的平等地位，抛弃了传统家庭"长幼有序，尊卑有别"的家庭观念，树立了家庭成员地位平等的观念，成员间互相尊重、合理沟通，每个人在自觉承担各自的家庭责任的同时行使自己的家庭权利。表 3 显示，受访青年对"打老婆"行为的接受程度极低，绝大多数青年（87.5%）对该行为的接受程度为 1~2 分，夫妻平等、家庭成员平等的观念深入人心。但是值得注意的是，并不是所有的传统家庭观念都被当代青年所抛弃，比如对于"不孝敬父母"行为的接受程度也很低，近九成的受访青年对该行为的接受程度为 1~2 分，表明平等观念的兴盛和主导并不意味着青年一味地反对传统家庭观念，而是在新旧融合的过程中当代青年更加注重基于核心价值观对家庭观念作出判断。

表3 青年对家庭中不同行为的接受程度

单位：%

青年对该行为的 接受程度	"打老婆"行为	"父母打孩子"行为	"不孝敬父母"行为
1～2分	87.5	51.5	89.0
3～4分	5.9	19.9	5.6
5～6分	2.9	20.2	2.4
7～8分	0.5	4.8	0.6
9～10分	3.2	3.6	2.4

数据来源：武汉理工大学"大学生对非婚现象和家庭关系的态度"调查。

（三）家庭规模与结构的转变

家庭自形成之初，就是一个随着社会经济发展而不断变化的组织。改革开放以来，随着现代经济社会的发展转型，当代家庭呈现小型化、代数减少化、形式稳定化和居住安排多样化的趋势。① 在家庭规模上，妇女生育子女数量和家庭成员数量减少使得家庭规模逐渐缩小，历次普查资料显示，1953年我国平均家庭户规模为每户4.33人，随着20世纪90年代以来农村地区家庭规模急速缩小，1990年平均家庭户规模下降为每户3.96人，2000年下降到每户3.44人，2010年下降到每户3.10人。在家庭代数上，我国21世纪以来变化的主要特点是一代户比例不断上升，三代户比例整体趋于下降，近二十年具体家庭结构变动可见表4。在家庭形式上，我国在社会转型过程中基本呈现稳定化的趋势。核心家庭依然在所有家庭形式中最为普遍，呈现稳中有降的发展趋势，2010年人口普查显示，其比例为48.78%。相比之下，直系家庭和单人家庭比例提升，直系家庭比例由2004年的29.63%增长到2011年的36.68%。在居住安排上，我国逐渐呈现居住安排多元化的趋势，单亲家庭、重组家庭、流动家庭、隔代家庭、空巢家庭和丁克家庭占比不断提升；同时，子女和父母同住比例有所

---

① 杨菊华、何炤华：《社会转型过程中家庭的变迁与延续》，《人口研究》2014年第2期。

下降。

　　家庭规模的缩小和核心家庭的比例渐趋稳定使当代青年的婚姻本位意识和夫妻轴心意识进一步增强①，他们更注重于通过组建家庭带来稳定的感情生活，而非为了传宗接代而组建家庭。与此同时，家庭内部的代际关系进一步简单化，同时亲子关系呈现亲密化和疏离化并存的状态。杨菊华（2014）认为随着家庭规模的缩小，青年一方面将更多的情感投注到父母身上，对父母产生过度依赖；另一方面，青年由于兄弟姊妹的缺失和对个人隐私的注重，会更多地和朋友交往，和亲代的关系反而疏离了，整体呈现"亲密有间"的特点。

表 4　1990～2010 年我国家庭类型构成的变化

单位：%

家庭类型＼年份	1990 年	2000 年	2010 年
单人户	6.32	8.56	14.53
一对夫妇户	6.48	12.96	17.35
一代及其他户	0.81	1.34	1.50
核心家庭	67.31	56.02	48.78
隔代家庭	0.66	1.90	1.81
二代联合家庭	0.09	1.61	1.34
三代直系家庭	16.65	16.97	14.09
三代联合家庭	0.99	0.09	0.08
其他	0.69	0.55	0.52
合计	100	100	100

数据来源：1990 年数据源于曾毅、李伟、梁志武：《中国家庭结构的现状、区域差异及变动趋势》，《中国人口科学》1992 年第 2 期；2000 年数据源于周福林：《我国家庭结构的统计研究》，《经济经纬》2006 第 2 期；2010 年数据根据 2010 年人口普查汇总数据和 2000 年人口普查 0.95‰抽样数据推算。

---

①　张心遥：《改革开放以来家庭观念变迁研究》，河南师范大学硕士学位论文，2017。

五　现状总结与政策建议

（一）现状总结

整体而言，当代青年在家庭功能、家庭关系、家庭的价值理念三个方面均有着既积极向上，又符合当今实际发展状况的正确认识。

首先，在家庭功能层面上，当代青年已由以往对家庭功能功利性的认知，转向了现今对家庭功能情感性的认知。传宗接代、养儿防老等过去对家庭功能的认识，让步于人生完整、生活幸福等当代青年所追求的美好理想。

其次，在家庭关系层面上，当代青年对父母与子女之间家庭纵向关系的重视程度，依然超过对夫妻之间家庭横向关系的重视程度，并未出现如西方一样由以纵向关系为重向以横向关系为重的转变。这既缘于中国传统价值理念的影响，也与中国近代以来特殊的历史时代背景有关。

最后，在对家庭价值理念的认可层面上，家庭在当代青年心目中依然占据着重要的位置，当代青年依然视家庭伦理关系和血缘关系为当今社会最为根本的伦理关系，家庭本位价值观念依然超越国家本位与个人本位价值观念。

在社会整体的比较之中，当代青年对家庭功能、家庭关系、家庭的价值理念三个方面的认识均未与社会整体出现较大分歧，仅在部分细节中存在一定的认识差异。在对家庭功能的认识中，比起社会整体，当代青年更为认可家庭的情感性功能；在对家庭关系的认识中，比起社会整体，当代青年更为重视纵向的代际关系；在对家庭价值理念的认识中，比起社会整体，当代青年更加关注个人与社会之间的关系。

新时代下，当代青年的家庭观念也呈现了许多新的特点。如在家庭关系中，传统自上而下的社会化过程不再一成不变，在对新兴事物的认识中，文化反哺现象方兴未艾；在对家庭价值理念的认识中，家庭本位与个人本位之间的关系也不再是完全的相互对抗，家庭对个人而言既是权利，也是责任，个人与家庭之间彼此成就、相辅相成。

（二）政策建议

中华民族自古以来就重视家庭、重视亲情。党的十八大以来，习近平总书记更是在不同场合多次谈到要"注重家庭、注重家教、注重家风"。家庭是社会的基本细胞，是人生的第一所学校。家庭的前途命运同国家和民族的前途命运紧密相连。做好家庭建设，是新时代实现社会治理不可缺少的一环。

从家庭功能的角度来看，应充分发挥家庭的积极功能，营造其乐融融的家庭氛围，充分实现人们在家庭中合理的情感诉求，将家庭打造成温馨、舒适、和谐的心灵港湾，使人们可以在工作学习之余，在家庭之中得到放松；在面对艰难困苦之时，可以在家庭中得到慰藉；在收获喜悦欢乐之时，可以在家庭中分享。

从家庭关系的角度来看，应继续提倡平等和谐的家庭关系。要坚决反对过去封建家族主义中的大家长做派，提倡平等和谐的家庭成员关系。青年尊重长辈的经验阅历，同时长辈向青年学习新的知识技能，家庭成员之间相互尊重、彼此平等，共同维护好、发展好幸福和谐与美好的家庭关系。

从价值理念的角度来看，应提倡个人、家庭、国家三者并重的价值理念。既不能提倡极端的个人主义与利己主义，也不能一味强调家庭与国家的利益而不顾个人的牺牲。应当将个人的理想奋斗，与家庭的幸福、国家的发展有机融合在一起。个人发展好了，能为家庭与国家的发展做出贡献；家庭与国家发展好了，能为个人提供更为广阔的平台。个人、家庭、国家三者之间应当相辅相成。

B.4
当代青年的生育观念

刘志强*

摘　要： 本文关注当代青年的生育观念。首先，基于变迁视角，从生育目的、生育意愿和生育质量三个方面探讨青年观念的具体内涵：生育目的由"养儿防老""传宗接代"转向多元化生育目的；生育意愿由多生到少生、从早生到晚生、从有性别偏好到"儿女都好"；更加重视子女的优生和优育。生育政策调整以来，当代青年的生育观念出现了新变化："为孩子找个伴"成为许多青年父母生育二孩的目的；青年意愿生育数量有所提升，但仍低于替代水平；对子女性别呈现无偏好、双偏好的倾向；城市、乡村育龄青年妇女的初育年龄有所提前；在对子女质量的期待和投入上，青年父母不会因子女孩次而存在差别。当代青年生育观念及其变迁是改革开放以来社会经济发展、生育政策变动、中西文化交流等宏观社会现实发展的结果。在本文的最后，为促进青年树立科学、合理、符合发展实际的生育观念，本文提出了相关政策参考。

关键词： 青年　生育观念　生育政策

改革开放四十年余来，我国的人口结构经历了巨大的变化：生育水平下降，人口增速放缓，人口的自然结构、社会经济结构经历着深刻调整。巨大

---

* 刘志强，中国人民大学社会与人口学院博士研究生。

的人口变化背后蕴藏着人们生育观念的改变。作为世界观、人生观和价值观在生育领域的写照，生育观念对个体的生育行为具有深远的影响。

青年人群是生育的主体。不同领域的研究对"青年"这一概念有不同的年龄界定。根据《中长期青年发展规划（2016 - 2025 年）》的界定，青年是指 14 ~ 35 周岁的群体。青年时期是人生历程中各种重要生命事件（如求学、就业、结婚、生育等）集中发生的关键时期。[①] 青年人群的生育不仅关乎其个人与家庭，还关系着国家和民族人口的延续与发展。基于此，通过了解青年群体的生育观念进而理解这一群体的生育行为对准确把握人口变化的趋势具有极其重要的意义。

本文将从以下方面对当代青年的生育观念展开探讨：首先以变迁为视角，从三方面讨论青年生育观念的具体内涵；其次，本文探讨生育政策调整背景下，当代青年生育观念的新变化；再次，本文从社会经济、国家生育政策、西方文化交流三方面分析宏观社会现实如何形塑当代青年的生育观念；最后，在梳理青年生育观念及其变迁的基础上，为促进青年树立合理、科学的生育观念，本文提出了相关政策建议。

一 变迁中的青年生育观念

生育观念是人们对于生育问题总的观点和看法。[②] 生育观念是意识形态的一个方面，是个人世界观、人生观、价值观在生育领域的写照，主要包括以下三个方面：一是对生育意义和目的的看法；二是子女生育的意愿和愿望；三是对子女质量的期待。[③] 总结而言，生育观念就是对"为什么要生""想生成什么样""得成为什么样"等问题的思考。[④]

---

① 宋健、王记文：《中国青年的婚姻状态与主观幸福感》，《中国青年研究》2016 年第 9 期。
② 徐俊：《中国人生育观念研究：回顾与展望》，《人口与发展》2008 年第 6 期。
③ 罗天莹：《改革开放 30 年与青年生育观念的变迁》，《中国青年研究》2008 年第 1 期。徐俊：《中国人生育观念研究：回顾与展望》，《人口与发展》2008 年第 6 期。
④ 罗天莹：《改革开放 30 年与青年生育观念的变迁》，《中国青年研究》2008 年第 1 期。

改革开放以来，我国社会发生了翻天覆地的变化，作为意识形态的组成，青年生育观念也随之发生变化，因此下文将基于变迁视角对青年生育观念的具体内涵展开探讨。

（一）生育目的：从"养儿防老"、"传宗接代"到日益多元

人类生育在正常情况下是一种有目的的理性行为。[①] 在传统中国自然经济条件下，家庭是个体生产和生活最重要的单位，生育的主要目的是"养儿防老"和"传宗接代"。生儿育女是人之常情，是婚姻家庭的根本，是最基本也是最重要的人生使命。[②]

从 20 世纪 80 年代开始，随着经济的发展、政府在人口问题上的长期宣传教育，生育目的发生了转变，其转变的主轴是，传统功利性目的有所减弱，而情感性目的逐渐凸显。

虞积生、林春的《国人生育行为与生育观的初步研究》报告表明，中国人生育最重要的目的已然是增加家庭幸福（42%）而不是养儿防老（6%）或者传宗接代（10%）。[③] 1992 年一项关于广东省已婚妇女生育观念变化的调查显示：随着时代的发展，以传宗接代为目的所占比重变小，在排序上由 20 世纪 50 年代的第一位变为 90 年代的第四位；养儿防老所占的比重也有所减少。[④]

21 世纪以来育龄青年的生育目的更是表现出多元化样貌。[⑤] 一方面，传统生育目的被赋予了新的时代内涵。例如，现代生育观念中，"养儿防老"的"儿"不仅指的是儿子，也包括了女儿[⑥]，"传宗接代"的生育目的因此发生了改变。另一方面，许多新的以精神慰藉为特征的现代生育目的被加入

① 李建民：《中国的生育革命》，《人口研究》2009 年第 1 期。
② 徐俊：《中国人生育观念研究：回顾与展望》，《人口与发展》2008 年第 6 期。
③ 虞积生、林春：《国人生育行为与生育观的初步研究》，《心理学动态》1992 年第 1 期。
④ 刘梦琴：《广东已婚妇女生育观的代际变化——以梅县、东莞抽样调查实证分析为例》，《广东社会科学》1995 年第 4 期。
⑤ 贾志科：《20 世纪 50 年代后我国居民生育意愿的变化》，《人口与经济》2009 年第 4 期。
⑥ 贾志科：《20 世纪 50 年代后我国居民生育意愿的变化》，《人口与经济》2009 年第 4 期。

新世纪育龄青年的生育认知中。越来越多青年人的生育目的开始由"传宗接代""养儿防老"向"增加家庭幸福""满足情感需要"以及"实现自我价值"等方面转变。①

（二）生育意愿：从多生到少生，从早生到晚生，从男孩偏好到"儿女都好"

对于人们生育意愿的理解可从数量、时间、性别三个维度展开，具体包括人们期望生育的子女数量、理想生育时间和间隔、性别偏好等方面。② 20世纪80年代以来，在国家计划生育政策和社会经济发展的共同作用下，传统的生育意愿由早生、多生、重男轻女转变为少生、晚生，对子女性别的关注也趋于平淡。③④

具体来看，在第一个维度——数量维度，青年生育意愿经历了由偏好多生向少生的转变。

20世纪90年代中期，上海对本市20~34岁育龄青年夫妇进行了一次大规模生育意愿调查，调查结果显示，回答理想子女数为1个、2个、3个的受访者比例分别为40.4%、57.5%和0.3%。到了21世纪，2003年对18~30岁青年的调查显示，81.47%的青年的理想子女数为1个，13.70%的青年的理想子女数为2个，理想子女数为3个及以上的比例仅为0.35%。尽管两次调查划定的青年年龄标准不同，但还是可以看出，青年人群的意愿子女数下降明显。⑤

丁克（自愿不生育）家庭的出现和扩张也是在数量维度上青年生育意愿变迁的一个重要呈现。社会经济发展带来了个体独立化、个性化和选择自由化，这为丁克家庭的出现提供了条件。一系列相关调查显示，我国青年中

---

① 杨巧：《中国育龄青年生育观研究：解释范式与现代性变迁》，《中国青年政治学院学报》2010年第2期。

② 顾宝昌：《论生育和生育转变：数量、时间和性别》，《人口研究》1992年第6期。

③ 贾志科：《20世纪50年代后我国居民生育意愿的变化》，《人口与经济》2009年第4期。

④ 罗天莹：《改革开放30年与青年生育观念的变迁》，《中国青年研究》2008年第1期。

⑤ 陈蓉、顾宝昌：《上海市生育意愿30年的演变历程》，《人口与社会》2014年第1期。

意愿不生育的数量不断增加，比例趋于上升。在 2001 年，相关统计数据显示，北上广等大中城市中丁克家庭约达 60 余万个。① 丁克家庭的出现和扩张是对传统生育观念中"多子多福""无后为大"等观念彻底的颠覆。

生育意愿的第二个维度是时间，具体可分为生育年龄和生育间隔（孩次之间的时间长度）。生育时间维度与生育目的、生育数量有直接关系。②

在传统"传宗接代"和"多子多福"的生育观念影响下，人们倾向于早婚早育③；而现代青年在考虑自身发展的同时，也重视子代的未来发展，因而更多地期望并实行晚婚晚育。有研究对我国四城市青年生育意愿进行调查后总结，我国城市青年的平均理想初育年龄为 25.87 岁，平均实际初育年龄为 25.79 岁④，晚于法定结婚年龄。

生育间隔是时间维度的另一个方面，可进一步划分为婚育间隔（婚后多久生育）与孩次间隔（两孩间的间隔为多久）。在婚育间隔方面，与传统生育观念中的"多子多福"相对应，中国的传统习俗是婚后尽快怀孕生子⑤，但随着时代发展，这种观念也发生了变化。研究显示，现阶段我国多数青年不会在婚后立即想要孩子，城市青年的平均理想婚育间隔为 1.09 年⑥。在孩次间隔方面，在严格计划生育时代，生育间隔制度是生育政策的重要组成部分，不同地区的生育政策对孩次间隔有不同而明确的规定（多

① 董小苹：《由丁克家庭的产生透析当代中国生育观的嬗变》，《当代青年研究》2001 年第6 期。

② 于晓丽：《我国当前计划生育国策下的生育观念》，《工会论坛》（山东省工会管理干部学院学报）2009 年第 4 期。

③ 于晓丽：《我国当前计划生育国策下的生育观念》，《工会论坛》（山东省工会管理干部学院学报）2009 年第 4 期。郑真真：《对 80 年代以来我国妇女初婚 - 初育间隔的分析》，《人口与经济》1999 年第 2 期。

④ 宋健、陈芳：《城市青年生育意愿与行为的背离及其影响因素——来自 4 个城市的调查》，《中国人口科学》2010 年第 5 期。

⑤ 郑真真：《对 80 年代以来我国妇女初婚 - 初育间隔的分析》，《人口与经济》1999 年第2 期。

⑥ 宋健、陈芳：《城市青年生育意愿与行为的背离及其影响因素——来自 4 个城市的调查》，《中国人口科学》2010 年第 5 期。

数为3~4年)①，因此在这一时期内，青年意愿生育间隔更多地受到制度规定的限制。随着近年来有关孩次间隔规定的取消，青年理想孩次间隔更多地体现了个体及其家庭在考虑了抚养压力、经济成本后的理性生育愿望和安排。

第三维度，在意愿性别偏好方面，城乡变化相对不一致，但一个基本趋势是，无论城乡，青年群体中，传统的男孩偏好减弱，越来越多的青年认同"儿女都好"。具体来看，城市青年中，"重男轻女"的性别偏好已发生改变，突破单一的"男孩偏好"或"女孩偏好"而呈现多元化特点。2009年一项全国城市青年状况调查的数据显示，在接受调查的城市已婚已育青年中，"无性别偏好"的比例最高（57.06%），男孩偏好和女孩偏好比例相近（分别为13.33%、10.40%），儿女双全的"双偏好"占19.21%。②

与城市青年相比，尽管农村青年的男孩偏好仍然存在，但有所减弱。2015年一项针对全国2313个青年农户的生育意愿调查显示：在"一孩"时代，49.12%的农民有男孩偏好，仅有9%的农民倾向于生育女孩，41.83%持有男女一样的观念。该调查进一步发现，当期望生育子女数为两个时，有94.58%的受访者希望"儿女双全"，认为儿子女儿都重要，这说明在政策允许的条件下，期望"儿女双全"是主流。③

（三）生育质量：重视优生，更重视优育

新家庭经济理论认为，孩子数量与质量存在着替换关系。④ 当人们的生育意愿由早生、多子转向晚育、优生时，更多人重视子女的质量。

当下我国的育龄青年大多为独生子女政策和改革开放环境下成长起

---

① 张翠玲、刘鸿雁：《中国生育间隔政策的历史变动分析》，《南方人口》2016年第6期。

② 宋健、陶椰：《性别偏好如何影响家庭生育数量？——来自中国城市家庭的实证研究》，《人口学刊》2012年第5期。

③ 李壮：《青年农民生育意愿的特征及其对策研究——基于对全国2313个青年农户的调查》，《青年探索》2016年第6期。

④ 〔美〕加里·斯坦利·贝克尔：《家庭论》，王宇等译，商务印书馆，1998。

来的一群人，他们中的绝大多数获得了相较父辈、祖辈更多的资源，拥有更独立的经济收入，接受了更好的教育，有着较高的文化水平，这使得他们也能够对下一代进行更大的投资，尤其是教育投资，以保证子女的教育质量。

需特别指出的是，与生育观念的其他方面不同，在子女质量方面，城乡青年都很重视。2013 年一项针对上海青年白领的调查显示，在子女成长的各个阶段（哺乳、幼托、小学），城市青年白领对子女的教育投入在总投入中占较大比重（45%～61%），对子女培养也更多关注社会适应等竞争性和能力性的内容。① 随着农村社会经济水平有了较大的提高，农村家庭对子女教育培养的投资已成为家庭投资的主要项目。② 一项针对农村青年生育意愿的研究结果发现，大部分受访者认为"孩子能读到哪里就供他们读到哪里"。③

综上，以变迁为视角，本节从生育观念的三个方面：生育目的、生育意愿、子女质量期待具体分析了青年生育观念的内涵及其变迁。改革开放以来，我国青年生育观念经历了由"传宗接代"为特征的传统生育目的向多元化生育目的的转变；生育意愿上经历了从多生到少生、从早生到晚生、从有性别偏好到"儿女都好"的转变；在对孩子的质量期待上，人们重视优生，更重视优育。

二 生育政策调整以来青年生育观念的新变化

从 2011 年的全面双独二孩，到 2013 年的单独二孩，再到 2016 年的全面二孩，随着国家生育政策的调整，青年人群的生育观念出现了一些新的变化。随着生育目的从传统到现代的转变，"给孩子一个伴"成为青年父

① 刘汶蓉：《青年白领的育儿压力与教养期望》，《当代青年研究》2015 年第 3 期。
② 罗天莹：《改革开放 30 年与青年生育观念的变迁》，《中国青年研究》2008 年第 1 期。
③ 李瑞德：《当前农村青年的生育意愿：一项观念性的实证研究——以闽南山区 B 村为例》，《市场与人口分析》2005 年第 6 期。

母生育二孩的重要目的；生育政策的放松一定程度上提升了青年意愿生育数量，但城乡青年意愿生育数量仍低于人口替代水平；育龄青年对子女性别呈现无偏、双偏好的倾向；城市、乡村育龄青年妇女的初育年龄有所提前；在对子女质量的期待和投入上，当下青年父母不会因子女孩次而存在差别。

（一）"给孩子一个伴"成为重要的生育目的

在生育目的方面，随着生育目的的多元化，当下育龄青年的生育观念增加了新的内容。一项针对城市育龄人群的生育动机调查显示，与生育一孩的主要目的："家庭幸福""夫妇人生的圆满"不同，城市一孩育龄青年父母生育第二个孩子的最主要原因是"给孩子一个伴"。[①] 这种生育目的是对当代青年生育目的认知的丰富，这种丰富一方面表现为青年生育目的的中心和重心会因孩次而出现转移和变化，新一代青年父母对不同孩次有不同的目的追求，因而在具体研究中，需要区分对待；另一方面说明，在城市青年中，与传统生一孩是"为家庭生孩子""为自己生孩子"等生育目的的不同，二孩生育目的已更多地转变为"为孩子生孩子"。

（二）青年整体意愿子女数上升，但仍低于人口替代水平；育龄青年表现出"儿女双全"偏好；青年初育年龄有所提前

在生育意愿方面，生育政策的调整也对青年意愿生育数量、性别偏好及意愿生育时间产生了影响。

在数量维度，如前文所述，二孩政策扩大了青年生育的合法空间，对"生育二孩与否"问题的思考不再包含对违法成本的权衡，这可能会提升青年的意愿生育数量。基于此假设，本文基于中国综合社会调查（CGSS）

---

① 风笑天：《给孩子一个伴：城市一孩育龄人群的二孩生育动机及其启示》，《江苏行政学院学报》2018 年第 4 期。

数据分别计算了 2010 年、2012 年、2013 年、2015 年的青年[1]平均意愿子女数，CGSS 问卷调查中受访者对"如果没有政策限制的话，您希望有几个孩子"这一问题的回答，具体结果见表 1。表 1 显示，我国城乡青年意愿生育子女数整体均呈上升趋势且乡村大于城市：城市青年从 2010 年的 1.70 个上升到 2015 年的 1.81 个；乡村青年从 2010 年的 1.75 个上升到 2015 年的 1.89 个。

表 1　不同年份青年平均意愿子女数

单位：个

年份	总体	城市	乡村
2010	1.72	1.70	1.75
2012	1.77	1.74	1.83
2013	1.76	1.73	1.81
2015	1.84	1.81	1.89

数据来源：2010、2012、2013、2015 年 CGSS 数据。

青年生育观念在数量维度上的变化还可以通过实际生育行为的变化来反映。妇女生育的孩次情况对生育水平有重要影响。[2] 计算 2010 年全国第六次人口普查和 2015 年 1% 人口抽样调查汇总数据后发现（见表 2），整体而言，无论是在 2010 年还是在 2015 年，15～34 岁育龄妇女中，25～29 岁组妇女的生育水平最高（2010 年：84.08‰；2015 年：74.31‰）；生育的孩次构成以一孩为主、二孩居次、三孩较少（2010 年的比例分别为 66.17%、28.94%、4.89%；2015 年的比例分别为 55.67%、38.43%、5.89%）。比较 2010、2015 年的孩次结构，各年龄组一孩比例下降，二孩比例上升。这表明随着生育政策的放松，青年生育的孩次结构发生了较大的调整，青年的生育水平有了一定程度的提升。

---

[1] CGSS 调查的受访者为 18 岁及以上的成人，因此下文中与之相关的青年年龄区间为 18～35 岁。

[2] 阎志强：《广州青年人口婚姻与生育状况的变化特点——基于 2015 年 1% 人口抽样调查数据的分析》，《西北人口》2018 年第 4 期。

表 2   2010、2015 年青年妇女分年龄生育率与孩次结构

年龄（岁）	2010 年				2015 年			
	生育率（‰）	第一孩（%）	第二孩（%）	第三孩及以上（%）	生育率（‰）	第一孩（%）	第二孩（%）	第三孩及以上（%）
15~19	5.93	93.28	6.30	0.43	9.19	86.97	12.14	0.89
20~24	69.47	85.14	13.53	1.33	54.96	73.09	24.35	2.56
25~29	84.08	62.67	32.45	4.88	74.31	55.91	38.76	5.32
30~34	45.84	37.96	51.14	10.90	45.31	33.07	56.10	10.83

资料来源：2010 年全国第六次人口普查、2015 年全国 1% 人口抽样调查汇总数据。

但需要特别指出的是，无论城乡，处于生育旺盛期的青年的意愿生育数量、实际生育水平均低于人口替代水平。这在一定程度上表达出，原有计划生育政策中关于数量的严格规定或许不是影响人们意愿生育数量唯一或最重要的因素。有学者认为，计划生育的推行加快了中国生育率下降的速度，而不是导致了生育率的下降。[1] 因此，从这个层面而言，仅仅通过政策放松来提高生育水平是不够的，青年群体生育意愿的进一步提升需要来自国家、社会及企业更多方面的支持。

在性别维度，青年表现出"儿女都好""儿女双全"的偏好。2016 年全国 6 省 12 市的生育决策机制调查发现，在全面二孩政策背景下，对于城市育龄女性而言，在只要一个孩子的情况下，大多数女性对孩子的性别持顺其自然的态度；对于意愿子女数为两个的女性而言，超过半数的女性对第一个孩子表示没有性别偏好，但对第二个孩子则根据第一孩的性别呈现鲜明的性别互补偏好特点，可见城市女性意愿二孩的综合性偏好以双偏好为主。[2]

在时间维度，国家生育政策调整带来的影响可体现在初育、再育年龄的变化上。本文基于 2010 年第六次人口普查及 2015 年全国 1% 人口抽样调查

---

[1] 陈卫、庄亚儿：《社会政策对人口趋势影响的检验与评估》，《市场与人口分析》2004 年第 4 期。

[2] 宋健、秦婷婷、宋浩铭：《性别偏好的代际影响：基于意愿和行为两种路径的观察》，《人口研究》2018 年第 2 期。

汇总数据分别计算了育龄青年妇女的平均初育、再育年龄①，具体结果如表3所示。

整体而言，城市和镇的育龄青年妇女的初育、再育年龄均晚于乡村育龄青年妇女。就时期变动而言，比较2010、2015年，城市和乡村的育龄青年妇女的初育年龄有所提前，这可能是因为当妇女确定想要生育两个孩子时，为了给将来更多的决策时间，会将生育一孩的时间相较原本的计划有所提前②。

表3 2010、2015年青年育龄妇女初育、再育年龄

单位：岁

年份	初育年龄				再育年龄			
	全国	城市	镇	乡村	全国	城市	镇	乡村
2010	25.72	27.42	25.47	24.68	29.01	29.91	29.14	28.76
2015	25.76	27.40	25.58	24.48	28.71	30.07	28.79	27.98

资料来源：2010年全国第六次人口普查、2015年全国1%人口抽样调查汇总数据。

（三）对子女质量的重视不因孩次而不同

在对孩子质量的期待上，有研究显示，全面二孩政策并不会使父母对子女质量的重视发生转向③，即不管是一孩还是二孩，父母都会竭尽所能进行培养。正是因为当下青年不仅考虑二孩的生育成本，还更多地考虑二孩的养育成本，所以他们在做出二孩生育决策时更加理性和谨慎。

① 本文计算育龄青年妇女平均初育、再育年龄时忽略孩次胎次的区别，以孩次年龄别生育率作为计算的基础；计算年龄区间为15~35岁；计算公式是 $MAC = \dfrac{\sum\limits_{15}^{35}(a+0.5) \cdot f_a^i}{\sum\limits_{15}^{35} f_a^i}$，其中 a 为年龄，i 为孩次，当 $i=1$ 时，表初育，$i=2$ 时，表再育。

② 赵梦晗：《我国妇女生育推迟与近期生育水平变化》，《人口学刊》2016年第1期。

③ 张天梅：《单独二胎政策引发的当代生育观念变化》，《决策与信息》2015年第9期。

三　青年生育观念及其变迁是宏观社会发展的反映

如前文所述，改革开放以来，我们青年生育观念经历了巨大的变迁与发展，在生育政策调整后，青年生育观念更是呈现新的样貌。本部分将从社会经济发展、国家政策变动、西方文化接触与交流三个方面来分析青年的生育观念变迁的原因。

（一）社会经济发展提供动力

青年生育观念的发展是改革开放以来社会经济高速发展的结果。20 世纪 70 年代末开始的改革开放改变了中国的历史进程，市场经济的深入发展极大地促进了我国社会经济发展，其对青年生育观念的改变主要体现在以下几个方面。

第一，社会经济发展通过改变对劳动力的需求来影响生育观念。[①] 在传统社会，家庭是物质生产的基本单位，子女数量意味着劳动力的数量，多生多育是维系家庭生产的必要途径。而改革开放以来的土地家庭承包制和市场经济促进了家庭功能的社会化，如家庭的经济生产功能被外包给了市场因而逐渐消失。市场最优化配置资源，客观上降低了对劳动力的数量需求并提高了其质量需求，从而促进人们的生育观念从"多子多福"转向"少生优生"。

第二，社会经济的发展带来了医疗卫生条件的进步，降低了婴儿死亡率，这能够增强人们对子女存活的信心进而减少补充性生育（即因担心子女早夭而导致实际生育数大于理想子女数量）。中国在 20 世纪 50～70 年代成功地大幅度降低了婴儿死亡率和 5 岁以下儿童死亡率，这有效降低了个体家庭对生育数量的追求。[②] 另外，医疗卫生条件的进步使得安全有效、廉价便捷的节育方法得以快速发展，夫妻自主选择生育成为可能，从而可以避免

---

① 韩永江：《生育观影响因素的经济分析》，《人口学刊》2005 年第 2 期。

② 计迎春、郑真真：《社会性别和发展视角下的中国低生育率》，《中国社会科学》2018 年第 8 期。

非意愿生育的发生。

第三，随着社会经济的发展，教育等改变人们关于性别的刻板想象，进而改变生育观念中对子女性别的偏好。青年，特别是女性青年受教育水平的提高使女性获得承担社会劳动、获得社会报酬的资本和能力，进而在支持家庭（伴侣支持、养老支持、抚育支持等）方面逐渐发挥与男性对等的作用，这极大地削弱了传统生育观念中"一女半个儿"的思想。事实上，有研究表明，在一些情境下，女儿在父母养老中发挥着相较儿子更大的作用。① 并且，伴随着更为公正平等的性别关系的出现和强化，女性在生育决策中的话语权也得以提升，家庭生育观念因而也变得更为中性，结构性的男孩偏好预计将进一步淡化。

（二）宏观生育政策营造环境

我国青年的生育观念与国家计划生育政策联系紧密。一方面，国家计划生育政策对生育观念的影响具有强大的代际辐射力。从 20 世纪 70 年代开始的计划生育政策造就了"独生子女"这一人群，有研究显示，独生子女与非独生子女在理想生育数量、性别偏好等方面存在显著差异。② 以 2002 年与 2006 年北京市独生子女生育研究为例，两期研究均显示，独生子女的生育意愿偏低（2002、2006 年独生子女的理想子女数分别为 1.04、1.18），且"双独"家庭二孩生育意愿并不强烈。③ 尽管两期调查对象的差异（2006 年调查仅包括独生子女家庭）缩小了独生/非独子女的比较空间，但从独生子女一致的低生育意愿仍可看出国家生育政策可能具有代际传递的辐射力，即宏观生育政策不仅能够影响独生子女父辈的生育观念和行为，也能对独生子女本身的生育观念有深远影响。

---

① 毛瑛、朱斌：《社会性别视角下的代际支持与老龄健康》，《西安交通大学学报》（社会科学版）2017 年第 3 期。
② 王银浩、刘菊芬：《北京高校大学生中独生子女与非独生子女生育意愿的差别研究》，《中国生育健康杂志》2018 年第 5 期。
③ 侯亚非、马小红：《北京市独生子女及"双独"家庭生育意愿及变化》，《人口与经济》2008 年第 1 期。

另一方面，国家生育政策的变化对青年生育观念的形成和变迁会产生深远影响，特别是近年来，我国的计划生育政策出现了重大的调整：从严格的计划生育（一孩/一孩半）政策到"单独二孩政策"再到"全面二孩政策"。国家层面的生育政策调整放宽了对子女数量方面的严格规定。二孩生育成为一种合法选择，青年夫妇生育的合法空间被扩大，对二孩生育与否、什么时候生等问题的思考中剔除了对违法成本的权衡，这无疑会重塑了他们的生育观念。

（三）中西文化交流推动调整

改革开放以来，我国青年与西方生育文化接触的机会大大增加，这也推动了青年生育观念的变化和调整。在人口生育领域，彼时西方国家在经历了战后婴儿潮后出现了生育水平再度大幅下降、妇女初婚初育年龄推迟、非婚生育大量增加、同居现象大量出现等变化。一些人口学家认为这些变化与欧洲社会的家庭形态、家庭制度的变迁密切相关，即欧洲社会的基本构成单位经历了由家庭转向个体的巨大转变。在这一转变过程中，个人的自主性不断提高，人们对是否结婚、是否生育的选择不再囿于传统家庭观念而变成了个人生活方式选择问题。① 随着改革开放后中西方文化交流的日益频繁，西方以个人化为特征的生育观念冲击了我国传统生育观念中家本位的逻辑，这一冲击作用在青年身上体现得尤为明显。在社会经济、生育政策等因素的共同影响下，青年的生育观念呈现传统与现代共存的样貌。

（四）推动青年树立科学、合理生育观念的政策参考

青年群体是生育的绝对主体，了解并理解这一群体生育观念及发展是把握人口未来发展的重要前提。当前，"传宗接代""多子多福""重男轻女"等传统生育观念逐渐被我国青年摒弃。生育不再是家庭延续的强制任务，"情感慰藉"与"同胞相伴"成为当前青年重要的生育目的；与多生多育的传统

---

① 朱安新、风笑天：《两岸女大学生家庭生育观念及影响因素》，《河北学刊》2016 年第 5 期。

生育观念不同，如今青年父母更强调优生优育，并且这种强调并不会因子女孩次和数量而发生转向。青年生育观念的发展是社会经济发展、国家相关政策以及中西文化交流等社会现实共同作用的结果。

因此，国家、政府及企业为青年提供了怎么样的"现实"对这一人群生育观念的进一步演进至关重要。在社会转型期社会压力膨胀、部分个体的生育权和发展权遭受一定程度挤压的实际情况下，国家、政府和企业有义务也有能力承担相应的社会责任以促进青年群体树立合理、科学、符合发展诉求的生育观念，进而推动人口持续而健康发展。在结合中国实际、借鉴国外经验的基础上，本文从以下几个方面提供参考建议。

首先，在意愿生育数量方面，综上可知，我国青年的意愿生育水平低于替代水平。诚然，在生育与否的问题上，每个社会、每个时期都有一部分人出于各种原因不愿意生育子女，社会及他人应尊重他们的选择。但是如果一部分人是由于子女生养的成本过高而推迟甚至放弃生育，那么国家、政府和企业应有所作为以合力解决这个问题。从性别角度出发，将社会性别和发展视角纳入家庭友好的公共政策与企业共识，进而建立女性工作—家庭平衡机制是可行的途径。具体做法如通过大力发展托幼机构、明确男性陪产假育儿假制度、制定生育补贴细则、增强包括男性在内的工作弹性等措施来降低对妇女承担更多育儿责任的传统期待，从而缓解青年的生育焦虑。

其次，在子女性别偏好方面，继续贯彻"生男生女一样好"生育观念。鉴于男孩偏好仍存在于部分青年之中，国家、政府、企业应进一步消除社会结构性的男孩偏好和女孩歧视。具体行动如：可以通过修订村规民约改变女性在家庭和社区（村庄）中的地位；从法律上保证两性公平享有教育机会、工作机会和报酬收入；加强性别平等宣传，强化女性平等认知，实现女性自我赋权。这样，通过切断性别与机会、性别与地位等的结构性联系，消除女性对男性因性别不公造成的社会性依赖，才能真正将"生儿生女一样好"的观念植入育龄青年生育观念中。

再次，在时间维度，鼓励青年适龄生育。一方面，如前文所述，可通过将性别视角纳入公共政策和企业共识，消除年轻母亲回归职场的阻碍；另一方面，加强生育卫生宣传，增加育龄青年的生育卫生知识，让青年育龄妇女能够在适当的年龄生育，减少和避免高龄生育风险。此外，随着二孩政策的实行，高龄父母势必会有所增加，医疗和生育公共服务需求将会增大。相关卫生部门要联合社区力量、民间力量完善医疗资源的配置，完善妇幼保健，满足育龄群体的婚前、孕前和产前医学卫生需求。

最后，在青年父母对子女质量尤其是教育质量普遍重视的现实下，要提高教育资源的可及性。可及性一方面要强调教育的普惠性质，不仅要保证义务、公立教育的普及与公平，还要加大在托儿所、公办幼儿园等学前教育领域的投入，让青年父母能够负担得起子女的教育支出；另一方面是要解决我国大规模流迁的现实与按户籍人口配置教育资源之间的矛盾。这一当前尚未解决的矛盾使很多到了适婚适育的年轻人被迫推迟甚至放弃生育计划，也使得年轻父母面临着要么离开城市、要么让孩子回乡成为留守儿童的两难选择。因此，相关教育部门要通过逐步取消非户籍人口的入学限制，切实解决流迁人口子女入托、入幼、入学困难的问题，让他们也能够享受正常合理的教育福利。

B.5
当代青年的育儿和子女教育观念研究报告

许　琪*

摘　要： 报告使用 2010~2016 年四期中国家庭追踪调查数据分析了当代青年的育儿和子女教育观念。研究发现，大多数中国青年认可婚姻对子女成长的重要性，且对养育子女有较强的责任感。中国青年对子女的教育期望普遍较高，绝大多数青年父母认为应当节衣缩食从而为子女创造良好的受教育条件，且有相当比例的父母打算送孩子出国留学。分样本的研究发现，当代青年的育儿和子女教育观念存在明显的城乡差异和阶层差异，且部分指标随时间的推移发生了较为明显的变化。研究认为，今后应当密切关注家庭的育儿观念和教育观念，努力促进教育公平，引导家庭教育向健康和理性的方向发展。

关键词： 当代青年　育儿观念　教育观念　教育公平

一　导论

当代青年的育儿观念是指青年在养育子女的过程中，对影响子女成长发展的因素、父母教育子女的方式途径以及子女的可塑性等问题所持有的观点或看法；既包括发展观，即青年对子女发展的规律和影响因素的观点，又包括父母观，即对父母在子女成长过程中的责任与作用的看法。当代青年的子

---

* 许琪，南京大学社会学院副教授。

女教育观念是指青年在教育子女的过程中，对子女的教育期望和教育要求、对子女教育的经济投入意愿和教育消费理念、对子女教育的需求和规划等方面的观点和看法。

育儿观念和子女教育观念都是相对宽泛的概念，本报告旨在从实证研究的角度相对详细地分析当代青年的育儿观念和子女教育观念，对上述观念所包含的内容进行酌情取舍。在育儿观念方面，主要从两个重要的维度展开分析：第一，着重关注家庭本身尤其是夫妻婚姻关系对于子女成长、发展的影响；第二，着重关注父母在育儿中应承担的责任。在子女教育观念方面，主要从三个重要的维度展开：第一，子女的教育期望；第二，教育的经济投入；第三，子女出国留学。此外，"父母之爱子，则为之计深远"，本报告不仅关注父母对于孩子儿童时期的教育，还特别关注父母在孩子的长远发展方面的抚养和教育观念。

（一）研究背景

改革开放以来，中国社会快速转型、经济中高速增长、城市化进程推进、科学技术创新突破以及高等教育规模扩张等时代特征，必然使得当代青年的育儿观念和子女教育观念产生新的变化和新的特点。与此同时，快速的人口转变和剧烈的社会变迁持续影响着中国家庭发展，重塑着家庭关系与家庭功能。从传统家庭到现代家庭，中国家庭正在经历规模小型化、结构多元化以及单亲家庭、隔代家庭等非传统类型家庭大量涌现等变化。婚姻危机调适、离婚率上升、核心家庭增多、"少子化"或"独子化"现象普遍以及"二孩"家庭增多，都是时代的产物。家庭规模、结构、居住模式、关系等变动，也构成了当代青年的育儿观念和子女教育观念变化的重要因素。

习近平总书记提出"不论时代发生多大变化，不论生活格局发生多大变化，我们都要重视家庭建设"，并指出"广大家庭都要重言传、重身教，教知识、育品德，身体力行、耳濡目染，帮助孩子扣好人生的第一粒扣子，迈好人生的第一个台阶"。当代青年的育儿观念和子女教育观

念，是家庭实现其抚幼养育、教育教化功能的重要影响因素。青年的育儿观念和子女教育观念，通过影响青年对子女的态度，影响青年对子女进行养育和教育的期望、目标、途径、策略以及行为，最终对子女的健康成长、全面发展产生重要作用。因此，探索和思考时代变迁下的当代青年育儿观念和子女教育观念，普及科学、理性的育儿观念和子女教育观念，促进家庭抚幼养育、教育功能的更完美实现，具有非常重要的理论意义和实践意义。

（二）数据介绍

报告使用的数据全部来自"中国家庭追踪调查"（China Family Panel Studies，以下简称 CFPS）。CFPS 是由北京大学中国社会科学调查中心（ISSS）主持的一项大型追踪性社会调查。该调查在 2010 年正式启动，并在 2012 年、2014 年和 2016 年对初访样本进行了三轮追踪[①]。报告将使用 CFPS 的四轮家长代答数据研究当代中国青年的子女养育和教育观念。为了使分析结果能准确反映青年的特征，我们在分析时删除了父母年龄均大于 45 岁的样本[②]。

---

① 在 2010 年的初访调查中，CFPS 采用了内隐分层、多阶段、与人口规模成比例的概率抽样方法，成功地从全国 25 个省、自治区、直辖市中随机抽取了 160 个区/县、640 个村/居委会中的 16000 户家庭。受访家庭中的每个家庭成员都需完成一份个人问卷。个人问卷依据家庭成员的年龄大小分为成人和少儿两种。年龄大于等于 16 岁的填答成人问卷；年龄小于 16 岁的则首先由其监护人填答一份家长代答问卷，如果少儿的年龄在 10 至 15 岁之间，还需由其本人填答一份少儿自答问卷。在 2012 年、2014 年和 2016 年的三轮追踪调查中，CFPS 基本延续了与 2010 年相同的设计方案。

② 此外，为了使分析时所使用的样本量尽可能保持一致，我们还删除了在子女性别、年龄、居住地、父母教育程度和家庭收入这几个关键自变量上有缺失的样本。经过这两步处理以后，进入实际分析过程的样本量为 30961 人，其中 2010 年 8179 人，2012 年 7954 人，2014 年 7299 人，2016 年 7529 人。由于是追踪调查，四期调查中的样本有相当一部分是相同的，这使得我们能更好地研究同一批青年父母的子女养育和教育观念在不同时点的变化。不过，出于以下三个原因，四期调查中的样本并不完全相同。首先，随着年龄增长，一些原本小于 16 岁的少儿在后续的追踪调查中超过了 16 岁，根据 CFPS 的设计方案，他们将被自动转移到成人样本中。其次，一些青年夫妇在 2010 年以后有生育行为，这些新生儿将被添加到少儿样本中并在此后一直被追踪。最后，出于种种原因，早期的少儿样本在后期追踪调查中会有部分丢失，这会导致样本量的下降。尽管如此，CFPS 作为一项追踪调查能够为我们提供比多期横截面调查更多更丰富的信息。

本报告关注的目标是青年的子女养育和教育观念，CFPS 数据中与之相关的问题主要有以下几个。

第一，CFPS 要求家长表达对表 1 中 7 个陈述句的看法，选项有 4 个，分别为"十分同意""同意""不同意"和"十分不同意"。为了简化分析结果，在分析时，我们将"十分同意"和"同意"合并为一类，并将"不同意"和"十分不同意"也合并为一类①。从内涵上看，这组题目中的前 2 题均与离婚对子女的影响有关，第 3 题询问的是父母对子女教育投入的观念，最后 5 题询问的是父母对育儿责任的看法。在下文，我们将前 2 题和后 5 题作为子女养育观念来分析，而将第 3 题则作为子女教育观念来分析。

表 1　CFPS 对子女养育和教育观念的一组题目和选项

编号	陈述句	选项
1	离婚总是对孩子有害	1. 十分同意；2. 同意； 3. 不同意；4. 十分不同意
2	为了孩子，父母即使婚姻不幸福也永远不应该离婚	1. 十分同意；2. 同意； 3. 不同意；4. 十分不同意
3	如果需要，父母应当节衣缩食以支付子女的教育费用	1. 十分同意；2. 同意； 3. 不同意；4. 十分不同意
4	子女学习成绩好坏，我有很大的责任	1. 十分同意；2. 同意； 3. 不同意；4. 十分不同意
5	子女将来成年后，经济上是否自立，我有很大的责任	1. 十分同意；2. 同意； 3. 不同意；4. 十分不同意
6	子女将来成年后，家庭生活是否和睦，我有很大的责任	1. 十分同意；2. 同意； 3. 不同意；4. 十分不同意
7	子女将来成年后，感情上是否幸福，我有很大的责任	1. 十分同意；2. 同意； 3. 不同意；4. 十分不同意
8	如果一个孩子长大成人以后自己遇到了车祸，他/她父母有很大的责任	1. 十分同意；2. 同意； 3. 不同意；4. 十分不同意

资料来源：中国家庭追踪调查。

---

① 这组问题在 2010 年、2012 年和 2014 年的调查中都有提问（仅针对年龄为 1 岁、5 岁、9 岁和 13 岁的少儿父母提问），但没有出现在 2016 年的问卷中。

第二，CFPS 询问了青年父母对子女的教育期望。题目为：您希望孩子念书最高念完哪一程度？选项包括："小学""初中""高中""大专""大学本科""硕士""博士"和"不必念书"。在分析时，我们将"小学""初中""高中"和"不必念书"合并为一类，标记为"高中及以下"；将"大专"和"大学本科"合并为一类，标记为"大学生"，将"硕士"和"博士"合并为一类，标记为"研究生"①。在下文，我们将教育期望作为子女教育观念的一部分加以分析。

第三，CFPS 询问了父母对送子女出国留学的看法。题目为：您是否想过把孩子送到国外去念书？选项有两个，分别是"想过"和"没有想过"②。在下文，我们将该题作为子女教育观念的一部分加以分析。

最后，CFPS 询问了父母是否为子女教育存钱。题目为：您是否已经开始为孩子的教育专门存钱？选项有"是"和"否"两个。这道题目在四次调查中均有提出，且对所有年龄子女的父母都有提问。在下文，我们将该题作为子女教育观念的一部分加以分析。

本报告的一个重点是分析青年父母的子女养育和教育观念如何随调查年份、子女性别、子女年龄、居住地、父母最高教育程度和家庭人均收入的变化而变化。因而，这几个变量将作为主要的自变量出现在下文的分析之中。分调查年份对上述主要自变量的描述性统计如表 2 所示。从表 2 可知，样本中男孩的占比一直高于女孩。随着时间的推移，低年龄组少儿的百分比逐渐上升，而高年龄组少儿的百分比则逐渐下降。此外，居住在城市的少儿比例和父母的最高教育程度也随时间呈现明显的上升趋势。

---

① 这道题目在四次调查中均有提问，但在 2010 和 2012 年中仅对子女年龄为偶数的父母提问，而在 2014 年和 2016 年调查中则对所有年龄子女的父母都提问。
② 这道题目在 2010 年、2014 年和 2016 年三期调查中有提问，但在 2012 年调查中没有。在 2010 年的调查中，该题仅对子女年龄为偶数的父母提问，而在 2014 年和 2016 年调查中则对所有年龄子女的父母都提问。

表2 分调查年份对主要自变量的统计描述

单位：%

变量	类别	2010 年	2012 年	2014 年	2016 年	合计
子女性别	女孩	47.1	47.5	47.2	46.8	47.1
	男孩	52.9	52.5	52.8	53.2	52.9
子女年龄组	0～2 岁	17.8	18.5	19.1	19.7	18.8
	3～5 岁	20.0	22.0	22.2	24.4	22.1
	6～9 岁	24.7	25.4	26.1	27.1	25.8
	10～15 岁	37.5	34.1	32.6	28.8	33.3
居住地	农村	63.0	62.5	60.2	58.0	61.0
	城市	37.0	37.5	39.8	42.0	39.0
父母最高教育程度	小学及以下	32.3	31.3	28.4	24.6	29.2
	初中	43.1	41.6	41.6	39.6	41.5
	高中	14.9	16.5	17.4	19.0	16.9
	大专及以上	9.7	10.6	12.6	16.8	12.3
样本量		8179	7954	7299	7529	30961

资料来源：中国家庭追踪调查。

二 当代青年的育儿观念

在这一部分，我们将从"婚姻对孩子的影响"和"父母的育儿责任"两个方面描述当代青年的子女养育观念。

（一）婚姻对孩子的影响

调查数据显示，当代青年对"离婚总是对孩子有害"以及"为了孩子，父母即使婚姻不幸福也永远不应该离婚"的认同比例分别为85.0%和66.4%（详见表3）。这说明，当代青年大多数认同父母离异会对孩子产生不利影响。不过，也有一定比例的青年认为，父母离异与孩子发展无直接关系。

分调查年份来看，随着时间推移，当代青年认同"离婚总是对孩子有害"以及"为了孩子，父母即使婚姻不幸福也永远不应该离婚"的比例均

有所下降。2010 年，认同上述两个观点的百分比分别为 85.6% 和 68.0%；
2014 年，认同上述两个观点的百分比分别下降到 84.9% 和 65.2%。

分子女性别来看，如果孩子是男孩，那么青年对"离婚总是对孩子有
害"以及"为了孩子，父母即使婚姻不幸福也永远不应该离婚"的认同比
例较孩子是女孩的略高。数据显示，当孩子是男孩时，当代青年对上述两个
观点的认同比例为 85.2% 和 66.9%，较孩子是女孩的分别高出了 0.4 个、
0.9 个百分点。

分子女年龄来看，随着子女年龄的增长，当代青年对"离婚总是对孩
子有害"的认同比例逐渐下降，但对"为了孩子，父母即使婚姻不幸福也
永远不应该离婚"的认同比例大体是上升的。比如，在子女年龄为 0～2 岁
组的青年中，对上述两个观点持赞同态度的百分比分别为 86.7%、65.1%；
而在子女年龄为 10～15 岁组的青年中，对上述两个观点持赞同态度的百分
比分别为 83.8%、67.4%。

分城乡居住地来看，城市青年对"离婚总是对孩子有害"的认同比例
明显高于农村青年，高出了 6.3 个百分点；但对"为了孩子，父母即使婚
姻不幸福也永远不应该离婚"的认同比例明显低于农村青年，低了 8.8 个
百分点。这说明，与农村青年相比，城市青年更加重视婚姻状态对孩子的影
响，也更加看重自身的婚姻质量。所以，婚姻幸福与子女发展这一对矛盾在
城市青年身上体现得更加明显。

表3　当代青年对"离婚总是对孩子有害"以及"为了孩子，
父母即使婚姻不幸福也永远不应该离婚"的看法

单位：%

变量	类别	离婚总是对孩子有害		为了孩子，父母即使婚姻不幸福也永远不应该离婚	
		同意	不同意	同意	不同意
调查年份	2010	85.6	14.4	68.0	32.0
	2012	84.5	15.5	67.0	33.1
	2014	84.9	15.1	65.2	34.8

变量	类别	离婚总是对孩子有害		为了孩子，父母即使婚姻不幸福也永远不应该离婚	
		同意	不同意	同意	不同意
子女性别	男孩	85.2	14.8	66.9	33.1
	女孩	84.8	15.2	66.0	34.0
子女年龄组	0~2岁	86.7	13.3	65.1	34.9
	3~5岁	85.4	14.6	65.0	35.0
	6~9岁	83.3	16.7	68.8	31.2
	10~15岁	83.8	16.2	67.4	32.6
居住地	农村	82.5	17.5	69.8	30.2
	城市	88.8	11.2	61.0	39.0
父母最高教育程度	小学及以下	78.6	21.4	73.1	26.9
	初中	85.4	14.6	67.8	32.2
	高中	88.7	11.3	59.3	40.7
	大专及以上	93.2	6.8	55.4	44.6
家庭人均收入分位数	最低25%	81.8	18.2	69.8	30.2
	25%~50%	83.8	16.2	68.4	31.6
	50%~75%	85.3	14.7	66.5	33.5
	最高25%	89.0	11.0	61.1	38.9
合 计		85.0	15.0	66.4	33.6

资料来源：中国家庭追踪调查。

分父母最高教育程度来看，当代青年的受教育程度越高，对"离婚总是对孩子有害"的认同比例越高，而对"为了孩子，父母即使婚姻不幸福也永远不应该离婚"的认同比例越低。数据显示，在父母最高教育程度为小学及以下的家庭中，青年认同上述两个观点的比例分别为78.6%和73.1%；而在父母最高教育程度为大专及以上的家庭中，青年认同上述两个观点的比例分别为93.2%和55.4%。

分家庭人均收入分位数来看，当代青年的收入水平越高，对"离婚总是对孩子有害"的认同比例越高，而对"为了孩子，父母即使婚姻不幸福也永远不应该离婚"的认同比例越低。数据显示，在家庭人均收入分位数

为最低 25% 的家庭中，青年认同上述两个观点的比例分别为 81.8% 和 69.8%；而在家庭人均收入分位数为最高 25% 的家庭中，青年认同上述两个观点的比例分别为 89.0% 和 61.1%。

综上所述，调查年份、子女的年龄和性别、父母教育程度、家庭收入水平以及城乡居住地，均对当代青年关于婚姻对孩子影响的观念产生了显著影响。具体而言，子女年龄小、自身社会经济地位更高、居住地为城市的青年，相较于子女年龄大、家庭社会经济地位低、居住地为农村的青年，对"离婚总是对孩子有害"的认同比例更高，而对"为了孩子，父母即使婚姻不幸福也永远不应该离婚"的认同比例更低。这说明，当代青年对婚姻状态、婚姻质量对子女影响的认知存在显著的教育分层、收入分层和城乡分层特征。

（二）父母的育儿责任

数据显示，当代青年对子女的教育学习、工作立业、恋爱成家、感情幸福等方面具有较强烈的责任感，但对子女未成年与成年之后的不同事项所具备的责任意识存在较大差异（详见图1）。当代青年对父母应对"子女当前学习成绩"承担主要责任的认同比例最高，高达 88.6%；他们对父母应对"子女成年后经济独立""子女成年后家庭和睦"承担责任的认同比例较高，分别为 71.8% 和 64.7%；然而，他们对父母应对"子女成年后感情幸福"承担责任的认同比例较低，为 47.8%。

分调查年份来看，随着时间推移，当代青年对父母应对"子女当前学习成绩""子女成年后经济独立""子女成年后家庭和睦"承担主要责任的观念认同比例逐年上升，分别由 2010 年的 86.3%、69.5%、63.7% 升至 2014 年的 89.7%、73.3%、65.1%。相比之下，当代青年对父母应对"子女成年后感情幸福"承担责任的认同比例基本维持不变，2010 年为 47.7%，2014 年为 47.8%（详见图2）。

分子女性别来看，当孩子是女孩时，青年父母认同父母应对子女成年后感情幸福承担责任的比例高于孩子是男孩的情况，高出了 2.4 个百分点；而

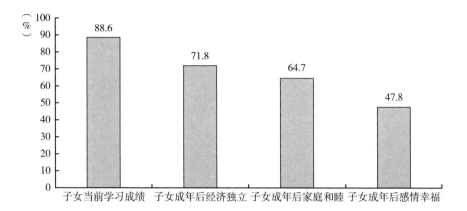

图1 当代青年心目中父母应对子女承担的责任

资料来源：中国家庭追踪调查。

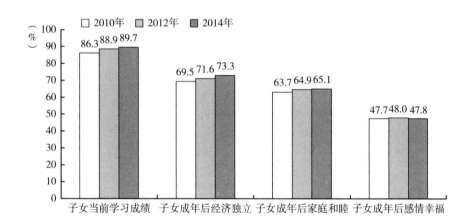

图2 分调查年份统计当代青年心目中父母应对子女承担的责任

资料来源：中国家庭追踪调查。

认同父母应对子女成年后家庭和睦承担责任的比例则低于孩子是男孩的情况，低了1.5个百分点。无论孩子的性别是男还是女，青年父母认为父母应对"子女当前学习成绩""子女成年后经济独立"承担责任的比例相同或相近（详见图3）。

分子女年龄来看，子女年龄越小，当代青年越倾向于认为父母应对子女各方面发展承担较大责任，特别是在子女的"当前学习成绩""成年后经济

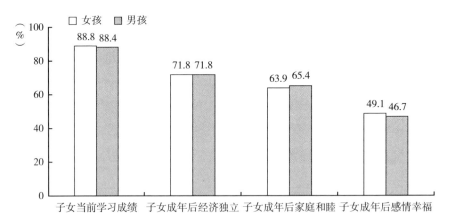

图3　分子女性别统计当代青年心目中父母应对子女承担的责任

资料来源：中国家庭追踪调查。

独立"与"成年后家庭和睦"这三个方面。数据显示，随着子女年龄的增长，当代青年认为父母应对子女"当前学习成绩""成年后经济独立""成年后家庭和睦"承担主要责任的百分比呈下降趋势，分别由 0～2 岁组的 89.7%、74.5%、66.8% 降至 10～15 岁组的 85.9%、68.8%、62.6%；认为父母应对子女"成年后感情幸福"承担主要责任的比例均维持在较低水平，0～2 岁组为 48.1%，10～15 岁组为 47.9%（详见图4）。

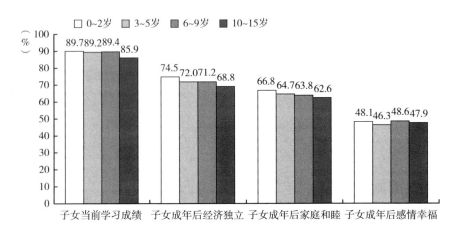

图4　分子女年龄统计当代青年心目中父母应对子女承担的责任

资料来源：中国家庭追踪调查。

分居住地来看，与城市青年相比，农村青年更倾向于认同父母应对子女承担较大责任的观念。数据显示，农村青年认为父母应对子女"当前学习成绩""成年后经济独立""成年后家庭和睦""成年后感情幸福"负责的比例分别为89.2%、72.8%、66.9%、50.7%；与城市青年相比，分别高出了1.6个、2.4个、5.7个、7.4个百分点（详见图5）。

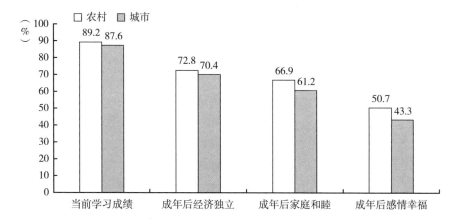

图5 分居住地统计当代青年心目中父母应对子女承担的责任

资料来源：中国家庭追踪调查。

分父母最高教育程度来看，与受教育程度较高的青年相比，受教育程度较低的青年更倾向于认同父母应对子女承担相关责任的观念。当青年父母最高教育程度为小学及以下时，认为父母应对子女"当前学习成绩""成年后经济独立""成年后家庭和睦""成年后感情幸福"承担主要责任的百分比分别为89.0%、75.4%、69.9%、58.1%，与父母最高教育程度为大专及以上时相比，分别高出了3.3个、5.8个、10.0个、14.9个百分点（详见图6）。

分家庭人均收入分位数来看，与家庭人均收入水平较高的青年相比，收入水平较低的青年更倾向于认同父母应对子女承担相关责任的观念。在家庭人均收入分位数为最低25%的家庭中，当代青年认为父母应对子女"当前学习成绩""成年后经济独立""成年后家庭和睦""成年后感情幸福"承

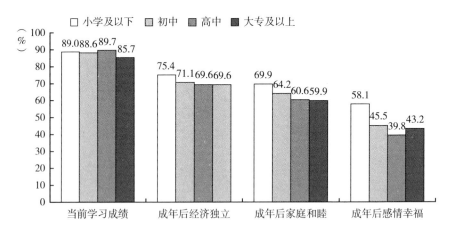

图6 分父母最高教育程度统计当代青年心目中父母应对子女承担的责任

资料来源：中国家庭追踪调查。

担主要责任的百分比分别为 89.6%、73.4%、67.1%、52.9%，与收入分位数为最高 25% 的青年相比，分别高出了 2.4 个、3.2 个、6.0 个、10.6 个百分点（详见图7）。

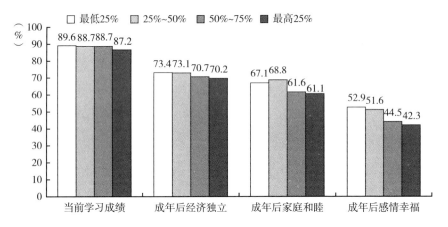

图7 分家庭人均收入分位数统计当代青年心目中父母应对子女承担的责任

资料来源：中国家庭追踪调查。

综上所述，当代青年对父母养育子女的责任观存在显著的教育分层、收入分层和城乡分层特征。具体而言，与受教育程度高、收入水平高、居住地为城市的青年相比，受教育程度低、收入水平低、居住地为农村的青年具有更传统、更强烈的育儿责任感，特别是在子女成年后的相关事宜上，社会经济地位低的青年认为父母应当承担责任的比例远高于社会经济地位高的青年。

三　当代青年的子女教育观念

在这一部分，我们将从"教育期望"、"教育的经济投入"和"子女出国留学"三个方面描述当代青年的子女教育观念。

（一）教育期望

数据显示，当代青年对子女的教育期望普遍较高，大多数青年希望子女获得大专及以上学历。从表4可以发现，当代青年希望子女获得大专或本科学历的比例最高，达到67.8%；希望子女获得研究生学历的比例其次，为18.6%；仅有13.6%的青年希望子女完成高中及以下的教育。

分调查年份来看，随着时间推移，当代青年父母认为子女至少应获得大专或本科学历的百分比逐年上升，但值得注意的是，认为子女完成高中及以下学历即可的百分比也有明显增加，而认为子女需获得研究生学历的百分比则出现了明显的下降趋势。具体来说，与2010年相比，2016年青年父母对子女的教育期望为大专或本科的比例显著上升8.5个百分点，教育期望为高中及以下的上升3.5个百分点，而教育期望为研究生的比例则显著下降12.0个百分点。如前所述，CFPS在2010年和2012年调查时，仅针对偶数岁子女父母提问教育期望，而在2014年和2016年对所有父母都提问了教育期望，这在一定程度上导致不同年份的调查数据不可比。为了保证数据可比，我们将2014年和2016年的数据限定为偶数岁子女的父母（表4中标注为"可比"的两行），结果显示，它与不加限定时的结果非常接近，所以，表4中所显示的教育期望随时间的变化趋势是非常稳健的。

分子女性别来看，当代青年对男孩的教育期望显著高于对女孩的教育期望，对子女教育存在一定的"男孩偏好"。数据显示，当代青年希望儿子最

高完成研究生教育的比例为 17.7%，高出了对女儿的期望 2.3 个百分点；同时，他们希望女儿完成高中及以下教育的比例为 15.4%，高出了对儿子的相应期望 1.7 个百分点。

分子女年龄来看，当代青年对子女的教育期望随着子女年龄的增长而明显降低。具体而言，子女年龄越大，当代青年希望子女完成研究生教育的比例越低，希望子女完成高中及以下教育的比例越高。比如，在子女年龄为 0~2 岁组的青年中，对子女的教育期望为研究生的比例高达 20.2%，教育期望为高中及以下的比例仅 10.4%；然而，在子女年龄为 10~15 岁组的青年中，教育期望为研究生的比例仅 14.0%，教育期望为高中及以下的比例达到了 17.6%。

分城乡居住地来看，城市青年对子女的教育期望显著高于农村青年。具体而言，城市青年希望子女完成大专或本科、研究生学历的百分比分别高达 69.6% 和 20.7%，分别高出了农村青年 1.2 个和 6.8 个百分点；相应地，城市青年希望子女完成高中及以下教育的百分比仅为 9.7%，低于农村青年 8.0 个百分点。

分父母最高教育程度来看，当代青年的受教育程度越高，对子女的教育期望越高，他们更希望子女获得大专及以上学历。数据显示，在父母最高教育程度为小学及以下的家庭中，有 74.6% 的父母期望子女获得大专及以上学历；而在父母最高教育程度为大专及以上的家庭中，父母期望子女能够获得大专及以上学历的比例则高达 97.7%。

最后，分家庭人均收入分位数来看，当代青年的收入水平越高，对子女的教育期望也越高。数据显示，在家庭人均收入分位数为最低 25% 的家庭中，有 79.4% 的父母期望子女获得大专及以上学历；而在家庭人均收入分位数为最高 25% 的家庭中，父母期望子女能够获得大专及以上学历的比例则高达 92.7%。

综上所述，当代青年的教育期望呈现明显的随时间变化的趋势，与此同时，子女的性别、年龄，青年父母的社会经济地位和城乡居住地也对他们的教育期望产生了显著影响。具体而言，随着时间的推移，当代青年的教育期望呈现逐渐下降的趋势。家有儿子、子女年龄小、自身社会经济地位高、居住地为城市的青年，相较于家有女儿、子女年龄大、自身社会经济地位低、居住地为农村的青年，对子女的教育期望更高。

表4　当代青年对子女的教育期望

变量	类别	高中及以下	大专或本科	研究生
调查年份	2010	12.5	63.7	23.8
	2012	11.0	64.5	24.5
	2014	15.9	70.6	13.5
	2014（可比）	14.7	71.6	13.7
	2016	16.0	72.2	11.8
	2016（可比）	16.5	71.8	11.7
子女性别	女孩	15.4	69.3	15.4
	男孩	13.7	68.5	17.7
子女年龄组	0~2 岁	10.4	69.4	20.2
	3~5 岁	12.9	69.4	17.7
	6~9 岁	15.1	68.6	16.2
	10~15 岁	17.6	68.4	14.0
居住地	农村	17.7	68.4	13.9
	城市	9.7	69.6	20.7
父母最高教育程度	小学及以下	25.4	64.8	9.8
	初中	13.9	70.0	16.1
	高中	7.8	73.7	18.6
	大专及以上	2.3	67.7	30.0
家庭人均收入分位数	最低 25%	20.6	66.9	12.5
	25%~50%	17.5	68.2	14.3
	50%~75%	12.8	70.0	17.2
	最高 25%	7.3	70.3	22.4
合　计		13.6	67.8	18.6

资料来源：中国家庭追踪调查。

（二）教育的经济投入

在对子女教育经济投入的观念上，当代青年大多数认同"父母应当节衣缩食以支付子女的教育费用"观念，比例高达93.5%；然而，在对子女

教育经济投入的行为上，当代青年已经为子女教育存钱的比例较低，仅为19.7%（详见表5）。

分调查年份来看，随着时间推移，当代青年认同"父母应当节衣缩食以支付子女的教育费用"的观念没有明显变化，而已经为子女教育存钱的比例则略有下降。在2010年，青年认同"父母应当节衣缩食以支付子女的教育费用"的百分比为93.7%，2014年该百分比为93.0%，二者差异不大。但2010年有23.7%的青年已经为子女教育存钱，2016年该百分比显著下降，仅为15.2%。

分子女性别来看，当代青年在观念和行为两个方面为儿子的教育提供经济投入的百分比均略高于女儿。数据显示，当孩子性别为男孩时，有93.6%的青年认同"父母应当节衣缩食以支付子女的教育费用"观念，该比例相较于孩子为女儿时高出了0.3个百分点；除此之外，已经为儿子教育存钱的百分比也比女儿高出0.5个百分点。

分子女年龄来看，随着子女年龄的增长，当代青年认同"父母应当节衣缩食以支付子女的教育费用"的百分比有所下降，而已经为子女教育存钱的百分比则明显上升。比如，在子女年龄为0~2岁组的青年中，认同"父母应当节衣缩食以支付子女的教育费用"的百分比为94.0%，已经为子女教育存钱的百分比为17.4%；然而，在子女年龄为10~15岁组的青年父母中，认同"父母应当节衣缩食以支付子女的教育费用"的百分比为93.0%，已经为子女教育存钱的百分比则高达21.0%。这可能是因为，子女年龄增长意味着教育层级的上升，随着教育层级的增加，子女教育对家庭经济支出的需求增大。

分城乡居住地来看，城市青年认同"父母应当节衣缩食以支付子女的教育费用"的百分比低于农村青年，而已经为子女教育存钱的百分比则明显高于农村青年。数据显示，92.9%的城市青年认同"父母应当节衣缩食以支付子女的教育费用"，而农村青年认同该观念的百分比为93.8%；在当代青年对子女教育的经济投入行为方面，有24.6%的城市青年已经为子女教育存钱，而仅有16.5%的农村青年已为子女教育存钱。

表5　当代青年对子女教育经济投入的观念及行为

变量	类别	父母应当节衣缩食以支付子女的教育费用		是否已经为子女教育存钱	
		同意	不同意	是	否
调查年份	2010	93.7	6.3	23.7	76.3
	2012	94.1	5.9	18.4	81.6
	2014	93.0	7.0	21.2	78.8
	2016	—	—	15.2	84.8
子女性别	女孩	93.3	6.7	19.4	80.6
	男孩	93.6	6.4	19.9	80.1
子女年龄组	0~2岁	94.0	6.0	17.4	82.6
	3~5岁	92.9	7.1	18.9	81.1
	6~9岁	93.7	6.3	20.2	79.8
	10~15岁	93.0	7.0	21.0	79.0
居住地	农村	93.8	6.2	16.5	83.5
	城市	92.9	7.1	24.6	75.4
父母最高教育程度	小学及以下	93.2	6.8	13.7	86.3
	初中	94.6	5.4	18.2	81.8
	高中	93.5	6.5	24.3	75.7
	大专及以上	90.0	10.0	32.3	67.7
家庭人均收入分位数	最低25%	93.7	6.3	12.4	87.6
	25%~50%	94.0	6.0	15.3	84.7
	50%~75%	94.1	5.9	20.5	79.5
	最高25%	92.0	8.0	30.3	69.7
合　计		93.5	6.5	19.7	80.4

资料来源：中国家庭追踪调查。

　　分父母最高教育程度来看，当代青年的受教育程度越高，认同"父母应当节衣缩食以支付子女的教育费用"的百分比越低，但已经为子女教育存钱的百分比越高。数据显示，在父母最高教育程度为小学及以下的家庭中，有93.2%的父母认同"父母应当节衣缩食以支付子女的教育费用"，但已经为子女教育存钱的百分比仅为13.7%；在大专及以上的家庭中，有90.0%的父母认同上述观念，而已经为子女教育存钱的比例高达32.3%。

分家庭人均收入分位数来看，当代青年的收入水平越高，认同"父母应当节衣缩食以支付子女的教育费用"的百分比越低，但已经为子女教育存钱的百分比越高。数据显示，在家庭人均收入分位数为最低25%的家庭中，有93.7%的父母认同"父母应当节衣缩食以支付子女的教育费用"，但已为子女教育存钱的百分比仅为12.4%；在家庭人均收入分位数为最高25%的家庭中，有92.0%的父母认同上述观念，已为子女教育存钱的百分比高达30.3%。

综上所述，调查年份、子女的性别和年龄、青年父母的教育程度和收入水平以及城乡居住地均对当代青年对子女教育经济投入的观念及行为产生了显著影响；然而，观念与行为并不一致。由于受到青年对子女教育投入意愿及能力的影响，在对"父母应当节衣缩食以支付子女教育费用"观念认同百分比更低的人群中，已为子女教育存钱的百分比反而更高。具体而言，子女年龄大、自身社会经济地位高、居住地为城市的青年，认同"父母应当节衣缩食以支付子女教育费用"的百分比更低，而已经为子女的教育存钱的百分比更高。

（三）子女出国留学

表6显示，当代青年考虑过送子女出国留学的比例普遍较低，仅有21.3%的当代青年曾考虑送子女出国留学。分调查年份来看，随着时间推移，送子女出国留学的意愿比例有所下降。其中，在2010年、2014年、2016年，考虑过送子女出国留学的青年比例分别为24.5%、20.9%和19.9%。即使我们将2014年和2016年数据限定到与2010年调查可比的部分，该结论依然不变。

分子女性别来看，当代青年送儿子出国留学的意愿相较于送女儿出国留学更为强烈。数据显示，当代青年考虑过送儿子出国留学的百分比为21.8%，高出了送女儿出国留学1.1个百分点。

分城乡居住地来看，城市青年送子女出国留学的意愿显著高于农村青年。数据显示，23.7%的城市青年曾考虑送子女出国留学，仅有19.6%的农村青年曾考虑送子女出国留学。

分父母最高教育程度来看，当代青年的受教育程度越高，送子女出国留学的意愿越强烈。数据显示，在父母最高教育程度为小学及以下的家庭中，有18.9%的父母曾考虑送子女出国留学；而在最高教育程度为大专及以上的家庭中，父母考虑过送子女出国留学的百分比高达30.1%；在最高教育程度为初中和高中的家庭中，比例相近，分别为20.5%和19.9%。

分家庭人均收入分位数来看，当代青年的收入越高，送子女出国留学的意愿越强；但收入水平对其意愿的作用存在一个"门槛"。在家庭人均收入分位数为最低25%、25%~50%以及50%~75%的家庭中，分别有20.2%、20.3%和19.7%的父母曾考虑送子女出国留学，三者差异不大；而在家庭人均收入分位数为最高25%的家庭中，父母考虑过送子女出国留学的百分比则高达24.8%。

综上所述，随着时间的推移，当代青年父母打算送子女出国留学的百分比呈逐年下降的趋势。除此之外，子女的年龄和性别、青年父母的教育程度和收入水平以及城乡居住地均对他们是否打算送子女出国留学有显著影响。具体而言，家有儿子、子女年龄小、自身社会经济地位高、居住地为城市的青年，相较于家有女儿、子女年龄大、自身社会经济地位低、居住地为农村的青年，打算送子女出国留学的比例更高。

表6 当代青年对送子女出国留学的看法

单位：%

变量	类别	是	否
调查年份	2010	24.5	75.5
	2014	20.9	79.1
	2014(可比)	20.8	79.2
	2016	19.9	80.1
	2016(可比)	19.8	80.2
子女性别	女孩	20.7	79.3
	男孩	21.8	78.2

续表

变量	类别	是	否
子女年龄组	0~2岁	22.9	77.1
	3~5岁	21.8	78.2
	6~9岁	21.8	78.2
	10~15岁	19.4	80.6
居住地	农村	19.6	80.4
	城市	23.7	76.3
父母最高教育程度	小学及以下	18.9	81.1
	初中	20.5	79.5
	高中	19.9	80.1
	大专及以上	30.1	69.9
家庭人均收入分位数	最低25%	20.2	79.8
	25%~50%	20.3	79.7
	50%~75%	19.7	80.3
	最高25%	24.8	75.2
合计		21.3	78.7

资料来源：中国家庭追踪调查。

四 引导青年科学育儿与教育子女的政策建议

父母是孩子的第一任老师，家庭是孩子的第一课堂。应积极发挥当代青年在其子女养育和教育当中的重要作用，从政策体系、社会支持等宏观层面，以及学校、家庭等主体层面，进一步引导和帮助当代青年树立科学的育儿观和正确的教育观，鼓励当代青年正确认识和把握孩子的成长规律和教育规律，从而将科学育儿与教育理念内化为有效的实际行为，有力地促进孩子身心健康与全面发展。

第一，加快形成家庭、学校、社会密切配合的社会支持网络体系，引导当代青年树立科学育儿观和正确教育观。报告显示，现阶段青年的育儿和子女教育观念还存在一些问题，例如有部分青年还没有意识到家庭尤其是婚姻对于孩子发展的重要影响，对于子女还存在过度保护等问题。为此，针对这些问题，一是充分发挥各种大众媒体的作用，重点针对当前家庭育儿和教育中普遍存在的过度保护、过度期待、过分控制、过于放任以及忽视孩子自身的发展需要等方面的现象和问题，广泛开展形式多样的宣传引导工作。二是充分发挥教育科研机构、高校、相关学术团体的专业引领作用，组建专家团队，推动实施"进乡村、进社区、进学校、进家庭"活动，引导和帮助当代青年掌握育儿和教育的科学理念、知识和方法。三是积极鼓励学校、幼儿园通过"家长学校""家校共育园地"等多种方式，促进教师与家长、家长与家长之间的沟通交流和学习分享，并通过请资深教师讲课、开展咨询等活动，不断更新当代青年的育儿观念和教育观念。

第二，努力实现教育现代化，坚持教育公平性、教育多样性、教育灵活性原则。报告显示，当代青年对子女的教育升学、工作立业的责任意识最为强烈，对子女的学业提升、职业发展非常重视。同时，他们对子女的教育期望在不同人群之间存在明显差异，所具备的教育经济投入能力和资源亦不相同。因此，必须加快建成平等面向每个人的教育体系，努力使每个人不分性别、不分城乡、不分地域、不分贫富、不分民族都能接受良好教育；加快建成适合每个人的教育体系，努力使不同性格禀赋、不同兴趣特长、不同素质潜力的学生都能接受符合自己成长需要的教育；加快建成更加开放灵活的教育体系，努力使教育选择更多样、成长道路更宽广，使学业提升通道、职业晋升通道、社会上升通道更加畅通。

第三，积极促进教育公平，合理配置教育资源，向农村、边远贫困地区和民族地区加大倾斜力度。报告显示，在父母育儿责任、教育期望、教育的经济投入以及子女出国留学等多个方面城乡青年父母存在着显著的差异，这也在一定程度上反映出我国教育资源配置不均衡，教育资源主要集中在发达地区和城市，欠发达地区和农村的教育资源稀缺。一是要在财政拨款、学校建设、教师配置等方面向农村倾斜，加快缩小城乡差距；统筹城乡教育发展，有条件的地方在义务教育阶段尽快形成城乡

同标准、一体化发展的格局。二是要加大对农村、边远贫困地区和民族地区义务教育的转移支付力度，加快缩小区域差距。三是要以教育信息化促进优质教育资源共享，以建设中小学现代远程教育平台为重要抓手，整合互联网、广电网和电信网等网络信息资源，加快信息基础设施和应用体系建设。

B.6
当代未婚青年的性观念和性行为

朱 迪*

摘 要： 本报告关注当代未婚青年的性观念和性行为，实证数据来自
中国综合社会调查等相关调查。研究发现，青年对待婚前性
行为总体持犹豫态度，男性、受教育程度较高、城市青年对
待婚前性行为的态度更宽容，对于婚姻质量要求较高、强调
志同道合的未婚青年对婚前性行为、婚前同居要表现出更宽
容的态度；男性、农业户口的未婚青年发生性行为的比例更
高，感情是影响当代青年是否发生婚前性行为的重要因素，
而婚姻等制度规范的约束作用在下降。研究也发现，未婚青
年性行为相关的安全意识和安全知识不够充分，农村青年尤
其有留守儿童经历的青年发生不安全性行为的风险更高。政
策建议学校、家庭和社会合力构建性教育和生殖健康服务支
持体系，尤其要加强对农村青年和留守儿童等弱势群体的保
护和照顾。

关键词： 性观念 青年 第一次性行为 婚前性行为 性风险

由于其成长阶段特点及其社会意义，青年的性观念和性行为是公众关
注的焦点话题，也是学术研究的重要议题。当前，中国社会面临性观念的
传统与现代、保守与开放的交叉与转型，集中体现为青年在性观念上的分

---

* 朱迪，中国社会科学院社会学研究所副研究员。

化与多元。性观念和性行为不仅是青年婚恋观的重要组成部分，也影响着青年的婚姻择偶和生活方式，并对整个社会的婚姻和生育制度有重要影响，性行为尤其与生殖健康、青年教育、社会政策等有关系。未婚青年首次性行为是重要的生命历程转变，具有个人层面的社会意义。自 20 世纪 70 年代以来西方社会未婚青年首次性行为的年龄加速提前，与其"性文化革命"以及对待婚前性行为愈发宽容的社会氛围相辅相成。① 大学生阶段是性生理、性心理发育最活跃的时期，也是性观念形成的重要时期，作为未来事业的接班人，大学生能否形成健康的性观念，不仅影响他们自身身心的发展、良好人格的确立，而且直接影响社会未来的发展。②

本报告的实证数据来自 2019 年青年婚恋状况调查和 2015 年中国综合社会调查（CGSS2015）。2019 年青年婚恋状况调查由中国社会科学院社会学研究所组织实施，调查时间为 2018 年 12 月至 2019 年 1 月，调查采用配额抽样加网络调查的方法，为保障对青年群体的全面覆盖，抽样涉及年龄、性别、户籍、职业状况等多个维度，不仅在调研前选定有指定特征的群体，数据后台也加载了对配额的控制。调查样本覆盖安徽、北京、湖北、江苏、江西、山东和上海，有效样本共计 2587 个，其中未婚青年有效样本共计 1935 个。未婚青年样本中，男性占 48.68%，女性占 51.32%，年龄从 15 至 34 岁，平均年龄 23 岁，农业户口和非农业户口各占 50%；最高（或正在接受的）教育程度以大学本科及以上居多，占 46.76%，其次是大学专科占 26.88% 和高中/中专/技校/职高占 22.58%。CGSS2015 由中国人民大学和香港科技大学共同组织调查，采用多阶段随机抽样方法，样本覆盖城市和农村地区的成年人，有效样本 10968 个，18~34 岁青年样本有 2246 个。

---

① 郭未等：《中国未婚青年首次性行为发生风险——一种代价论视角的分析》，《社会学研究》2013 年第 4 期。
② 程化琴等：《中国当代大学生性观念现状及影响机制分析——基于 2014 年全国大学生性观念调查数据》，《云南师范大学学报》（哲学社会科学版）2016 年第 1 期。

一 青年性观念和性行为的历史变迁

中国青年性观念和性行为的时代变迁效应显著。随着经济社会发展和文化趋向多元包容，青年的性观念和性行为也逐渐转型。20 世纪 90 年代初，大学本科生的性行为比例处于较低水平，调查显示，1991 年发生性行为的比例为 10.7%，男性和女性大学生发生性行为的比例分别为 12.5% 和 6.7%；而到了 2001 年，全国大学本科生发生性行为的比例上升至 16.9%，男性和女性大学生的性行为比例分别上升至 20% 和 12.8%；十年间，本科生的性爱观变化不大，占主导地位的仍是"先有爱后有性"，2001 年高达 71.8% 的本科生认同这种性爱观。①

21 世纪初期，城市青年尤其女性的性观念整体呈比较保守的状态，青年女工发生婚前性行为的比例相对较高，但是生殖健康知识不足。田丰②通过对未婚青年的网络调查发现，59.4% 的被调查者承认自己有婚前性行为；研究发现女性、没有婚前性行为的被调查者性观念更为保守，而收入水平越低、择偶观念趋向独立的被调查者性观念更开放。一项对上海和成都的未婚青年的调查显示③，女性、年轻的、上海地区的被访者更多认同有了婚姻约定和承诺后才可有性行为，女性、年轻的和高学历者更多承认与恋爱对象有过亲密接触，较少坦陈自己有过性实践；就性观念对性行为的影响来看，对未婚同居的态度越宽容、越看淡，婚前性行为乃至同居怀孕的概率就越高。郑真真等针对城市外来未婚青年女工的性行为，在北京、广州、贵阳、太原和上海市分别进行了调研，被访者大多认为婚前性行为虽不是一个严重的问题但也不是一种好的行为，服务行业中婚前性行为更为普遍，更多发生在 16~24 岁，以十七八岁发生第一次性行为的情况最多；城市外来未婚青年

---

① 潘绥铭等：《性爱十年：全国大学生性行为的追踪调查》，社会科学文献出版社，2004。
② 田丰：《中国未婚青年性观念开放程度及影响因素——根据网络调查数据分析》，《青年研究》2007 年第 11 期。
③ 徐安琪：《未婚青年性态度与性行为的最新报告》，《青年研究》2003 年第 8 期。

女工普遍缺乏基本的避孕知识，在女工未受保护的性生活中，男方起着相当大的作用。[①]

青年的性观念和性行为在性别、年龄和城乡等维度存在差异。吴扬等对广州4所高校的在校大学生做问卷调查后发现，[②] 男生比女生更赞同婚前性行为的发生，性观念也具有城乡差异：对"只要不怀孕就可以发生性行为"，农村学生的赞成率明显高于城市学生；对"发生婚前性行为是对爱情的承诺"，城市学生的赞成率明显高于农村学生。大学生对婚前性行为持赞同态度的比例，随着年级的升高呈现逐渐升高的趋势。程毅调查发现[③]，大学生总体上"坚决反对"婚前性行为的比例很低，认为先有爱而后有性的男生占58.5%，女生占77.6%，所占比都是最高的；其次是认同爱与性可以同时产生的观念，男生占35.4%，女生占17.2%；此外，各有73%和76.3%的大学生认为在成长过程中家庭或学校进行的性教育比较缺乏和非常缺乏。郭未等使用2009年第一次全国青年生殖健康调查数据，发现从20岁开始无论男性还是女性，性行为开始明显增加；未婚男性、独生子女、农村青年、受教育程度较低的青年首次性行为发生时间较早；此外，青年首次性行为中位年龄约22岁。[④]

对比21世纪初，已有研究认为当代青年的性观念和性行为正在转型，一方面开始认同"性"的重要性和独立性，婚前性行为的比例有所上升、首次性行为的发生年龄在某些群体中提前；另一方面仍强调爱情是性的基础，并对一夜情、婚外性行为等有较强的道德批判。

程化琴等[⑤]通过对比潘绥铭2001年的全国性调查数据，认为大学生性

① 郑真真等：《城市外来未婚青年女工的性行为、避孕知识和实践——来自5个城市的调查》，《中国人口科学》2001年第2期。
② 吴扬等：《大学生婚前性行为态度及与性行为关系》，《中国公共卫生》2009年第9期。
③ 程毅：《当代大学生性观念现状调查、成因分析及其政策维度》，《华东理工大学学报》（社会科学版）2011年第5期。
④ 郭未等：《中国未婚青年首次性行为发生风险——一种代价论视角的分析》，《社会学研究》2013年第4期。
⑤ 程化琴等：《中国当代大学生性观念现状及影响机制分析——基于2014年全国大学生性观念调查数据》，《云南师范大学学报》（哲学社会科学版）2016年第1期。

观念正处于传统与现代交织的转型阶段，直接体现为大学生群体在性观念上的分化和多元。调查发现，大学生在性爱观上，"性"的色彩愈发浓厚，而"爱"的重要性相对降低：对比 2001 年的数据，2014 年全国大学生性观念调查数据显示，当下大学生整体的"性爱观"仍然是"先有爱而后有性"，然而，这一比例已经从 71.8% 下降为 61.5%，认同爱与性同时存在的比例从 2001 年的 23.6% 上升为 2014 年的 30.6%。

相较 2005 年，吴炜认为到了 2015 年青年在未婚同居的态度上发生了质的变化。[①] 根据中国综合社会调查，在"未婚同居"的态度方面，2005 年青年群体选择完全不同意或不太同意的比例合计为 39.0%，而选择完全同意或较同意的比例合计为 29.9%，不赞同的人数比例超出赞同的人数比例约 9.1 个百分点；而到了 2015 年，青年群体选择完全不同意或者不太同意的比例下降至 31.8%，选择完全同意或者较同意的比例上升至 42.4%，青年群体中持赞同态度的比例超过不赞同的比例约 10 个百分点，赞同未婚同居的青年群体已经占到了相对多数。相比之下，青年对于"同性恋""观看色情书刊/音像制品"等的看法则在十年间未有质的改变，虽然持负面看法的比例有所下降，但仍超过持正面看法的比例。

已有研究揭示了青年性观念变迁的时期效应，强调社会发展变化带来青年性观念转变，而非代际文化差异在起作用。吴炜基于 CGSS2005 和 CGSS2015 的数据，认为青年性观念的发生机制中，时期效应显著，而世代效应的影响不显著。[②] 首先，无论在 2005 年还是在 2015 年，青年中男性比女性、城市居民比农村居民、高教育程度者比低教育程度者对未婚同居持更加宽容的态度；其次，无论在 2005 年还是在 2015 年，青年中城市市民比农村居民、未婚者比已婚者、高教育程度者比低教育程度者对同性恋

---

① 吴炜：《青年性观念的十年变迁及其发生机制——基于 CGSS2005 和 CGSS2015 数据的分析》，《中国青年研究》2019 年第 4 期。

② 吴炜：《青年性观念的十年变迁及其发生机制——基于 CGSS2005 和 CGSS2015 数据的分析》，《中国青年研究》2019 年第 4 期。

持更加宽容的态度；最后，以未婚同居观念和同性恋观念为例，在2005年，更为年轻的80后世代并不比70后世代更为开放，在2015年，更为年轻的90后世代也不比80后世代更为宽容，但是就80后世代而言，从2005年到2015年，青年的看法都变得更加宽容了，时期效应显著。这表明伴随着中国的改革开放和社会变迁，人们的性观念几乎整体性地迈向了开放和宽容，这种变化不会局限于年轻世代，而是存在于各个年龄段的群体之中。

综上所述，青年的性观念和性行为直接影响到青年的生活福祉和价值观念，考察青年的性爱观念、首次性行为等行为模式以及安全性行为的意识具有重要意义。首先，能够了解青年文化的动向和价值观的转型，监测青年亚文化和边缘行为乃至越轨行为。其次，能够反映性、婚姻、家庭、养育等社会文化的变迁，对于社会发展与社会融合有重要影响，也对社会治理有启示意义。最后，青年处于婚龄和育龄阶段，他们的性观念、婚恋观、生育观及其对婚育行为模式的影响关系到整个国家的医疗健康风险、生育大计以及社会人口动态。

二 当代未婚青年的性观念

（一）对待婚前性行为态度犹豫，但比中老年人更宽容

对待婚前性行为、婚外性行为、同性间性行为的态度是反映当代中国青年性观念的重要指标。根据2015年中国综合社会调查，总体上青年对于婚前性行为持比较犹豫的态度，占比最高的是"说不上对与不对"的态度，占35.88%，此外，认为婚前性行为是错误的比例高于认为婚前性行为是对的比例，分别有18.78%和22.92%的样本认为婚前性行为大多数情况下是不对的或者总是不对的，而有17.11%和5.31%的样本认为婚前性行为有时是对的或者完全是对的。比较对待婚前性行为、婚外性行为和同性间性行为的态度来看，青年对婚前性行为持相对宽容的态度，而认为婚外性行为和同

性间性行为总是不对或者大多数情况下是不对的比例分别高达88.86%和63.68%。

青年和中老年人的性观念差异显著，尤其反映在婚前性行为和同性间性行为上，青年对于二者的态度更加包容。青年认为婚前性行为总是不对或大多数情况下是不对的比例为41.7%，而34岁以上中年人和老年人持此态度的比例则高达73.93%；就同性间性行为而言，青年认为总是不对或大多数情况下是不对的比例为63.68%，而中年人和老年人持此态度的比例高达83.41%。而对于婚外性行为，青年与中老年群体的观念比较接近，认为总是不对或大多数情况下是不对的比例都在90%左右。

（二）男性、受教育程度较高、城市青年更接受婚前性行为

调查发现，青年对待婚前性行为的态度表现出一定程度的性别差异。女性认为婚前性行为"总是不对"的比例高于男性，女性持此态度的比例为27.14%，男性持此态度的比例为18.23%，而女性认为婚前性行为"有时是对的"或"完全是对的"比例则低于男性。

受教育程度越高，青年对婚前性行为、婚外性行为等行为的态度越开放。具体来说，在不同受教育程度的青年中，没有受过任何教育或小学学历和初中学历的青年认为婚前性行为"总是不对"的比例最高，分别为40.51%和30.05%，而大学专科或本科及以上的青年认为"有时是对的"或者"完全是对的"占比最高，所占比例分别是27.28%和26.69%。就对待同性性行为的态度而言，受教育程度的差异更加明显，没有受过任何教育或小学学历和初中学历的青年持"总是不对"态度的比例最高，分别为70.78%和63.84%，而大学专科或本科及以上学历的青年持此态度的比例则降至45.43%和33.51%。不同受教育程度青年对待婚外性行为的态度也呈此趋势，但是差异较小，无论何种受教育程度，都有接近或超过70%的青年认为婚外性行为"总是不对的"。

此外，居住在农村的青年比居住在城市的青年的性观念更保守，无论是

婚前性行为还是同性性行为，农村青年接受程度均低于城市青年。首先，对于婚前性行为，农村青年认为"总是不对的"的比例高于城市青年，比例分别为28.97%和20.25%，而农村青年认为"有时是对的"的比例低于城市青年，占比分别为12.65%和19.08%。其次，从同性间性行为来看，认为"总是不对的"农村青年所占比例（59.19%）高于城市户口青年（47.41%）。

（三）对于婚姻质量要求较高的未婚青年表现出更宽容的性观念

婚姻观和择偶观对于青年的性观念也有重要影响。全国青年婚恋状况调查显示，对于婚姻质量要求较高、持"宁缺毋滥不将就"态度的未婚青年表现出更宽容的性观念，更倾向认为婚前性行为没错，分别有31.95%、21.45%的青年认为"没太大错误"、"完全没错误"，对婚前同居也倾向无错论，分别有32.1%和21.15%的青年认为"没太大错误"、"完全没错误"。这可能与当代青年的婚姻观念转型有关，对于婚姻的感情或者三观匹配要求较高，而并不拘泥于婚姻的制度形式。

数据分析进一步验证了这个观点。未婚青年认为择偶条件中重要程度最高的前两条分别是"体贴/会关心人"和"志同道合"，均值分别为4.07和4.06[①]。如图1所示，认为志同道合对于择偶非常重要的未婚青年更倾向于认为婚前性行为"没太大错误"或者"完全没错误"，分别有26.54%和19.69%的未婚青年持此态度，认为体贴/会关心人对于择偶非常重要的未婚青年也呈类似趋势。同样地，认为志同道合或者体贴/会关心人对于择偶非常重要的未婚青年也倾向认为婚前同居不是太大错误，认为"没太大错误"的比例分别为30.31%和27.64%，认为"完全没错误"的比例分别为18.66%和15.27%，均高于认为"完全错误"或者"有一些错误"的比例。

---

① 从1至5，重要程度从不重要到非常重要依次加强。

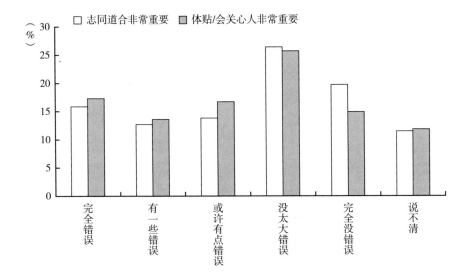

图1 未婚青年的择偶条件对婚前性行为态度的影响

三 当代未婚青年的性行为

（一）性知识的主要来源是同龄的朋友、学校课堂和图书/杂志/报纸

调查显示，未婚青年在成长过程中，获得性知识的主要途径前三位分别是同龄的朋友、学校课堂和图书/杂志/报纸，分别有44.5%、35.45%和30.8%的未婚青年选择该来源，而性知识获取途径占比最低的分别为兄弟姐妹、医生/护士或医院以及父亲。不可忽视的是，互联网是青年获取性知识的主要途径，有20.47%的青年选择提供性教育和性知识的网络，还有7.55%的青年选择其他网站。

性知识获取渠道具有明显的性别差异。如图2所示，相对于男性，女性从母亲那获取性知识的比例更高，有19.44%的女性选择此项，而只有7.96%的男性选择此项；此外，学校课堂也是女性获取性知识的主要场所，有 37.66% 的女性选择此项，而只有 33.12% 的男性选择此项。相对于女性，男性获取性知识的渠道为网站、杂志/电影、提供性教育和性知识的网络以及电视/广播/DVD 录像等的比例更高，分别有 19.53%、12.74%、25.16% 和 31.1% 的男性选择该项，均显著高于女性选择该项的比例，反映了这部分男性未婚青年所接受的性知识和性教育可能存在一定问题，需要引起重视。

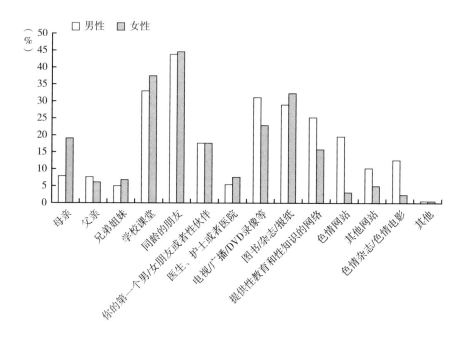

图 2　未婚青年获取性知识的渠道

相对于农业户口的未婚青年，非农户口的未婚青年从较现代化的资讯渠道获取性知识的比例更高，如表 1 所示，有 28.85% 来自电视/广播/DVD 录像等、22.65% 来自提供性教育和性知识的网络，还有 31.85% 来自图书/杂志/报纸，而农村户口未婚青年的该比例分别为 24.92%、18.3% 和 29.68%；此外，非农户口的未婚青年从制度化的渠道获取性知识的比例也更高，来自学校课堂的占 36.92%，而农村户口青年的该比例为 34.02%。可见，非农户口未婚青年在性知识的习得方面更有优势，这得益于城镇地区更发达的文化基础设施和更专业的学校教育；相反，农村地区的性教育基础设施和服务较薄弱。

表1　农业户口和非农业户口未婚青年获取性知识的渠道

单位：%

性知识来源	农业户口	非农户口
母亲	10.96	16.75
父亲	6.10	7.96
兄弟姐妹	5.48	6.62
学校课堂	34.02	36.92
同龄的朋友	44.78	44.16
你的第一个男/女朋友或者性伙伴	16.96	18.61
医生、护士或者医院	6.83	6.41
电视/广播/DVD录像等	24.92	28.85
图书/杂志/报纸	29.68	31.85
提供性教育和性知识的网络	18.30	22.65
其他网站	7.86	7.24
其他	0.41	0.21

（二）农业户口未婚青年经历婚前性行为的比例高于非农户口

调查对象中，35.09%有亲密男女朋友关系，16.32%正处在同居关系中。同居时间从不足一年到八年不等，平均同居时间为1.42年。非农户口未婚青年有亲密男女朋友关系的比例高于农业户口未婚青年，比例分别为36.09%和34.02%，非农户口未婚青年正处在同居关系中的比例也更高，为17.43%，而农业户口未婚青年的该比例为15.2%。

农业户口的未婚青年经历婚前性行为的比例高于非农户口，比例分别为66.6%和63.67%。参考郭未等的研究①，农村青年首次性行为发生时间较早，可能跟农村地区订婚年龄较早有关，在即将要走向婚姻的青年伴侣之间

---

① 郭未等：《中国未婚青年首次性行为发生风险——一种代价论视角的分析》，《社会学研究》2013年第4期。

发生性行为已经逐渐为社会所接受。这也可能与很多农业户口青年进城打工从而较早经历社会化有关，这也意味着农村青年经历不安全性行为风险更高。

样本中的未婚青年第一次与异性发生性体验，包括接吻、抚摸，平均年龄在 19 岁，第一次与异性发生性行为的平均年龄在 21 岁。第一次与异性发生性行为时，对方年龄平均也在 21 岁，对方也是第一次性经历的比例为 47%。男性与异性第一次性行为的平均年龄为 20 岁，低于女性 21 岁的平均年龄。非农户口青年第一次性行为的平均年龄为 20.8 岁，略高于农业户口青年的 20.4 岁。

未婚青年与异性的第一次性行为呈现年龄越小、发生越早的趋势。29 ~ 34 岁的未婚青年第一次性行为的平均年龄在 23 岁，23 ~ 28 岁年龄组发生第一次性行为的平均年龄在 21 岁，而 18 ~ 22 岁年龄组发生第一次性行为的平均年龄在 18 岁。这一方面与生命周期有关，另一方面也在某种程度上反映了社会变迁效应，随着社会发展和性观念的变化，人们的初次性行为呈低龄化趋势。

（三）总体具有一定性行为安全意识，农业户口青年有待加强

当代青年大多具有性行为的安全意识，仅 14.54% 表示在第一次性行为中双方都未采取任何安全措施。如图 3 所示，所采取的安全措施中，比例最高的是使用避孕套，62.91% 选择此项；其次是体外排精，15.58% 选择此项；再次是紧急避孕药，9.05% 选择此项。

从第一次性行为中的安全措施来看，非农户口青年总体显示了较强的性行为安全意识。如表 2 所示，更高比例的非农户口青年使用了避孕套、避孕药等较可靠的安全措施，而更高比例农业户口青年使用体外排精这种可靠性较低的安全措施，农业户口青年和非农户口青年的该比例分别为 16.21% 和 15.03%；此外，农业户口青年没有采取安全措施的比例也较高，表示"我没有任何防备措施，不知道对方有没有"和"双方都没有任何防备措施"的比例分别为 6.42% 和 16.82%，而非农业户口青年的该比例分别为 5.2% 和 12.14%，农业户口青年的安全性行为教育有待加强。

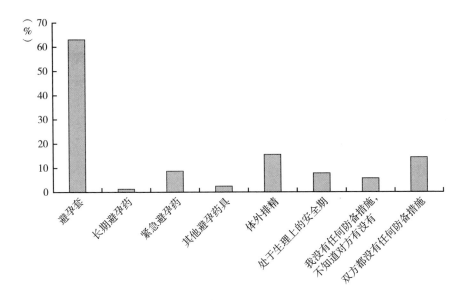

图3 未婚青年第一次性行为中所采取的安全措施

表2 未婚青年第一次性行为中所采取安全措施的城乡差异

单位：%

安全措施	农业户口	非农户口
避孕套	60.24	65.61
长期避孕药	1.53	2.02
紧急避孕药	7.03	10.98
其他避孕药具	2.45	2.31
体外排精	16.21	15.03
处于生理上的安全期	7.34	8.96
我没有任何防备措施，不知道对方有没有	6.42	5.20
双方都没有任何防备措施	16.82	12.14

（四）感情是影响婚前性行为是否发生的重要因素

第一次性行为时，未婚青年与对方处于稳定的恋爱关系中的占
63.95％；也有16.02％的未婚青年与对方认识了一段时间，但没有很稳定
的恋爱关系。有意思的发现是，一方面，发生第一次性行为时，与对方处于

不稳定的恋爱关系的占比很低，比如仅 3.86% 表示第一次见面，6.38% 表示认识不久；另一方面，处于同居或订婚状态时发生第一次性行为的比例也很低，2.08% 表示已经同居，2.52% 表示已经订婚。

前者说明未婚青年大多在感情基础上发生性行为，激情性行为的发生比例较低，性以爱为基础，这与已有研究结论一致；等到感情稳定、恋爱关系确立之后，青年发生性行为的比例则显著升高，而并不会等到同居或者确立订婚关系之后才发生性行为，因此后者的比例也较低。同前文对于性观念和择偶观的分析一致，感情和关系也是当代青年婚前性行为是否发生的重要影响因素，而同居或婚姻等制度规范的约束作用在下降。

进一步的数据分析也证明了这一点。对于第一次性经历，有 29.53% 的未婚青年认为随"两个人之间关系发展自然走到了这一步"，是各种态度中比例最高的，还有 9.5% 的表示"我沉溺在爱情之中，没想那么多"。当然，青年基于自身的成长阶段特点，对性也是比较好奇的，也有 24.93% 的是由于"我对性行为很好奇，想知道到底是什么感觉"以及 5.93% 的表示"我想要经历自己的第一次性行为"。

对于自己的婚前性行为经历，未婚青年也大多认为具有一定合理性，57.27% 的未婚青年认为"年龄差不多正合适"，甚至有 13.5% 的认为"有点晚，应该更早一些"，仅不到 30% 的认为"有点早，应该等到年龄更大一些"。

四　研究总结

当代青年的性观念和性行为应被放在整个社会性观念转型的背景下理解。伴随全球化、经济发展和文化的多元化，人们的性观念更加宽容、开放和个性化，青年处于特殊的成长阶段和社会化阶段，集中反映了这种性文化的转型和冲突。

在性观念方面，青年对待婚前性行为总体持犹豫态度，男性、受教育程度较高、城市青年对待婚前性行为的态度更宽容；婚姻观和择偶观对青年的性观念也有重要影响，对于婚姻质量要求较高、强调志同道合的未婚青年对婚前性行为、婚前同居表现出更宽容的态度。

在性行为方面，男性、农业户口的未婚青年发生性行为的比例更高；总体上未婚青年具有一定的性行为安全意识，获得性知识的前三个途径分别是同龄的朋友、学校课堂和图书/杂志/报纸；性观念对发生婚前性行为的可能性影响显著，认为婚前性行为、未婚先孕、婚前同居完全没错误的未婚青年，其性行为的发生比例均高于认为完全错误的青年的比例；感情和关系是当代青年是否发生婚前性行为的重要影响因素，而同居或婚姻等制度规范的约束作用在减弱，青年发生第一次婚前性行为时，大多与对方处于稳定的恋爱关系。

本报告也发现未婚青年性行为存在一些问题。首先，性行为相关的安全意识和安全知识不够充分，甚至可能被误导。未婚青年在第一次性行为中大多使用避孕套，但也有相当比例没有采取安全措施，男性青年获取性知识的渠道有相当比例来自网站和杂志/电影，性知识很大可能被误导。其次，农村青年尤其有留守儿童经历的青年发生不安全性行为的风险更高。农业户口的未婚青年有婚前性行为的比例更高、没有采用安全措施的比例也较高，反映农村青年对于安全性行为的意识较薄弱，这与农村性教育较薄弱不无关系，农业户口青年从现代化和制度化的渠道获取性知识的比例均低于非农户口青年；特别需要注意的是，有留守儿童经历的大学生发生婚前性行为的比例高于没有留守儿童经历的大学生，有留守儿童经历的大学生发生首次性行为的年龄也早于没有留守儿童经历的大学生，留守儿童经历可能增加了不安全性行为的风险。

基于以上研究发现，本报告的政策建议主要是构建性教育和生殖服务支持体系。应当将异性交往知识、性知识、安全性行为知识、生殖健康教育纳入学校教育体系，将生殖健康相关服务纳入社区和政府的婚前教育规划之中，以更丰富的信息、更生动的内容帮助青少年和青年理解性、婚姻和生育，树立起青春期和社会化过程中对待性的健康观念；此外，家庭也是青少年获得性知识、异性交往知识及恋爱观的重要场域。这种学校、家

庭和社会合力构建的性知识综合教育和服务体系，有利于青年形成健康的性观念和婚姻观，塑造积极的生活方式，避免早孕、疾病传播等风险。研究发现，农村青年和留守儿童暴露于不安全性行为的风险更高，建议将性健康教育和生殖服务落实到农村和偏远地区，采取多种措施加强对留守儿童的保护和照顾。

法律与政策篇

Reports on Laws and Policies

B.7

中国青年婚恋法律、政策现状报告

张晓冰*

摘　要：　青年婚恋领域的法律、政策特点明显，比如法律层面提倡婚姻自由、注重对妇女儿童的利益保护、反对家庭暴力，政策层面关注配偶及子女的医疗待遇、母婴保健以及家庭住房问题的解决，极大地影响和引导了青年的婚恋意愿，但仍存在一定的漏洞和不足，引发了一系列社会问题，涉及家庭稳定、家庭成员健康、财产归属以及房屋市场的交易等社会生活的各个方面。法律和政策的完善应该注意对青年健康婚恋观的引导，提倡理性婚姻，制定育儿配套措施，有效提高生育率，科学设定限购限贷政策，完善房产分割制度，明确与彩礼、夫妻忠诚协议相关的规范。

* 张晓冰，法学博士，中国青少年研究中心助理研究员。

关键词： 青年 婚恋 生育 法律政策

一 青年婚恋领域国内相关法律及其影响

新中国成立以来，我国婚姻家庭的立法理念从强调管制发展为尊重私权，注重保护公民的自由和权利，注重保障弱势一方和未成年子女的利益，强化法律救济和社会救助，完成了从简单粗糙到制度化、体系化的转变，加快了从形式平等到实质平等的变革。[①] 现今，我国青年婚恋领域已经形成了以《宪法》为保障之本，以《婚姻法》《反家庭暴力法》《收养法》《继承法》《人口与计划生育法》《母婴保健法》为核心，以《民法总则》《未成年人保护法》《预防未成年人犯罪法》《残疾人保障法》《妇女权益保障法》《侵权责任法》《物权法》《合同法》《涉外民事关系法律适用法》等法律中有关婚恋的条款为重要来源，以行政法规、部门规章、司法解释、地方性法规为补充的青年婚恋法律体系。其中，《婚姻法》与《反家庭暴力法》是我国青年婚恋领域里程碑式的两部法律。

（一）提倡婚姻自由

婚姻自由包括结婚自由、离婚自由。《宪法》规定，婚姻、家庭受国家的保护，禁止破坏婚姻自由。《婚姻法》规定实行婚姻自由、一夫一妻、男女平等的婚姻制度；禁止包办、买卖婚姻和其他干涉婚姻自由的行为；结婚必须男女双方完全自愿，不需任何一方对他方加以强迫或任何第三者加以干涉；结婚年龄，男不得早于 22 周岁，女不得早于 20 周岁。这些规定均为婚姻自由提供了权威解释，也为青年规划自己的婚姻生活奠定了法律基础，结婚或离婚作为真正意义上的个人自由选择行为的特点初见端倪。根据北京大

[①] 巫昌祯、夏吟兰：《改革开放三十年中国婚姻立法之嬗变》，《中华女子学院学报》2009 年第 1 期。

学社会调查研究中心联合百合网婚恋研究院发布的《2015 年中国人婚恋状况调查报告》，受访者初婚平均年龄在 22～28 岁之间，男性晚婚（25 岁及以后）的人群占 63.29%，女性（23 岁及以后）晚婚人群占 83.07%。民政部公布的数据显示，2018 年全国依法办理结婚登记 1013.9 万对，比上年下降 4.6%，结婚率比上年降低 0.4 个千分点；2018 年依法办理离婚手续的共有 446.1 万对，比上年增长 2.0%，其中民政部门登记离婚 381.2 万对，法院判决、调解离婚 64.9 万对；离婚率千分之 3.2，与上年持平。2018 年结婚登记人口年龄分布方面，20～24 岁 435.6 万人，25～29 岁 736.2 万人，30～34 岁 314.7 万人[①]，三者占比之和超过 73%。可见，我国青年是结婚登记人口的主体，青年婚姻自由的践行已经达到了一定程度。

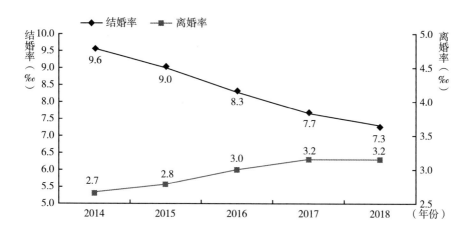

图 1　2014～2018 年结婚率与离婚率

注：摘自民政部 2018 年社会服务发展统计公报。

（二）完善青年婚恋制度

1950 年新中国第一部婚姻法明确无过错离婚原则，1980 年初次将"夫妻

---

① 中国民政部：《2018 年民政事业发展统计公报》，http：//images3. mca. gov. cn/www2017/file/201908/1565920301578. pdf，2020 - 01 - 03。

感情确已破裂"的"破裂原则"确定为判决离婚的法定标准，并于2001年修法时将之具体化。离婚理由的具体化为青年提供了行动指引，使之知晓哪些权利受到来自配偶的侵害时，能够通过离婚的途径来进行自我救助。根据司法大数据研究院发布的离婚纠纷报告，全国离婚纠纷案件中，婚后2年至7年为婚姻破裂的高发期（结合前述初婚年龄的统计，2～7年一般仍处于青年阶段），向法院申请解除婚姻关系的纠纷中，77.51%的夫妻因感情不和，14.86%因家庭暴力。[1]《反家庭暴力法》对"家庭暴力"的内涵进行了详细界定，《反家庭暴力法》的出台进一步保障了家庭成员的基本人权，它促使青年意识到家庭暴力不只是家庭内的个人"私问题"，更是一个普遍而严重的社会问题。根据《司法大数据专题报告：离婚纠纷》，离婚后财产纠纷的案件数量日益增多，具体而言，2015年案件量较2014年上升11.7%，2016年1月至9月案件量较2015年同期上升26.3%。[2] 由此来看，财产纠纷在离婚案件中相当普遍，对青年婚恋生活有一定的影响。与夫妻间财产归属有关的规范，广泛分布于《婚姻法》及相关司法解释中，对青年群体的婚姻财产观念产生了一定的影响。

（三）保障未成年子女的利益

根据最高人民法院信息中心、司法案例研究院统计的数据，全国离婚纠纷案件中，96%的案件涉及子女抚养问题，对处于育龄的青年而言，法律如何保障未成年子女的利益至关重要。《宪法》规定儿童受国家的保护，父母有抚养教育未成年子女的义务，禁止虐待儿童。《民法总则》将《民法通则》规定的限制民事行为能力人年龄下限标准从十周岁降到八周岁，并规定限制民事行为能力人可以独立实施纯获利益的民事法律行为或与其年龄、智力相适应的民事法律行为，同时明确了父母监护义务，扩大了监护的类型，并将儿童

---

① 中国法院网：《司法大数据专题报告：离婚纠纷》，http://www.court.gov.cn/fabu-xiangqing-87622.html，2018-03-23。

② 中国法院网：《司法大数据专题报告：离婚纠纷》，http://www.court.gov.cn/fabu-xiangqing-63142.html，2017-10-13。

最大利益原则纳入规范体系。《婚姻法》在保护儿童合法权益的原则指导下，规定了儿童应当享有受抚养和受教育的权利；离婚后，父母与子女的关系不因父母离婚而消除；哺乳期内的子女，以随哺乳的母亲抚养为原则。《未成年人保护法》规定未成年人享有生存权、发展权、受保护权、参与权等权利，国家根据未成年人身心发展特点给予特殊、优先保护，保障未成年人的合法权益不受侵犯。最高人民法院、最高人民检察院等联合发布的《关于依法处理监护人侵害未成年人权益行为若干问题的意见》对监护侵害行为的定义、报告和处置、临时安置和人身安全保护裁定、申请撤销监护人资格诉讼、撤销监护人资格案件审理和判后安置均作了详细规定，以最大限度地保护未成年子女的身心健康，为初为父母的青年提供行为界限和法律标准。

以上规定，均对青年离婚时的子女抚养问题产生了一定的影响。此外，《妇女权益保障法》《收养法》《中国公民收养子女登记办法》《母婴保健法》等也针对女童利益保障、收养人应当符合的实质与程序要件，妇女与胎儿保健服务等进行规范，间接实现对未成年人特殊利益的保障。

（四）规范财产继承

我国《宪法》规定，国家依照法律规定保护公民的私有财产的继承权；《婚姻法》规定，夫妻有相互继承遗产的权利，父母和子女有相互继承遗产的权利。《民法总则》增加了胎儿具有继承权及接受赠与权的规定，更好地保障了胎儿的利益。《继承法》规定了继承的开始、遗产范围、继承方式、继承权的丧失、法定继承、遗嘱继承、遗赠、遗产处理等内容，强调了继承权男女平等的原则。现实生活中，青年女性，尤其是农村出嫁女往往容易被视为不享有继承权。关于继承的法律规定有助于消解与法律相冲突的文化习俗。

（五）推行计划生育

《宪法》规定夫妻双方有实行计划生育的义务；《婚姻法》规定实行计划生育；《计划生育法》的规定从"一孩"，到"双独二孩""单独二孩"，再到"全面二孩"，其调整目的在于刺激生育、恢复生育率、增加劳动力数量。具

体而言，国家提倡一对夫妻生育两个子女；符合法律、法规条件的，可以要求安排再生育子女；符合法律、法规规定生育子女的夫妻，可以获得延长生育假的奖励或者其他福利待遇。原国家卫生和计划生育委员会的统计公报显示生育率有所提升，具体来说，2016 年全国新出生婴儿数为 1846 万人，比 2013 年增加 200 万以上，总和生育率提升至 1.7 以上。①

除了以上法律规定之外，《涉外民事关系法律适用法》《物权法》《预防未成年人犯罪法》《残疾人保障法》《侵权责任法》及系列司法解释亦有许多与青年婚恋相关的法律规定，这些规定旨在为青年婚恋提供行动理由，促进青年婚恋领域的权益保护和发展进步。

二 青年婚恋领域国内相关政策及其影响

公共政策与青年婚恋的稳定性息息相关。2017 年出台的《中长期青年发展规划（2016 - 2025 年)》首次明确提出了关注青年婚恋领域，发展目标是促使青年婚恋观念更加文明、健康、理性，青年婚姻家庭和生殖健康服务水平进一步提升，青年的相关法定权利得到更好保障。发展措施包括加强青年婚恋观、家庭观教育和引导，切实服务于青年婚恋交友，开展青年性健康教育和优生优育宣传教育，保障青年在孕期、产假期、哺乳期享有的法定权益。2017 年，共青团中央、民政部、原国家卫计委联合发布《关于进一步做好青年婚恋工作的指导意见》，基本原则包括突出价值引领、强化公益导向、坚持青年为本、务求工作实效，内容包括弘扬文明婚恋风尚、加强青年咨询与指导、普及性健康教育和优生优育知识、培育公益性婚恋服务项目、拓展线上线下服务平台、促进婚恋市场规范发展、保障青年婚姻和生育合法权益。具体而言，青年婚恋领域的政策包括促进婚恋政策、性健康政策、计划生育政策、医疗服务政策、住房贷款政策、母婴保健政策等。

---

① 国家卫生和计划生育委员会：《2016 年我国卫生和计划生育事业发展统计公报》，2016 年 8 月 18 日，国家卫生和计划生育委员会官网。

（一）促进婚恋政策

根据珍爱网《2018 年度单身人群调查报告》，一、二线城市青年与三线城市及其他地区的小镇青年婚恋存在差异，一线城市仍为重度单身地区，城市青年忙工作、压力大，小镇青年没信心、缺社交，脱单欲望降级；城市青年脱单靠婚恋 App，小镇青年靠亲戚介绍；城市青年恋爱收入门槛 8000 元，小镇青年为 3000 元。[①]

为了促进青年交友、提升其婚恋欲望，更好地适应青年交友、相亲、婚介的多元化需求，各地共青团组织开展了一系列促进青年婚恋的服务。2017年 6 月，共青团浙江省委成立婚恋交友事业部，专门服务于单身青年婚恋交友，[②] 还设立了"亲青恋"工作室，招募有经验的公益红娘，为线上数据匹配的青年男女安排线下见面；[③] 共青团四川省委建立以"爱 +"网为主体的实名制青年婚恋交友平台，网站实名注册的单身青年超过 2 万人；[④] 2018 年1 月 29 日，共青团贵州省委提交提案建议，通过举办公益活动、推动婚恋交友平台实名认证和实名注册、成立社区婚恋成长学院等形式，引导青年树立正确婚恋观，助力青年"脱单"。[⑤] 这些做法，在一定程度上促进了青年的婚恋交友生活，扩大了青年的交际圈，缓解了青年的婚恋焦虑现象。

（二）性健康政策

规划强调，应当关注青年性健康教育，加大对性知识的普及力度，开展

---

① 《珍爱网 2018 单身人群调查报告年终盘点》，http：//www. ce. cn/xwzx/shgj/gdxw/201812/27/t20181227_ 31124143. shtml，2019 – 07 – 08。

② 《团浙江省委成立婚恋交友事业部 服务单身青年婚恋交友需求》，http：//www. xinhuanet. com//local/2017 –06/26/c_ 1121208187. htm，2019 – 07 –08。

③ 《浙江团省委开设婚恋交友事业部满一年 成效到底如何》，https：//zj. zjol. com. cn/news/978685. html？ ismobilephone = 1&t =1548635162583，2019 – 07 – 08。

④ 《四川省共青团 "爱 + 网"婚恋交友平台》，http：//qnzz. youth. cn/zhuanti/qcyy/xn/201707/t20170731_ 10411492. htm，2019 – 07 – 08。

⑤ 《共青团贵州省委提交提案建议引导青年树立正确婚恋观》，http：//www. duyunshi. com/n/29449. html，2019 – 07 – 08。

优生优育宣传教育。为广泛普及避孕节育科学知识，增强育龄群众预防非意愿妊娠的意识和能力，减少人工流产，保护女性生育能力和身心健康，2018年国家卫生健康委员会发布《关于开展2018年世界避孕日主题宣传周活动的通知》，内容包括宣传政策、普及知识、推进服务；发布了《人工流产后避孕服务规范》，规定了术前初诊、手术当日、术后随访的具体内容和流程；举办了《关于开展2018年婚育新风进万家》的活动，普及健康知识。2016年原国家卫计委联合中央宣传部、中央文明办等部门发布《关于"十三五"期间深入推进婚育新风进万家活动的意见》，培育"婚育文明、性别平等，计划生育、优生优育，生活健康、家庭幸福"的新型婚育文化。此外，原国家人口计生委员会发布过《计划生育生殖健康新技术新产品引入试验项目管理办法》，有助于保障青年使用者的身心安全。中国计生协会拟通过加强青年参与机制建设、强化同伴教育、坚持青春健康在学校、家庭和社区整体推进发展战略等，为青少年提供全面的性与生殖健康教育和服务。[①] 整体而言，这些政策及实践均对青年性健康教育起到了一定的促进作用，有助于青年一代更理性地规划婚育生活。

（三）计划生育政策

在提升青年婚恋意愿的同时，我国积极出台相关政策提升青年生育意愿。2013年计划生育政策调整为"单独二孩"，2016年正式实施"全面二孩"政策。在奖励扶助方面，此前享受独生子女奖励政策的独生子女父母生育二孩的，则不再享受有关待遇；2016年1月1日之后自愿只生一个孩子的父母也不再享受相关奖励。在生育假方面，晚婚假、晚育假取消，但可以享受延长产假的福利待遇，各地的标准不一：西藏地区产假1年，陪产假30天，婚假10天；浙江、江苏等省份产假128天，为各省份中最短的。

---

① 《多措并举加强青少年性健康教育》，https：//news. sina. cn/gn/2017 - 12 - 18/detail - ifyptfcn1670025. d. html，2019 - 07 - 09。

表 1　全国 31 个省区市产假、陪产假、婚假情况

省份	产假	陪产假	婚假
西藏	1 年	30 天	10 天
吉林	158 天（可延长至 1 年）	15 天	15 天
重庆	128 天（可休至子女 1 周岁）	15 天	15 天
北京	128 天（可增加 1 至 3 个月）	15 天	10 天
河南	188 天	30 天	13 天
海南	188 天	15 天	13 天
甘肃	180 天	30 天	15 天
黑龙江	180 天	15 天	15 天
福建	158～180 天	15 天	15 天
广东	178 天	15 天	3 天
陕西	158 天	15 天	3 天
山西	158 天	15 天	30 天
新疆	158 天	15 天	23 天
云南	158 天	30 天	18 天
内蒙古	158 天	25 天	18 天
河北	158 天	15 天	18 天
青海	158 天	15 天	15 天
贵州	158 天	15 天	13 天
辽宁	158 天	15 天	10 天
山东	158 天	7 天	3 天
安徽	158 天	10 天（异地生活 20 天）	3 天
宁夏	158 天	25 天	3 天
四川	158 天	20 天	3 天
江西	158 天	15 天	3 天
湖南	158 天	20 天	3 天
广西	148 天	25 天	3 天
江苏	128 天	15 天	13 天
上海	128 天	10 天	10 天
湖北	128 天	15 天	3 天
天津	128 天	7 天	3 天
浙江	128 天	15 天	3 天

数据来源：各省份条例规定。

　　根据《当代中国大城市青年婚恋问题调查报告——来自北京市的实证分析》，在全面放开二孩的政策背景下，北京青年认为一对夫妇最理想的子女数为 2 个的比例最高，[1] 平均理想子女数为 1.91 个，可见青年在生育意愿上对于

----

① 廉思等：《中国青年发展报告 No.3：阶层分化中的联姻》，社会科学文献出版社，2017，第 47 页。

政策的反响仍是比较大的。① 原国家卫计委 2017 年的统计公报显示，我国医院的活产婴儿数量为 1758 万对，家有两个孩子的比例是 51%。由此需要出台相应配套措施，2019 年，国务院发布《关于促进 3 岁以下婴幼儿照护服务发展的指导意见》，鼓励支持有条件的幼儿园开设托班，鼓励地方政府探索试行与婴幼儿照护配套衔接的育儿假、产休假。

（四）医疗服务政策

医疗服务政策涉及配偶及子女的医疗待遇，各地做法不一。《江苏省职工生育保险规定》赋予职工未就业配偶一定的医疗费用待遇。浙江省人力资源和社会保障厅等 4 部门印发了《关于进一步调整完善职工基本医疗保险个人账户有关政策的通知》，自 2016 年 8 月 1 日起，浙江省率先要求医保个人账户实现"家庭共济"，个人账户历年结余资金可以支付配偶、子女、父母（即近亲属）的医疗保障费用，实现家庭成员之间共济互助。2019 年 2 月，四川省医保局等 4 部门联合印发《关于完善城镇职工基本医疗保险个人账户使用有关政策的通知》，扩大了城镇职工基本医疗保险个人账户的支付范围，可用于支付职工本人及其配偶、夫妻双方父母、子女的一系列就医购药费用。② 根据浙江省人社厅提供的数据，浙江省基本医保参保人员 5368.7 万人，其中，职工医保 2277.04 万人，居民医保 3091.66 万人。③ 在 2017 年一年中，"家庭共济"政策下全省绑定近亲属人数 73 万人，其中 53 万人享受待遇，家庭共济个人账户历年结余基金支出 5.7 亿元。④ 2019 年"个人账户家庭共济"功能还进入了"浙里办"App

① 廉思等：《中国青年发展报告 No.3：阶层分化中的联姻》，社会科学文献出版社，2017，第 62 页。
② 四川省人力资源和社会保障厅：《〈四川省医疗保障局等四部门关于完善城镇职工基本医疗保险个人账户使用有关政策的通知〉政策解读》，http：//www.sc.hrss.gov.cn/zwgk/zcjd/201902/t20190226_82702.html，2020-01-13。
③ 浙江省人力资源和社会保障厅：《2018 年浙江省人力资源和社会保障事业发展主要数据公报》，http：//www.zjhrss.gov.cn/art/2019/8/13/art_1390154_36891398.html，2019-11-21。
④ 法制网：《浙江推广"家庭共济"医保政策 不懂得用看这里》，http：//www.legaldaily.com.cn/health/content/2018-03/30/content_7511453.htm？node=87886，2019-11-21。

中，便于年轻人进行个人账户共济授权和接触操作。[①] 家庭共济举措减轻了青年的现实压力，缓解了其养育子女、赡养老人的双重困境。

（五）住房贷款政策

住房贷款政策涉及周转房、廉租房、公租房、经济适用房、租房市场等住房规制，还涉及限购、公积金、房贷等政策。住房已成为影响婚姻决策的重要因素，住房政策与青年婚恋关系显著。目前，房地产限购政策的主要针对对象为家庭。对于户籍居民家庭与非户籍居民家庭的限购政策存在差异。[②] 限购政策有的仅针对房产数量，有的城市对房子的面积有所限制，[③] 有的对首付款比例有所限制，[④]

[①] 浙江在线：《"个人账户家庭共济"功能搬上"浙里办"APP 啦》，http：//tsxw66. zjol. com. cn/gxxw/system/2019/08/16/031853531. shtml，2019 – 11 – 21。

[②] 《杭州市住房保障和房产管理局关于进一步调整住房限购措施的通知》规定："在市区范围内暂停向以下居民家庭出售新建商品住房和二手住房：（一）已拥有 2 套及以上住房的本市户籍居民家庭；（二）已拥有 1 套及以上住房的非本市户籍居民家庭；（三）无法提供自购房之日起前 3 年内在本市连续缴纳 2 年以上个人所得税或社会保险（城镇社会保险）证明的非本市户籍居民家庭（非本市户籍居民家庭不得通过补缴个人所得税或社会保险购买住房）。"海口市《关于贯彻落实〈关于限制购买多套商品住宅的通知〉的实施细则》规定，家庭成员中既有本省户籍，也有非本省户籍的，以购房人户籍为准。

[③] 《郑州市住房保障和房地产管理局关于印发〈住房限购政策实施细则〉的通知》："一、自 2016 年 10 月 2 日起，对在本市市区（含市内五区、航空港区、郑东新区、经济开发区、高新区，下同）已拥有 1 套住房的本市户籍居民家庭（包括购房人、配偶以及未成年子女，下同），无住房的非本市户籍居民家庭，限购 1 套 180 平方米以下（不含 180 平方米）的住房（含新建商品住房和二手住房，下同）；对已拥有 2 套及以上住房的本市户籍居民家庭，拥有 1 套及以上住房的非本市户籍居民家庭，暂停在本市市区向其售房。"

[④] 《武汉市人民政府办公厅关于进一步促进我市房地产市场持续平稳健康发展的意见》："一、强化住房限购限贷措施。（二）本市户籍居民家庭在上述区域购买首套住房（含新建商品住房和二手住房，下同）申请商业性个人住房贷款的，最低首付款比例为 30%。在本市拥有 1 套住房，在上述区域购买普通商品住房，申请商业性个人住房贷款的，最低首付款比例为 50%；购买非普通商品住房的，最低首付款比例为 70%。在本市拥有 2 套及以上住房的，暂停在上述区域向其出售住房。（三）非本市户籍居民家庭在上述区域购买首套住房的，应当提供自购房之日前 2 年（含 2 年）连续在本市缴纳社会保险或者个人所得税证明，对补缴的社会保险或者个人所得税不予认定。对于申请商业性个人住房贷款的，最低首付款比例为 30%。对在本市已拥有 1 套及以上住房的，在上述区域暂停向其出售住房。"

部分城市的限购政策也对赠与进行限制,[①] 有的将赠与限制在非直系亲属之间。[②] 限购政策一定程度上引发了假离婚假结婚现象。对此,住房城乡建设部、

表2　典型住房贷款政策文件

级别	住房公积金	信贷	限购
国务院	《住房公积金管理条例(2019修正)》(2019 年 3 月 24 日) 《国务院办公厅关于继续做好房地产市场调控工作的通知》(国办发〔2013〕17 号)		《国务院办公厅关于继续做好房地产市场调控工作的通知》(国办发〔2013〕17 号) 《国务院关于坚决遏制部分城市房价过快上涨的通知》(国发〔2010〕10 号)
部委	中央国家机关住房资金管理中心《中央国家机关住房公积金个人住房贷款冲还贷业务规范》(2019 年 4 月) 国家住房城乡建设部、财政部、中国人民银行、公安部联合发布《关于开展治理违规提取住房公积金工作的通知》(建金〔2018〕46 号) 《中央国家机关住房资金管理中心关于调整中央国家机关住房公积金个人贷款措施的通知》(2015 年 11 月 12 日) 《国家机关事务管理局资金中心关于调整住房公积金个人贷款政策有关问题的通知》(机房资〔2015〕5 号) 国家住房和城乡建设部、财政部、中国人民银行《关于发展住房公积金个人住房贷款业务的通知》(建金〔2014〕148 号)		

---

① 《北京市住房和城乡建设委员会关于落实我市住房限购政策做好房屋登记有关问题的通知》:"四、以赠与方式申请办理房屋转移登记的,应先到网签窗口进行购房家庭资格核验,核验通过后,各房登记部门再按本通知规定办理转移登记手续。"
② 《广州市国土资源和房屋管理局关于进一步严格执行我市商品住房限购政策的通知》:"六、非直系亲属间的房屋赠与参照上述规定执行。"

级别	住房公积金	信贷	限购
部委	中央国家机关住房资金管理中心《中央国家机关住房资金管理中心关于执行住房公积金个人贷款差别化政策有关问题的通知》（国机房资〔2013〕117 号） 国家住房和城乡建设部、中国人民银行、中国银行业监督管理委员会《关于规范商业性个人住房贷款中第二套住房认定标准的通知》（建房〔2010〕83 号）	《中国人民银行、中国银行业监督管理委员会关于进一步完善差别化住房信贷政策有关问题的通知》（银发〔2015〕305 号）	
北京市	《北京住房公积金管理中心关于调整住房公积金个人住房贷款政策的通知》（2018 年 9 月 13 日） 《北京住房公积金管理中心关于实行住房公积金个人贷款差别化政策的通知》（京房公积金发〔2013〕10 号）	《中国人民银行营业管理部关于调整北京市差别化住房信贷政策的通知》（银管发〔2013〕116 号） 《中国人民银行营业管理部 中国银行业监督管理委员会北京监管局 北京市住房和城乡建设委员会 北京住房公积金管理中心关于加强北京地区住房信贷业务风险管理的通知》（银管发〔2017〕68 号）	《北京市住房和城乡建设委员会关于落实我市住房限购政策进一步做好房屋登记有关问题的通知》（京建法〔2012〕23 号） 《北京市住房和城乡建设委员会关于落实我市住房限购政策做好房屋登记有关问题的通知》（京建发〔2011〕140 号） 《北京市人民政府贯彻落实国务院关于坚决遏制部分城市房价过快上涨文件的通知》（京政发〔2010〕13 号）
上海市	《上海市城镇个体工商户及其雇用人员、自由职业者缴存、提取和使用住房公积金实施办法》（沪公积金管委会〔2016〕11 号）	《上海市住房和城乡建设管理委员会、中国人民银行上海分行、中国银行业监督管理委员会上海监管局关于促进本市房地产市场平稳健康有序发展进一步完善差别化住房信贷政策的通知》（沪建房管联〔2016〕1062 号）	上海市住房保障和房屋管理局《关于严格执行住房限购措施有关问题的通知》（沪房管规范市〔2013〕11 号）

续表

级别	住房公积金	信贷	限购
广东省	《广东省住房和城乡建设厅 广东省财政厅 广东省公安厅 中国人民银行广州分行转发住房城乡建设部等四部门关于开展治理违规提取住房公积金工作的通知》《深圳市住房公积金管理暂行办法》	《深圳市住房公积金贷款管理规定》	《广州市国土资源和房屋管理局关于进一步严格执行我市商品住房限购政策的通知》《深圳市人民政府办公厅关于进一步贯彻落实国务院文件精神坚决遏制房价过快上涨的补充通知》
天津市	《天津市个人住房公积金贷款管理办法》	《中国人民银行天津分行、天津银监局联合发布关于进一步加强住房信贷政策管理工作的通知》	
浙江省	《关于规范改进住房公积金提取政策的通知》	《中国人民银行嘉兴市中心支行、中国银监会嘉兴监管分局关于加强住房信贷政策管理的通知》	杭州市住房保障和房产管理局《关于进一步调整住房限购措施的通知》《杭州市住房保障和房产管理局关于进一步完善住房限购及销售监管措施的通知》《杭州市住房保障和房产管理局关于印发〈实施住房限购有关事项操作细则〉通知》《宁波市建设委员会关于进一步落实住房限购政策有关事项的通知》
湖北省	《武汉住房公积金管理条例》	《武汉市人民政府办公厅关于在我市部分区域实行住房限购限贷措施的通知》	《武汉市人民政府办公厅关于进一步促进我市房地产市场持续平稳健康发展的意见》《武汉市人民政府办公厅关于在我市部分区域实行住房限购限贷措施的通知》
江苏省	《南京市住房公积金管理条例》《江苏省省级机关住房公积金提取细则》	《中国人民银行南京分行关于调整南京市差别化住房信贷政策的通知》	《市政府办公厅关于进一步调整我市住房限购政策的通知》

续表

级别	住房公积金	信贷	限购
四川省	2013 年版《成都住房公积金提取管理办法》《四川省省级住房公积金个人住房贷款实施细则》	2018 年《四川省商业性个人住房贷款最低首付款比例实施方案》《成都住房公积金个人住房贷款管理办法》《四川省住房公积金贷款管理办法》川建发(〔2007〕108 号)	《成都市人民政府办公厅关于完善我市住房限购政策的通知》《成都市人民政府办公厅关于进一步完善我市房地产市场调控政策的通知》《成都市城乡房产管理局关于执行居民家庭在本市主城区限购住房政策几个具体问题的通知》
海南省	《海南省住房公积金管理局关于规范住房公积金缴存基数工作的公告》	《海南省个人商业性住房按揭贷款转住房公积金贷款管理办法》	《中共海南省委办公厅、海南省人民政府办公厅关于进一步稳定房地产市场的通知》(2018 年 4 月 22 日)、《海口市人民政府关于贯彻落实省住房城乡建设厅等三部门〈关于限制购买多套商品住宅的通知〉的实施细则》
山东省	《青岛市住房公积金管理实施办法》	《山东省个人住房公积金贷款管理暂行办法》(济银发〔2000〕188 号)	《济南市城乡建设委员会、济南市住房保障和房产管理局、济南市国土资源局、济南市公安局、济南市民政局关于贯彻执行住房限购政策有关事项的通知》
广西壮族自治区	《南宁住房公积金管理办法》《广西个人自愿缴存住房公积金管理办法》		《南宁市住房保障和房产管理局关于执行住房限购措施有关问题的通知》
河南省	《河南省住房公积金管理条例》(2004 年 8 月 1 日通过)	《河南省省直机关住房资金管理中心 关于住房公积金贷款政策调整的通知》2019 年 3 月	郑州市住房保障和房地产管理局《关于印发〈住房限购政策实施细则〉的通知》
福建省	《福建省个人住房公积金贷款管理暂行规定》(闽建〔2012〕18 号)	《福建省差别化住房信贷政策实施细则》2016 年《福建省个人住房组合贷款管理暂行规定》2018 年	厦门市国土资源与房产管理局《关于进一步取消思明区湖里区商品住房限购措施的意见》

级别	住房公积金	信贷	限购
江西省	《关于印发〈江西省住房公积金个人住房贷款业务规程(试行)〉的通知》(赣建字〔2014〕4号)	中国人民银行南昌中心支行《关于调整南昌市差别化住房信贷政策的通知》《南昌市人民政府办公厅关于促进我市房地产市场持续平稳健康发展的若干意见》(洪府厅发〔2016〕108号)	《南昌市人民政府办公厅关于进一步做好房地产住宅市场调控工作的通知》江西省九江市住房保障和房产管理局《关于在我市中心城区实行住房限购政策的通知》(九府厅函〔2017〕58号)《关于进一步加强房地产市场调控工作的通知》(赣市府办发〔2017〕10号)
黑龙江省	《关于印发哈尔滨市住房公积金提取管理规定的通知》(哈房公委发〔2011〕2号)	《黑龙江省住房公积金个人住房贷款管理暂行规定》2016年1月1日起正式实施	《哈尔滨住房保障和房产管理局关于落实住房限购政策有关事项的通知》

财政部、中国人民银行、公安部联合发布《关于开展治理违规提取住房公积金工作的通知》(建金〔2018〕46号),规定对同一人多次变更婚姻关系购房、多人频繁买卖同一套住房、异地购房尤其是非户籍地非缴存地购房、非配偶或非直系亲属共同购房等申请提取住房公积金的,要严格审核住房消费行为和证明材料的真实性。

根据《当代中国大城市青年婚恋问题调查报告——来自北京市的实证分析》,没有房产的情侣更有可能推迟结婚,双方的房产拥有情况会影响两个人的结婚打算,88.04%的双方均有房产的情侣有结婚打算,"男方有房、女方无房"的情侣中有77.69%有结婚打算,"女方有房、男方无房"的情侣中有72.17%打算结婚,"双方均无房"情侣打算结婚的占比最低(68.12%)。[1] 82.05%的青年认为自己如果拥有房产,会更容易找到配偶,有68.48%的青年表示如果自己拥有北京户口则更容易找到对象;35.66%

---

[1] 廉思等:《中国青年发展报告 No. 3:阶层分化中的联姻》,社会科学文献出版社,2017,第20页。

的单身青年认为自己的理想配偶一定要有房产，32.66%的单身青年表示自己的理想配偶一定要具有北京户口。可见青年认可了房产和户口在婚配过程中的重要性，且房子的重要性要大于户口，房产对于男性的重要性要大于女性。[①] 2011年出台的《婚姻法司法解释三》第七条规定，婚后由乙方父母出资为子女购买的不动产，产权登记在出资人子女名下的，可按照婚姻法第十八条第（三）项的规定，视为只对自己子女一方的赠与，该不动产应认定为夫妻一方的个人财产。而婚姻法中明确规定的个人财产，在出售时若夫妻双方各有一套房产却要以家庭为单位按照出售二套房的标准缴纳高达20%的差额税，法律与政策之不相匹配显而易见。[②]

（六）母婴保健政策

母婴保健政策主要涉及婚前检查、产前检查等。《母婴保健法》规定医疗保健机构为公民提供婚前保健服务及婚前医学检查，以保证将来的婴儿有健康的父母；医疗保健机构要为孕产妇提供胎儿保健服务，防止有严重先天性疾患的胎儿出生；要对婴儿进行体格检查和预防接种，并逐步开展新生儿疾病筛查、婴儿多发病和常见病防治等医疗保健服务，以实现人口的优生优育。具体而言，婚前检查各地规定各有不同，比如北京市要求在检查中发现检查对象患有影响结婚、生育的疾病的，主检医师应对其提出医学指导意见，并在《婚前医学检查证明》上注明；上海市则规定婚前医学检查需涵盖严重遗传学疾病、指定传染病、有关精神病。在孕产期保健方面，各省份的规定系对《母婴保健法》第14~24条规定予以细化，如各省份对医疗保健机构所提供的孕产期的保健服务项目予以细化，对需要产前诊断的情形予以明确，禁止擅自进行胎儿性别鉴定，推行孕妇住院分娩，强调母乳喂养。江苏省对孕产期保健的规定比较全面，对保健项目的次数予以量化，且为孕

---

① 廉思等：《中国青年发展报告 No. 3：阶层分化中的联姻》，社会科学文献出版社，2017，第63页。

② 朱琳：《房地产调控政策对婚姻关系的影响——结合婚姻法的思考和探索》，《改革与开放》2014年第7期。

妇免费提供疾病排查项目。在婴儿保健方面，其一，提倡母乳喂养。为进一步落实母乳喂养，不同的省份提出了不同的落实措施，最普遍的措施为"医疗保健机构应当采取相应措施以提高婴儿的母乳喂养率"；要求单位配合工作的措施，例如不得安排其从事乳母禁忌有害的工作，① 为哺乳婴儿的母亲安排哺乳时间或设置哺乳室；② 要求机场、车站、码头、大型商场等公共场所应当设置母婴室等。③ 其二，建立母子健康手册制度，替代了原有的孕产妇保健手册和儿童保健手册，母子健康手册包含国家惠民利民卫生计生政策、免费提供的妇幼健康服务内容、重要的医学检查记录、健康教育知识、孕产妇的经历感受及孩子的成长记录5部分内容。④ 这些政策反映在卫健委发布的《中国妇幼健康事业发展报告（2019）》上，如全国产前检查率稳步提高，由1996年的83.7%上升到2018年的96.6%，产后访视率从1996年的80.1%上升到2018年的93.8%。2018年孕产妇死亡率为每10万人中18.3个，较1990年下降了79.4%。⑤ 可见，母婴保健对青年婚恋而言相当重要，孕产妇及婴儿死亡率的下降表明了我国对母婴保健的高度重视。

此外还有户口政策，各地标准也存在区别。以西安为例，西安市公安局出台的《2018年户籍工作"一指南、两规范"》，放宽了单位、社区集体户的家属随迁限制，本人在通过学历、人才、投资纳税落户的同时，可同步完成举家迁入。此外，西安还放宽投靠直系亲属的限制，不论父母是否退休、子女是否成年，均可自由投靠。而落户门槛相对较高的北京同样为人才亲属的随迁提供了便利。北京市人社局发布的《北京市引进人才管理办法（试行）》指出，引进人才无产权房屋的，可在聘用单位的集体户或聘用单位所

---

① 《北京市实施〈中华人民共和国母婴保健法〉办法》、《天津市实施〈中华人民共和国母婴保健法〉办法》、《四川省实施〈中华人民共和国母婴保健法〉实施办法》等。

② 《江苏省实施〈中华人民共和国母婴保健法〉办法》等。

③ 《江苏省实施〈中华人民共和国母婴保健法〉办法》等。

④ 《母子健康手册将全国统一》，http：//www.xinhuanet.com//health/2017 – 02/04/c _ 1120406707.htm，2019 – 11 – 21。

⑤ 妇幼健康司：《中国妇幼健康事业发展报告（2019）》，http：//www.nhc. gov.cn/fys/s7901/ 201905/bbd8e2134a7e47958c5c9ef032e1dfa2.shtml，2019 – 07 – 09。

在区人才公共服务机构的集体户办理落户，引进人才的配偶和未成年子女可随调随迁。

三 青年婚恋领域相关法律政策的主要问题

现行法律、政策在执行过程中，因为存在漏洞和不足，间接引发了一些负面问题。比如夫妻间财产归属与债务承担、婚姻无效和可撤销理由、离婚损害赔偿、涉外涉港澳台的婚姻关系；生育方面的胎儿性别鉴定、二孩相关问题、人工生育、社会抚养费，还包括其他的反家暴法的执行、未成年孕妈直播视频等等。下文将选取其中较为典型和有影响性的几个问题，逐一分析。

（一）假离婚假结婚现象频发

近年来涌现了一种为获得额外的经济利益而假结婚假离婚的现象，理由包括规避限购政策、拆迁、办准生证、落户、买车等，夫妻共谋套取政策红利，或者为了逃避债务，侵害第三方利益①。政策对于婚恋的影响主要体现在户口政策和住房政策上。具体而言，因户口收紧而选择与他人假结婚，或因购房而匆忙结婚、假离婚，二者均是为了规避政策障碍、谋取政策红利。18.89%的青年表示身边有很多因为买房而假离婚的现象，有37.49%的青年表示有但比较少见。②据统计，北京市2012年离婚数量为4.86万对，而在2013年离婚数量猛增至6.46万对，增幅达到32.9%，很大程度上是因为2013年出台调控楼市的"国五条"，对每户购买住房的数量进行管控，当事人则采用"假离婚"的手段规避管控政策。③不管出于何种理由的假离婚，都在一定程度上助长了离婚率的上涨，政府主导的单一议程设置模式难以满足多元化的公众需求。④假离婚本质上是对离婚权的滥用，违背了权利禁止

---

① 郭文成：《"假"离婚的"真"风险》，《中国妇女报》2017年3月15日。
② 廉思等：《中国青年发展报告 No. 3：阶层分化中的联姻》，社会科学文献出版社，2017，第64页。
③ 蔡立东、刘国栋：《司法逻辑下的"假离婚"》，《国家检察官学院学报》2017年第5期。
④ 禹黄姣、吴倩欣：《"假离婚"折射的公共政策漏洞及其完善》，《重庆社会科学》2013年第9期。

滥用的原则。① 当下离婚权的行使尚未受到合理的限制，滥用离婚权的法律效果与正确行使没有区别，可见现有的离婚体系陷入了一种尴尬的境地，一方面离婚权的过于个体化导致很多假离婚现象的蔓延，另一方面离婚权的过于绝对性导致权利主体的不可协调性，以至于社会无力应对假离婚造成的困境，反而减损了法律和政策的权威与公信力，侵蚀了主流伦理观念，② 不利于婚姻价值的实现。同时，也应该看到政策未能对现实问题做出正确的回应，比如限购政策阻止的并非恶意炒房的开发商和富商，而是真正对个人住房有需求的中、低阶层民众，为了购得住房或节省交易税费，只能选择钻空子假离婚。③

（二）家庭干涉婚姻自由

家庭干涉婚姻自由仍是一个典型问题。根据国家统计局《2015 年全国1% 人口抽样调查资料》公布的数据，2015 年，我国 20～34 岁青年群体中未婚青年占比 41.38%。但是，通过分析各年龄段青年群体的婚姻状况，可以发现，随着年龄的增长，未婚比例逐年下降，34 岁青年中未婚占比降至7.03%，40 岁以上未婚占比更是低至 3% 以下。根据《当代中国大城市青年婚恋问题调查报告——来自北京市的实证分析》，超过半数的未婚、没有恋爱对象青年感受到结婚压力，父母"逼婚"是结婚压力的最主要来源；④ 对于有恋爱对象而未结婚的青年而言，父母同样会通过行为来影响子女的婚恋观念和婚恋过程。47.2% 的青年表示会因为家人意见而改变择偶标准，28.15% 的青年表示有过因某一方父母的反对和干涉而失败的感情经历。⑤

---

① 齐恩平：《离婚权滥用的政策检视》，《南开学报》（哲学社会科学版）2018 年第 2 期。
② 齐恩平：《离婚权滥用的政策检视》，《南开学报》（哲学社会科学版）2018 年第 2 期。
③ 齐恩平：《离婚权滥用的政策检视》，《南开学报》（哲学社会科学版）2018 年第 2 期。
④ 廉思等：《中国青年发展报告 No.3：阶层分化中的联姻》，社会科学文献出版社，2017，第6 页。
⑤ 廉思等：《中国青年发展报告 No.3：阶层分化中的联姻》，社会科学文献出版社，2017，第57 页。

（三）彩礼问题争议大

送彩礼是我国民间婚礼中的一种重要风俗，是为了最终缔结婚姻关系而给付的，然而近年来一些地方出现天价彩礼、彩礼致贫、彩礼返还等棘手现象，揭示了现代社会的青年婚姻挤压问题和代际责任的履行能力问题。法律对此并未予以回应。《婚姻法司法解释（二）》规定，当事人请求返还按照习俗给付的彩礼的，如果查明属于以下情形，人民法院应当予以支持：（一）双方未办理结婚登记手续的；（二）双方办理结婚登记手续但确未共同生活的；（三）婚前给付并导致给付人生活困难的。适用前款第（二）、（三）项的规定，应当以双方离婚为条件。但是该司法解释尚未明确彩礼的范围和性质，规定中的"生活困难"应按照《婚姻法司法解释（一）》的生活困难来理解，即依靠个人财产和离婚时分得的财产无法维持当地基本生活水平，即应该是一种绝对困难，而不是相对困难。如重庆三中院判决，具有定金性质的彩礼协议无效，因其违反婚姻法规定及公序良俗。①

（四）夫妻忠诚协议认定标准不一

近年来，夫妻忠诚协议基本上涉及财产，并不涉及子女抚养问题。根据《婚姻法》第四条的规定，夫妻应当相互忠实，相互尊重；但司法解释（一）规定，当事人仅以第四条为依据提起诉讼的，人民法院不予受理；已经受理的，裁定驳回起诉。现实生活中，多数夫妻将忠诚协议转化为附条件的财产协议，因为婚姻法规定，夫妻可以约定婚姻关系存续期间所得的财产以及婚前财产归各自所有、共同所有或部分各自所有、部分共同所有。约定应当采用书面形式。青年夫妻签订忠诚协议并不鲜见，说明青年对财产在限制出轨方面的作用持积极态度。然而，各地法院对于夫妻忠诚协议的法律效力认定标准不一，有些法院认为此类协议仅具有道德效力，因为夫妻忠诚只是道德义务，非法定义务，故此类协议不属于《合同法》调整范围。有些

---

① 张景卫：《具有定金性质的彩礼协议无效》，《人民法院报》2019年4月11日。

法院认为人身协议无效、财产协议有效，但财产履行显失公平，比如按此协议履行则可能造成一方生活困难，而另一方获利极大，双方利益过于失衡，也对一方抚养孩子健康成长不利。这些迥异的司法实践也给青年带来了一定的困惑。

四　对策建议

经过多年的发展，我国青年婚恋领域的相关法律、政策已经趋于完善，随着社会的变迁、网络时代的发展以及多元价值观的共存，未来青年婚恋法律政策必将符合历史发展规律，回应发展需要。反思青年婚恋法律政策后，我们应从以下方面予以完善，以促进青年的婚恋生活。

（一）正确引导青年的婚恋观，提倡理性婚姻

目前高校教育体系普遍未将婚恋教育纳入其中，应提高其重要程度，培养青年对婚恋情感的忠实意识、责任意识，强化青年对个体的尊重、平等意识，引导青年对婚姻制度有崇敬意识，帮助青年树立理性健康的婚恋观，加强性健康教育和优生优育宣传教育，有针对性地开展青年婚恋服务工作，成立专门的青年交友部门，搭建青年交友平台，建立单身青年数据库。根据《第 13 次中国城市女性生活质量调查报告（2017 年度）》，婚姻状况对女性的生活压力有影响。已婚女性的首要压力是抚养教育孩子，其次为家务劳动；未婚女性的主要压力包括职场工作及知识、信息焦虑压力；离异和丧偶女性的情绪管理压力较大。[1] 在全国离婚纠纷一审审结案件中，73.4% 的案件原告性别为女性。[2] 应该将性别平等教育融入婚恋教育之中，倡导男女共同参与抚养教育孩子、共同承担家务劳动，提升其经营婚姻的能力，弘扬非

---

[1]　高博燕主编《中国女性生活状况报告 No. 12（2018）》，社会科学文献出版社，2018，第 18 页。

[2]　中国法院网：《司法大数据专题报告：离婚纠纷》，http：//www. court. gov. cn/fabu - xiangqing - 87622. html，2018 - 03 - 23。

暴力文化。与此同时，应该提倡理性婚姻，不草率结婚离婚，也不因户口、住房等外在因素而假结婚、假离婚。在全国离婚纠纷一审审结案件中，夫妻双方只有一方想离婚，另外一方不同意离婚的案件占比为 91.09%。[①] 因此，在民法典的编纂中，婚姻家庭编应该考虑设置离婚冷静期，即夫妻双方任何一方不愿意离婚的，可自婚姻登记机关收到离婚登记申请之日起一个月内撤回申请，不过应该设置限制性条件，比如排除吸毒、家暴、赌博等情形，避免增加受害方的人身危险性。

（二）细化彩礼规定，确保夫妻忠诚协议的效力

司法机关应该主动通过判例引导彩礼风俗，弘扬感情忠诚、相互包容的婚恋理念，积极号召废除不合理的高额彩礼。[②] 司法机关既要尊重毁约方的婚姻自由权，也要鼓励忠实于婚约，减少骗取彩礼的"骗婚"行为，因此，未领结婚证应该退还彩礼是处理彩礼纠纷的基本原则。[③] 政府部门可以以指导意见的形式对婚嫁彩礼限定标准，同时完善农村养老保障体系，减少农村因婚致贫的现象。同时还应该明确夫妻忠诚协议的效力，避免各地法院标准的不一造成青年对婚恋生活的不合理期待，以及形成对人身自由的错误看法。

（三）制定育儿配套措施，有效提高生育率

全面二孩政策的施行暴露了我国育儿配套措施的严重不足，政府应该推出相应的补救政策，增加相关的基本公共服务，比如鼓励设立月子中心，加强对月嫂、婴幼儿看护人员的培训，规范月子中心的母婴保健措施；推动在机场、车站等公共场所设置母婴室，方便母乳喂养；鼓励以社区为依托，兴办托儿所，保障托儿所的食品等方面的安全；设定育儿假期，强制男性休照

---

① 中国法院网：《司法大数据专题报告：离婚纠纷》，http：//www.court.gov.cn/fabu - xiangqing - 87622.html，2018 - 03 - 23。
② 刘勋：《彩礼风俗需要司法判例引领》，《人民法院报》2018 年 11 月 3 日。
③ 刘勋：《彩礼风俗需要司法判例引领》，《人民法院报》2018 年 11 月 3 日。

顾母婴假期；合理配置学前教育、中小学教育等公共服务资源，降低幼儿园学费，开设更多的公立幼儿园，引导和鼓励社会力量举办普惠性幼儿园以供家庭选择；就业领域禁止歧视二孩女性，在面试、职位提拔等方面保障女性的就业相关权益，如2020年1月8日最高检联合全国妇联发布的《关于建立共同推动保护妇女儿童权益工作合作机制的通知》提出，可对国家机关就业性别歧视提起公益诉讼，此为一个重要的保障创举；出台措施缓解育龄人口的经济压力，减轻照料子女的压力，促进家庭与事业发展的平衡。设置生育奖励机制，完善家庭的支持发展政策，对生育二孩的家庭发放补贴，减轻其经济负担；实施税收优惠，提供医疗保障，倡导健康的生育观念，鼓励更多的青年育龄家庭生育二孩，提升人口红利。

（四）科学审视限购限贷政策，完善房产分割制度

目前，我国部分城市的住房政策依然实施以家庭为单位的限购限贷，甚至捆绑户口，租售不同权。限购限贷是否能够抑制房价、减少炒房，是一个有待验证的问题，然而限购限贷虽然没有单独划分青年群体，但这一政策的施行必然会影响部分青年的购房计划，进而影响青年的婚恋规划甚至感情生活。因此，科学审视、合理评估限购限贷政策的执行效果相当必要，要落实租售同权制度。此外，还应该充分讨论"婚恋住房""减少税收"等鼓励性政策的可行性，以房产、减税等实际利益来刺激青年的结婚欲望。司法实践中应该注意房产分割，区分父母出资及赠与，区分婚前买房、婚期买房、婚后买房等情形。

B.8
青年在孕期、产期和哺乳期的假期权益研究

马春华*

摘　要：　本文讨论了青年在孕期、产期和哺乳期的假期权益，也就是
　　　　　国家对孕期、产期和哺乳期女性的假期政策。研究发现：
　　　　　①已经有的假期权益，假期和津贴的覆盖面都不足，许多脆
　　　　　弱群体实际上得不到生育保护；而收入较高的女性群体，假
　　　　　期津贴额度不足原工资的 100%；②缺乏一些必要的假期权
　　　　　益，比如全国性的法定陪产假，特别是带薪育儿假等等。本
　　　　　文基于此提出了相关的政策建议：扩大法定产假的覆盖面，
　　　　　延长法定产假的时间，或者出台法定育儿假；扩大生育保险
　　　　　的覆盖面，产假津贴的工资替代率达到 100%；出台全国法
　　　　　定陪产假，或者在育儿假中规定父亲的配额。

关键词：　青年　产假　陪产假　育儿假　哺乳假

　　青年在孕期、产期和哺乳期的假期权益，来源于国家对孕期、产期和哺
乳期的假期政策，属于家庭政策的一部分。主要包括产假、陪产假和育儿假
等等。假期政策，一方面能够给母亲提供足够的陪伴幼儿时间，已有研究表
明父母的陪伴和照料对于儿童早期发展非常重要，甚至会影响他们后来的学

＊　马春华，中国社会科学院社会学研究所副研究员。

155

业和工作成就;① 另外一方面,也能够保护母亲的健康,同时减少生育和照顾孩子对于母亲就业和收入的不利影响。② 同时,针对父亲的陪产假或者育儿假,也有利于推动父亲参与育儿,有利于推动家庭领域中的性别平等。

一 有关假期政策的定义

青年在孕期、产期和哺乳期的假期权益,主要表现为生育子女的工作父母,享受国家出台的相关时期的各项假期政策的权利。在许多国家,为了保护婴儿和母亲的健康、生育前后母亲的工作权利以及家庭的经济安全,工作父母常常都有权利享受一系列法定假期。其中最为常见的包括如下几种③。

其一,产假。一般只适用于母亲,产前产后都可以使用,目的是保障母亲和新生儿的健康。除了少数国家外,产假大部分都是有津贴的,而且额度取决于享受产假人的工资,收入替代率水平相当高,很多国家高达100%。

其二,陪产假。享受的一般是父亲,一般在孩子刚出生的时候使用,这样父亲就能有时间陪伴母亲、新生儿。陪产假一般也都是有津贴的,额度也取决于享受陪产假人的收入,收入替代率水平多是100%。

其三,育儿假。这是为了使父母都有时间在家照顾幼儿,父母都可以使用,用以保障父母育儿的时间。大多在产假结束之后使用。在不同的国家,育儿假有不同的性质:①不可转让的个人权利,父母都有固定的假期;②可转让的个人权利;③家庭的权利,父母可以选择均分假期。各个国家对于育儿假津贴有不同的规定,而且育儿假休假时间不同,育儿假津贴也不同。

① Heckman, J. J., "Skill Formation and the Economics of Investing in Disadvantaged Children", *Science*, 312 (2006), pp. 1900 – 1902.
② Glass, J., & Riley, L., "Family Responsive Policies and Eemployee Retention Following Childbirth", *Social Forces*, 76 (1998), pp. 1401 – 1435.
③ Blum, Sonja; Koslowski, Alison; Macht, Alexandra, and Moss, Peter, "14th International Review of Leave Policies and Related Research 2018", *The International Network on Leave Policies and Research*, https://www.leavenetwork.org/fileadmin/user_upload/k_leavenetwork/annual_reviews/Leave_Review_2018.pdf.

二 相关的政策法规

中国的假期政策，最早是被当作一种劳动保护政策，后来同时被视为计划生育政策的奖励政策，因此，相关法规主要体现在《女职工劳动保护规定》以及各省级层面的《中国人口和计划生育条例》之中。而在《社会保险法》和《生育保险法》中，可以看到假期津贴的筹资方式。

（一）全国性法定假期：产假

2018 年修订的《中华人民共和国妇女权益保障法》（1992 年颁布）明确要求，"任何单位均应根据妇女的特点，依法保护妇女在工作和劳动时的安全和健康。妇女在经期、孕期、产期、哺乳期受特殊保护"（第 26 条）。同时，"任何单位不得因怀孕、产假、哺乳等情形，降低女职工的工资，辞退女职工，单方解除劳动（聘用）合同或者服务协议"（第 27 条）。通过这些条款，妇女权益保障法确定了对于妇女的生育保护原则：一方面保障妇女生育前后在工作场所的健康和安全，另一方面保障妇女的工作和经济安全。但是，该法律没有给出对于受保护妇女的明确界定，所以法律的具体适用范围不明确。

中国和生育相关的全国性法定假期只有产假。1951 年的《中华人民共和国劳动保险条例》规定"女工人和女职员生育，产前产后共给假 56 日；产假期间，工资照发。由劳动保险基金项下付给生育补助费，其数额为五尺红市布"（第 16 条）。1988 年《女职工劳动保护规定》，延长"女职工产假为 90 天……多胞胎生育的，每多生育一个婴儿，增加产假15 天。女职工怀孕流产的，其所在单位应当根据医务部门的证明，给予一定时间的产假"（第 8 条）。同时提出："有不满 1 周岁婴儿的女职工，其所在单位应当在每班劳动时间内给予其两次哺乳（含人工喂养）时间，每次 30 分钟。每多哺乳一个婴儿，每次哺乳时间增加 30 分钟"（第 9 条）。1994 年出台的《劳动法》在法律层面确认产假不少于 90 天

（第 62 条）。

2000 年，国际劳工组织（International Labour Organization）出台了《保护生育公约》（183 号公约），规定了产假的时长、津贴额度和筹资方式等等。在此基础上，2012 年中国通过了《女职工劳动保护特别规定》：

（1）根据 183 号公约设定关于"妇女须有权享受不少于 14 周的产假"的规定，"女职工生育享受 98 天产假"（第 7 条）。"其中产前可以休假 15 天；难产的，应增加产假 15 天；生育多胞胎的，每多生育 1 个婴儿，可增加产假 15 天。女职工怀孕未满 4 个月流产的，享受 15 天产假；怀孕满 4 个月流产的，享受 42 天产假"（第 7 条）。

（2）规定了产假津贴的给付。"女职工产假期间的生育津贴，对已经参加生育保险的，按照用人单位上年度职工月平均工资的标准由生育保险基金支付；对未参加生育保险的，按照女职工产假前工资的标准由用人单位支付"（第 8 条）。产假津贴标准超过了国际劳工组织 183 号公约要求的"原来工资的三分之二"。对于低收入的女性来说，津贴额度可能还超过生育前收入。

（3）规定了产假津贴的筹资方式，是生育保险加雇主负担的混合模式，以生育保险为主。这一点也符合国际劳工组织 183 号公约的规定"由强制社会保险或者公共基金或者国家法律规定的方法提供津贴，而不是雇主独自承担支付的责任"。

与 1988 年的《女职工劳动保护规定》相比较，2012 年的适用范围更大，从"一切国家机关、人民团体、企业、事业单位（以下统称单位）的女职工"（第 2 条），扩展到"中华人民共和国境内的国家机关、企业、事业单位、社会团体、个体经济组织以及其他社会组织等用人单位及其女职工"（第 3 条）。虽然个体经济组织和其他社会组织已经被包含在内，但是超过城镇女性就业比例一半以上的非正规就业的女性雇员，[1] 还有从事农业生产劳动的女性等都没有被包括在内。也就是说，

---

① 袁霓：《中国女性非正规就业研究》，首都经济贸易大学博士学位论文，2013，第 30 页。

没有像国际劳工组织 183 号公约规定的那样，包括"从事非典型形式的隶属工作的妇女"。

（二）假期法规的区域性差异

中国的法定产假是全国性的，但是各个省级区域对于法定产假还有补充规定，特别是 2016 年 1 月 1 日实施全面二孩政策以来。为了鼓励生育二孩，除了河北、湖北、青海外，其他省级区域都对本地的《人口和计划生育条例》进行了修订。国务院 2012 年出台《女职工劳动保护特别规定》之后，江西、河南、湖南、四川、河北、山西、宁夏等省级区域对各自的《女职工劳动保护规定》或者相关施行办法进行了修订。

1. 产假

总体来说，在全国法定产假的基础上，各个省级区域都至少增加了 30 天的产假，都是各省份《人口和计划生育条例》奖励的一部分。和法定产假一样，增加的产假的津贴都是单位职工的平均工资（生育保险）或者 100% 的原工资（用人单位负担）。享受这些延长产假的资格条件都是"按照政策生育"，没有提及女性适用范围，也没有提及如何筹措津贴。在这种情况下，只能以全国政策为准。

增加了 30 天产假的省级区域一共有 9 个，包括：北京、上海、天津、重庆、浙江、江苏、湖北、青海、吉林；增加 50 天产假的是广西；增加了 60 天产假的省级区域一共 13 个，包括：河北、辽宁、内蒙古、宁夏、新疆、山东、山西、安徽、湖南、江西、云南、贵州、四川；增加 70 天产假的是陕西；增加 80 天产假的是广东；增加 82 天产假的是黑龙江和甘肃；增加 90 天产假的是海南和河南；给出全部产假 1 年的是西藏。福建是个例外，给出的全部产假是 158～180 天，也就是增加 60～82 天。

不同的省级区域产假的时长差异还是很大的。四个直辖市和经济相对较为发达的浙江、江苏，增加的产假都是最少的，只有 30 天；增加 60 天产假的省级区域是最多的。总体来说，在实践中，中国的法定产假平均为 5.4 个月。

2. 陪产假

中国没有全国性的法定陪产假，但是在各个省级区域的《人口与计划生育条例》中，配偶的陪产假（护理假）都被视为一种奖励。享受条件是配偶按照规定生育，大部分的津贴都是 100% 的原工资。对津贴的筹资方式没有明确规定，但从条例的陈述来看，"工资待遇不变"，也就是说由雇主来承担。同时，和其他国家陪产假性质不同，这个假期在条例中一般都被称为"护理假"，因为强调的是丈夫对于刚刚生育妻子的照顾。

总体来说，各个省级区域的陪产假长度差异也很明显。从最少的只有 7 天，到最长的 30 天。还有三个省级区域的规定比较复杂。安徽一般是 10 天，两地分居者是 20 天；陕西一般是 15 天，两地分居者是 20 天；青海一般是 10 天，独生子女家庭是 15 天。总体来说，各个省级区域的育儿假平均长度是 17 天。

对陪产假（护理假）的津贴筹资来源，没有明确的规定。但是，辽宁、湖北、内蒙古和宁夏四个省级区域有关生育保险的法规明确规定，如果配偶合法生育，男性也参加了生育保险，那么陪产假的津贴由生育保险基金支付。同时，对于享受权益的资格条件，辽宁和宁夏还有额外的规定：辽宁的《辽宁省直属企业职工生育保险实施办法》因为是 1998 年颁布的，因此要求女性晚育；宁夏的《宁夏回族自治区职工生育保险办法》2007 年出台，要求在产假期间领取《独生子女父母光荣证》。

3. 育儿假

到目前为止，中国还没有法定育儿假，但是一些省级区域在《人口和计划生育条例》中设定了类似育儿假的假期。比如，2010 年修订的《上海市女职工劳动保护办法》规定，"女职工生育后，若有困难且工作许可，由本人提出申请，经单位批准，可以请哺乳假六个半月"，而且"哺乳假的工资按本人原工资的百分之八十发给"。根据这些规定，只要单位同意，女职工就有 6.5 个月的哺乳假。但是条例没有说明这是否包括产假。如果包括产假，就可以申请 3 个月额外的哺乳假；如果不包括产假，那么就可以额外申请 6.5 个月哺乳假。这些假期虽然被称为"哺乳假"，但是实际上方便母亲哺乳只是其中一个目的，更重要的目的是保证工作母亲可以兼顾工作和育儿。

除了上海之外，宁夏、河北、天津、重庆、福建、浙江、江西、湖南、海南、广西等省级区域有类似的假期。除了天津和广西之外，其他的省级区域都是在产假结束后，如果抚育婴儿有困难的，本人申请，单位同意，可以请假到孩子满 1 周岁。工资替代率各不相同，最低的福建是 60%，最高的浙江是 100%，河北、江西、广西、宁夏是由劳资双方商定或者按照集体合同的标准执行。广西的育儿假是最长的，可以在产假结束之后请 6～12 个月的育儿假，广西本身的产假是 148 天（98＋50 天）。也就是说，广西的新生儿母亲最长可休差不多 17 个月，育儿假期间的工资替代率也高达 80%。

2017 年《关于调整西藏自治区干部职工两孩生育津贴待遇的通知》明确，"凡西藏自治区户籍，各社会组织、企事业单位、行政机关在职干部职工，符合法律法规生育子女的，女方每胎享受一年产假（含法定产假）"，这个假期实际上更类似于育儿假。根据 2016 年颁布的《西藏自治区城镇职工生育保险办法》，那些企业和民办非企业单位的女职工，如果顺产则可以享受 120 天的生育津贴（包括 15 天产前假）。如果在产假期间领取《独生子女父母光荣证》，那么最长可以享受 360 天的生育津贴：前 180 天假期，可以享受 100% 生育津贴，后 180 天假期，可以享受 65% 的生育津贴。

这些有育儿假的省级区域，都是在 2000 年之后修订了《人口和计划生育条例》，或者《女职工劳工保护办法》之类的法规。这些新的规则，说明政府已经意识到新生儿母亲面临工作和家庭的激烈冲突，已有的产假不足以帮助她们减少这种冲突和焦虑。但是，虽然已经出台这些规定，而且假期津贴的工资替代率都相对较高，但是对津贴的具体筹资方式并没有给出明确的规定。而获得这些假期的条件都包括"单位同意"，隐含着单位同意休假和支付相关津贴的意思。完全依靠雇主提供这类津贴，使这些假期的实际使用率堪忧。

4. 哺乳假

1988 年国务院颁布的《女职工劳动保护规定》就有有关哺乳假的规定，

2012 年的《女职工劳动保护特别规定》也延续了 1988 年有关哺乳假的规定："对哺乳未满 1 周岁婴儿的女职工……用人单位应当在每天的劳动时间内为哺乳期女职工安排 1 小时哺乳时间"（第九条）。对于哺乳假，各个省级区域也各有不同的规定。

吉林、宁夏、山西、河南、河北、江西、湖北、湖南、广西等九个省级区域的《女职工劳动保护规定》提出：如果婴儿年满 1 周岁，但是有医疗证明为体弱儿童的，经本人提出，该女职工的哺乳期可以适当延长，但最长不能超过 6 个月。广西是不能超过 3 个月。也就是说这些省级区域的女职工，如果孩子身体状况不佳，每天一个小时的哺乳假，可以延长到孩子长至一岁半（广西是一岁三个月）。

还有几个省级区域，直接给父母提供可以在家照顾病弱儿童的哺乳假。四川省根据 2016 年修订的《女职工劳动保护规定》，规定：在产假结束后，如果因婴儿身体较弱，或本单位没有相关的托幼设施，上班路程又较远的，经本人申请、单位批准，可请六个月哺乳假。休假期间，工资按本人标准工资的 80% 发给。陕西是 3~6 个月，工资 100%。这两个省份的哺乳假和前述其他省级区域育儿假的区别在于，其资格条件包括了孩子身体病弱。这些哺乳假的津贴明显也是由雇主承担。

5. 相关假期

除了这两种假期外，《女职工劳动保护特别规定》中还涉及两种特殊的假期。一种是保胎假："对怀孕 7 个月以上的女职工，用人单位不得延长劳动时间或者安排夜班劳动，并应当在劳动时间内安排一定的休息时间"；还有一种是产前假：女职工享受的产假中，"其中产前可以休假 15 天"。在各省级区域的《女职工劳动保护规定》中，对这些假期有着不同的规定。

上海、广东、广西、海南、湖北、湖南、山西、吉林等 8 个省级区域的《女职工劳动保护规定》指出：女职工怀孕 7 个月以上的，每天安排 1 小时工间休息。浙江、安徽、江西、河南、山西、甘肃、青海等 7 个省级区域的《女职工劳动保护规定》指出：对怀孕不满 3 个月而且妊娠反应严重，或者怀孕已经 7 个月以上的，在每天的劳动时间内安排其休息 1 小时。江西是个例外，这种情况下每天额外休息时间是 0.5 小时。

而产前假除了全国法定产假中的 15 天之外，江西：根据医疗机构证明，需保胎休息三个月以上的，发工资的 70% ~ 100%；有习惯性流产史的，经医疗机构证明，发 100% 工资。上海：女职工妊娠七个月以上，如果工作许可，本人自己申请，经单位批准，可请产前假两个半月，产前假的工资为本人原工资的 80%。江苏：如果怀孕七个月以上（含七个月），经过单位批准，有资格享受 60 天的产前假，工资为原工资的 80%；湖北：女职工如果怀孕 28 周以上，经单位批准，可以请假休息，而且休息期间的工资不得低于该职工原工资的 75%，并且不得低于当地最低工资标准。

（三）生育保险制度

假期的长短是假期政策的一个重要构成因素，而假期的津贴和如何筹集津贴是假期政策另外两个重要构成因素。如前所述，根据 2012 年《女职工劳动保护特别规定》，产假津贴的额度，如果是参加生育保险的，按照用人单位月平均工资支付；未参加生育保险的，由用人单位按照女职工产假前工资支付。这种规定对于收入较高的女性来说是不利的，因为产假工资替代率可能不到 100%。所以诸如湖南之类的部分省份要求，"如果低于本人工资标准的，由单位补足"，也就是保证所有的女性享受的产假津贴的工资替代率都达到 100%。如果产假津贴额度不足，可能会影响产假的使用率，也会对家庭经济安全造成威胁。

产假津贴的筹资方法是混合模式，同时并行生育保险制度和雇主独自承担。这个模式对于减少劳动力市场针对女性的歧视尤为不利，如果雇主直接承担产假的所有成本，妇女就业受到歧视的可能性更大。[1] 因此，从 20 世纪 50 年代起，政府就致力于推行生育保险的筹资模式。2012 年《生育保险

---

[1] Addati, Laura, "Extending Maternity Protection to All Women: Trends, Challenges and Opportunities", *International Social Security Review*, 68 (2015), pp. 69 – 93.

办法（征求意见稿）》中，更强调缴费是按照单位所有职工的工资总额进行缴纳，也就是单位无论是雇佣男工还是女工，都需要缴纳生育保险费，减少了女性因此在劳动力市场受到歧视的可能。

2018 年修订的《中华人民共和国社会保险法》（2010 年颁布），把生育保险列为和基本养老保险、基本医疗保险、工伤保险、失业保险并重的保险。2012 年人力资源和社会保障部出台的《生育保险办法（征求意见稿）》中，明确将生育保险的覆盖范围确定为"国家机关、企业、事业单位、有雇工的个体经济组织以及其他社会组织等各类用人单位及其职工"（第 2条），和 2012 年《女职工劳动保护特别规定》确定的覆盖范围大致一致，但强调有雇工的个体经济组织，比后者范围更狭窄。

和产假制度一样，有关生育保险的法规各个地方也差异颇大：①缴费比例不同，最低的上海等地为 0.5%，最高的广东为 1%；②享受的资格条件不同，缴费时间最多 12 个月，最少也要 3 个月；北京、上海还有本地户籍的要求；③覆盖面不同，广东、海南特别强调了基金会、律师事务所、会计师事务所涵盖在内，海南的外国人可以参照实施；上海本地户籍的农村参保妇女也可参照实施；④生育津贴的计算标准不同；⑤生育保险待遇不同；⑥对于配偶的待遇不同。

三 中国假期政策使用情况

（一）产假：长度

根据 2010 年第三次全国妇女社会地位调查的结果，已生育孩子的妇女中，曾经享受产假的比例为 29.67%。分城乡来看，城镇地区妇女享受过产假的比例为 53.09%，农村地区仅为 4.14%。但是，如果只计算正规就业，已生育孩子的妇女中，曾经享受过产假的比例为 97.91%。也就是说，凡是政策覆盖的妇女基本都能够享受产假，但是全体女性的覆盖率相当低。

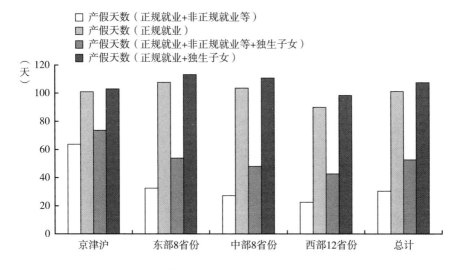

图1 不同就业状况和不同子女状况的母亲享受的平均产假

资料来源：2010 年第三次全国妇女社会地位调查。

如图 1 所示，如果只计算正规就业的女性，平均享受产假的天数为
100.94 天，中位数是 90 天；独生子女的母亲享受的产假平均天数稍
多，为 106.98 天，中位数也是 90 天。中位数和法定产假一致。但是，
由于法定产假覆盖面有限，如果把非正规就业、农业劳动等女性包括在
内，则女性享受产假的平均天数下降到 30.66 天，独生子女母亲稍高于
所有母亲的，但是相对于正规就业独生子女母亲也大幅下降，只有
52.01 天。

如果分区域来看，从图 1 可以看到，只考虑正规就业的情况下，几个区
域的差异还是不大的。但如果考虑到非正规就业、农业劳动等因素，几个区
域就出现了明显的差异：独生子女的母亲享受产假的平均天数，京津沪为
73.34 天，最少的西部 12 省份为 42.34 天，后者是前者的 57.73%；所有母
亲享受产假的平均天数，京津沪为 63.43 天，最少的西部 12 省份为 22.35
天，后者只是前者的 35.24%。这可能和不同区域的就业结构有关，而法定
产假覆盖面就受到就业结构的影响。

国外相关研究表明，产假越长，母亲在家的时间越长，选择母乳喂养的可能性越大。[①] 而母乳喂养能够有效地降低儿童的患病率，降低婴幼儿死亡率，有助于儿童的认知发展。[②] 2010 年全国妇女社会地位调查的数据也表明，产假时间长短和母乳喂养时间长短在 $p = 0.01$ 水平上是显著相关的，也就是说产假时间越长，母乳喂养的时间越长，但是两者的相关系数不高。所有儿童母乳喂养时间为 12.38 个月，独生子女的母乳喂养平均为 11.02 个月，独生子女的母乳喂养时间反而稍短。

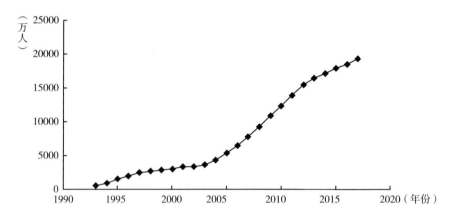

图 2　历年生育基金参保人数

数据来源：国家统计局人口和就业统计局等编《中国劳动统计年鉴（2019）》，中国统计出版社，2019。

（二）产假：津贴

产假的长度是一个要素，另外一个要素是产假津贴。在所有省级区域，生育保险都是产假津贴的主要筹资方式。从图 2 可以看出来，中国生育保险

①　Hammer, L. D., Bryson, S., & Agras, W. S., "Development of Feeding Practices during the First 5 Years of Life". *Archives of Pediatrics & Adolescent Medicine*, 153 (1999), pp. 189 – 194.

②　Hetzner, N. P., Razza, R., Malone, L. M., & Brooks Gunn, J., "Associations between Feeding Behaviors during Infancy and Child Illness at Two Years". *Maternal and Child Health Journal*, 13 (2009), pp. 795 – 805.

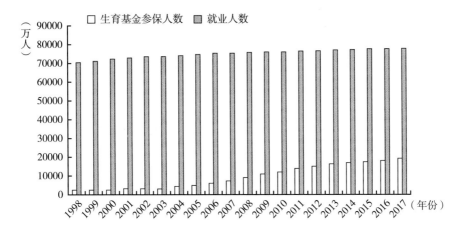

图3 历年就业人数和生育基金参保人数

数据来源：国家统计局官网年度数据，http：//data. stats. gov. cn/easyquery. htm? cn = C01。

参保人数稳步上升，特别是 2004 年以后，每年增长比例都超过 20%，到 2016 年参保人数已经超过 1.8 亿。但是和就业人数相比如何呢？从图 3 可以看出，在过去 20 年中，就业人数增长的幅度有限，1998 年的就业人数为 70637 万人，2017 年也只有 77640 万人，增长人数略多于 7000 万；而生育保险参保人数，1998 年为 2776.7 万人，2017 年为 19300 万人，增加了将近 6 倍。

因此，虽然生育保险参保人数相对于就业人数有了大幅增长，占比从 1998 年的 3.93% 增加到 2017 年的 24.86%；但是，同养老保险、基本医疗保险的参保人数相比，生育保险的参保人数还是相对较少的。2017 年，"参加城镇职工基本养老保险的人数为 40293 万人，参加职工基本医疗保险的人数为 30223 人"。[①] 这也是 2017 年国务院办公厅发文进行生育保险和职工基本医疗保险合并实施的初衷之一，也就是说想要提高生育保险的缴纳比例。

从上面的分析可看出，虽然生育保险参保人数大幅上升，但相对于生育

---

① 人力资源和社会保障部：《2017 年度人力资源和社会保障事业发展统计公报》，2018，http：//www. clssn. com/html1/report/20/1135 – 1. htm。

妇女的总量来说覆盖面还是不足的，实际上大部分妇女和她们的家庭都无法从中受益。生育保险待遇包括生育医疗费用和产假津贴。2010年，71.04%的妇女生育的时候是全部自费的。独生子女家庭这个比例也有58.27%，而非独生子女家庭的该比例高达84.46%。因为2010年，独生子女是最符合生育政策的生育行为，因此我们在表1中比较了不同区域独生子女出生时，生育医疗费用的负担方式。从数据结果可以看出来，区域差异是非常明显的。京津沪"全部免费/报销"的比例是最高的，而其他省份"全部自费"的比例更高。这说明京津沪地区的女性生育独生子女的时候得到经济支持的比例是最高的。

表1 2010年中国妇女生育独生子女时分娩费用负担方式

负担方式	区域				合计
	京津沪	东部8省份	中部8省份	西部12省份	
全部免费/报销	419 （48.33%）	340 （17.24%）	294 （15.48%）	225 （15.33%）	1278 （20.59%）
定额补贴	10 （1.15%）	37 （1.88%）	60 （3.16%）	45 （3.07%）	152 （2.45%）
部分报销	159 （18.34%）	342 （17.34%）	300 （15.80%）	307 （20.91%）	1108 （17.85%）
全部自费	275 （31.72%）	1238 （62.78%）	1235 （65.03%）	868 （59.13%）	3616 （58.27%）
不清楚	4 （0.46%）	15 （0.76%）	10 （0.53%）	23 （1.57%）	52 （0.84%）
合计	867 （100.0%）	1972 （100.0%）	1899 （100.0%）	1468 （100.0%）	6206 （100.0%）

数据来源：2010年第三次全国妇女社会地位调查。

至于产假津贴，根据2010年第三次全国妇女社会地位调查的结果，只有35.85%的女性休产假的时候收入和产前差不多，独生子女出生的时候这样的也只占38.76%，还有26.00%的没有任何收入。如表2所示，如果分区域来看，京津沪几个直辖市的女性，虽然生育医疗费用全部报销比例比较高，但是收入和产假收入差不多的比例是最低的，这可能和京津沪的女性收入相对比较高有关，因为职工月平均工资是包括所有职工在内的，无论性别，故这些生育女性的产假津贴会低于产前收入。

表 2　2010 年中国独生子女母亲产假休假期间的收入

收入	区域				合计
	京津沪	东部 8 省份	中部 8 省份	西部 12 省份	
与产前差不多	223 （33.38%）	442 （38.10%）	450 （43.69%）	334 （37.95%）	1449 （38.76%）
只有基本工资	329 （49.25%）	345 （29.74%）	294 （28.54%）	232 （26.36%）	1200 （32.10%）
只有部分 生活补贴	16 （2.40%）	31 （2.67%）	18 （1.75%）	16 （1.82%）	81 （2.17%）
没有收入	94 （14.07%）	329 （28.36%）	256 （24.85%）	293 （33.30%）	972 （26.00%）
不清楚	6 （0.90%）	13 （1.12%）	12 （1.17%）	5 （0.57%）	36 （0.96%）
合计	668 （100.0%）	1160 （100.0%）	1030 （100.0%）	880 （100.0%）	3738 （100.0%）

数据来源：2010 年第三次全国妇女社会地位调查。

（三）陪产假

中国没有全国统一的法定陪产假，但是不同省级区域在《人口与计划生育条例》中都规定了男性可以带薪享受晚育护理假。根据 2010 年第三次全国妇女社会地位调查的数据，丈夫陪护假的平均天数为 1.67 天，独生子女父亲是 2.58 天。而 2016 年全面实施二孩政策，各地区修订人口与计划生育政策之后，父亲陪产假天数最少的也有 7 天。从覆盖面来看，有陪产假的父亲占 19.37%。即使陪产假是对独生子女家庭的一种奖励假期，享受陪产假的独生子女父亲的比例也只有 29.93%。这严重限制了父亲参与育儿的可能。当然，值得一提的是，是否休陪产假的父亲比例，除了受到相关法规覆盖面的影响，也受到父亲是否使用这个陪产假的影响。国外相关研究表明，父亲使用陪产假的比例是相当低的。

表3　2010年中国独生子女父亲育儿假休假情况

休假时间	区域				合计
	京津沪	东部8省	中部8省	西部12省	
0天	640 （73.90%）	1396 （70.76%）	1365 （71.77%）	1013 （68.91%）	4414 （71.07%）
7天以内	113 （13.05%）	333 （16.88%）	257 （13.51%）	194 （13.20%）	897 （14.44%）
8~15天	60 （6.93%）	125 （6.34%）	79 （4.15%）	122 （8.30%）	386 （6.21%）
16~30天	14 （1.32%）	27 （1.37%）	46 （2.42%）	35 （2.38%）	122 （1.96%）
31天以上	6 （0.69%）	5 （0.25%）	11 （0.58%）	8 （0.54%）	30 （0.48%）
不清楚	33 （3.81%）	87 （4.41%）	144 （7.57%）	98 （6.67%）	362 （5.83%）
合计	866 （100.0%）	1973 （100.0%）	1902 （100.0%）	1470 （100.0%）	6211 （100.0%）

数据来源：2010年第三次全国妇女社会地位调查。

四　享受假期权益面临的问题

从前面的分析可以看出来，中国现在的青年享受孕期、产期和哺乳期假期权益的时候，面临的问题主要有两类：（1）已经有的假期权益，假期和津贴的覆盖面都不足，许多脆弱群体实际上得不到生育保护；而收入较高的女性群体，假期津贴额度不足原工资的100%；（2）缺乏一些必要的假期权益，比如全国性的法定陪产假，特别是带薪育儿假等等。国务院2012年出台《女职工劳动保护特别规定》，已经把1988年的法定产假的覆盖面扩展到了个体经济组织和其他社会组织的层面上。但是和其他国家相比，和国际劳工组织183号公约的要求相比，中国的产假覆盖面还是不足的。在中国，占就业女性比例超过一半的非正规就业的女性群体，从事农业劳动的女性群体，数量庞大而且本来就是就业女性中相对脆弱的群体，生育保险没有覆盖到她们，城镇职工养老保险和城镇职工基本医疗保险也没有把她们纳入其中，不过从事农业劳动的还可以参加城乡居民养老保险或者城乡居民医疗保险。她们的生育没有得到应有的保护和支持。

生育保险覆盖面没有涉及的主要是低收入女性群体，而高收入女性群体大多数都会被法定产假和生育保险所覆盖。但是，生育保险基金提供的生育津贴是依据职工的平均工资而定的，就会导致这些女性群体，在生育和休产假期间，收入低于其工资。除了那些要求在生育津贴低于工资的时候，用人单位予以补足的省级区域外，其他地方的高收入女性不得不面对生育期间收入下降的困境。这也是很多女性放弃产假权益，尽快回到劳动力市场的一个重要原因。而这对于母婴的生理和心理健康都是不利的。

孕期、产期和哺乳期的假期权益，涉及一系列假期政策，但是现在全国层面上的只有法定产假，还有"用人单位应当在每天的劳动时间内为哺乳期女职工安排 1 小时哺乳时间"的哺乳假。陪产假是省级层面的各自规定，育儿假是三分之一左右的省级区域给出的冠之以"哺乳假"名义的假期。现金津贴、假期政策和儿童托育系统，构成了国家对于家庭住户的支持模式。中国现在没有普惠性的现金津贴，现有的公立儿童托育系统又匮乏，现有的孕期、产期和哺乳期的假期权益也不足以帮助家庭主要是女性实现工作和家庭的平衡。而且这还会影响女性的持续就业，给女性带来和母亲身份相关的收入惩罚。[1] 这对儿童生理健康和认知发展都会带来不利的影响。

五　相关政策建议

国家应该通过完善或者出台孕期、产期和哺乳期的相关法规，保障青年在这些时期的假期权益，支持家庭育儿。艾斯平－安德森指出，国家是重塑

---

[1] Glass, J., & Riley, L., "Family Responsive Policies and Employee Retention Following Childbirth", *Social Forces*, 76（1998）, pp. 1401－1435.

女性的劳动力市场参与和家庭行为的重要因素之一。① 国家的社会政策和实践的不同,影响着女性相关的决定,包括是否生育,是否重返劳动力市场,如何在工作和家庭之间达成平衡。② 国家的假期政策从根本上传递着社会的价值观和期望,也就是说,国家和社会希望幼儿的父母如何在工作和照顾幼儿之间分配时间。③

跨国研究表明,下面这五种假期都是实践中取得最好效果的:①慷慨的假期;②父母都有无法转让的假期额度;③普惠的制度,资格条件限制不严苛;④津贴的筹资结构,通过社会保险项目来分担雇主的风险;⑤时间的灵活性。④ 有较长的假期,父母才能有充足的时间照顾婴儿;有"父亲额度"的存在,父亲才可能真正参与育儿;有普惠的制度,才可能惠及大多数人;津贴通过社会保险来筹资,才能避免女性在劳动力市场遭歧视;而灵活的工作制度是实现工作和家庭生活平衡的基本要素。⑤

(一)扩大法定产假的覆盖面

正如国际劳工组织1975年通过的《女工机会和待遇平等宣言》所宣称的那样,生育是一种社会功能,所有的女工都应该有权享受国际劳工组织183号公约规定的充分生育保护,生育保护是基本的劳动权利。在所有条件下工作的妇女,她们及其孩子的健康都应该受到社会的保护,她们不会因为生育而导致经济保障和职业安全受到威胁,也不会因此承受各种形式的歧

---

① Esping – Andersen G. , *The Incomplete Revolution*, *Adapting to Women's New Roles*. Cambridge: Polity Press, 2009, pp. 19 – 20.

② McRae S. , "Choice and Constraints in Mothers, Employment careers: McRae Replies to Hakim". *British Journal of Sociology* 54 (2004), pp. 585 – 592.

③ Bronfenbrenner, U. Ed. , *Making Human Beings Human*: *Bioecological Perspectives on Human Development*. Thousand Oaks, CA: Sage, 2005.

④ Ray, R. , Gornick, J. C. , & Schmitt, J. , *Parental Leave Policies in 21 Countries*: *Assessing Generosity and Gender Equality*. Washington, DC: Center for Economic and Policy Research, 2009.

⑤ Hill, E. J. , Hawkins, A. J. , Ferris, M. , & Weitzman, M. , "Finding an Extra Day a Week: The Positive Influence of Perceived Job Flexibility and Work Family Life Balance", *Family Relations*, 50 (2001), pp. 49 – 58.

视。从前面的分析可以看到，中国产假覆盖面在扩大，但是还有大部分女性没有被覆盖。

有些省级区域的规定更进一步扩大了女职工生育保护的范围，比如上海把农村劳动妇女纳入。但是，从全国范围来看，还至少有一半的就业女性没有得到生育保护（参见上文关于《女职工劳动保护法》的讨论内容）。政府应该考虑扩大法定产假的覆盖面，把占女性就业人口一半以上的非正规就业和从事农业生产的女性纳入保护之中，保证生育也不会威胁到她们的经济安全和就业安全。这些女性群体本来就是就业女性中最为脆弱的群体，需要国家和社会提供更多的保护。这也符合《妇女权益保障法》建立健全针对所有女性的生育保障制度的要求。

（二）延长法定产假的时间，或者出台法定育儿假

2012 年通过的《女职工劳动保护特别规定》，将法定产假时间延长到了98 天（14 周），符合国际劳工组织 183 号公约的最低要求。虽然有研究表明悠长的产假会最终不利于保障女性的收入，[1] 但是较长时间的产假，能够给母亲提供以较小代价留在家中和孩子在一起的机会，[2] 能够避免母亲因为重新开始工作而终止母乳喂养。[3] 特别是，中国现在还没有法定育儿假，孩子 1 岁前，每天 1 个小时的哺乳假，对于工作场所和家庭居住地距离较远的母亲来说根本就没有太大的作用；加之，中国 0~2 岁的儿童托育体系尚未建立起来。

实施全面二孩政策之后，各个省级区域修订了《人口和计划生育条例》，为了鼓励生育，帮助女性减少工作和家庭之间的矛盾，以生育假或者奖励假的名义增加了法定产假的时间，最短的 1 个月，最长的 8.5 个月。虽

---

[1] Ruhm, C. J., "Parental Leave and Child Health", *Journal of Health Economics*, 19 (2000): pp. 931-960.

[2] Pronzato, C. D., "Return to Work After Childbirth: Does Parental Leave Matter in Europe?", *Review of Economics of the Household*, 7 (2007): pp. 341-60.

[3] McKinley, Nita, and Janet Hyde. "Personal Attitudes or Structural Factors? A Contextural Analysis of Breastfeeding Duration." *Psychology of Women Quarterly*, 28 (2004): pp. 388-99.

然各个省级区域的经济发展水平不同，女性的就业结构也不同，但是各个省级区域女性在新生儿诞生之后，面临的工作和家庭之间的冲突可能是类似的。为了避免地域性的歧视，政府应该考虑延长全国性的法定产假。现在已经没有一个省级区域的法定产假＋奖励假低于4.5个月，那么全国性的法定产假应该可以延长到4.5个月。同时，考虑制定育儿假制度的可能。当然，要仔细考量多长时间是最为合适的，既不对育儿造成负面影响，也不会对女性未来工作收入有较大的负面作用。

（三）扩大生育保险的覆盖面，确保产假津贴工资替代率100％

从20世纪90年代中期到现在，中国的生育保险参保人数保持持续增长的态势，2017年的参保人数已经是1998年的7倍。但是和就业人数相比，2017年只有全部就业人数的24.86％，不到四分之一。和城镇职工养老保险、城镇职工基本医疗保险的参保人数相比，2017年，生育保险参保人数只有前者的47.90％、后者的63.65％。工伤保险的参保人数也高于生育保险的，只有失业保险的参保人数略低于生育保险的。因此，政府应该一方面设法增加生育保险的参保人数，另一方面要扩大生育保险的覆盖面。前者是保证已经享有产假权益的女性能够参加生育保险，以便在产假期间获得足额津贴和生育医疗费用的报销；后者是把原来没有被纳入范围的非正规就业和农业劳动就业者包括在内。通过这些方式，让更多女性的生育得到保护，这也是和政府推动生育率提高的期望相一致的。

同时，前文曾提及，根据2012年的规定，生育保险基金支付产假津贴是"按照用人单位上年度职工月平均工资的标准"，这可能会导致少数高收入女性产假津贴低于其原来工资。因此有些省级区域的《生育保险规定》要求"享受的生育津贴低于其产假或者休假前工资的标准的，由用人单位予以补足"。这个条款应该成为全国生育保险规定的基本要求，这样就能够保证产假津贴的工资替代率至少为100％，保证少数高收入女性的经济安全不会因为生育而受到影响。而这些女性本来就是倾向于少生甚至不生的，改善她们的生育条件，有助于增强她们的生育意愿。因为假期津贴如果不足以保障母婴产假期间的生活，母亲也可能会考虑放弃生育权益。

（四）出台全国法定陪产假，或者在育儿假中规定父亲配额

正如本文前面所分析的那样，中国没有全国统一的法定陪产假。中国现在各个省级法规中规定的陪产假，往往被当作一种奖励假期，被称为晚育护理假。独生子女的父亲，平均享受的陪产假只有 2.58 天，比例也只有 29.93% 。国家的假期政策从根本上传递着社会的价值观和期望。为了推动男性积极参与育儿，分担家庭育儿责任和家务劳动，政府应该考虑出台全国统一的法定陪产假，具体的时间长短可以考虑现在各个省级层面提出的 7～30 天，具体陪产假津贴和筹资方式都可以进一步讨论。但是，出台法定陪产假，至少可以表明国家鼓励男性参与育儿的态度和期望，这也将有助于增强女性的生育意愿，促进家庭中性别平等目标的实现。

如果国家有可能规定一定时间的育儿假，也可以不出台陪产假，而是在育儿假中规定一段只有父亲能够使用的配额，父亲不得将假期权益转让给母亲。同时，也可以借鉴瑞典的经验和相关规定：如果父亲和母亲共同使用一天育儿假，就给予一定的奖励，来鼓励父亲积极参与育儿。让父亲不仅能够在产后给予母亲支持和帮助，在产后更为劳累漫长的婴幼儿照顾阶段，也能分担育儿的责任。

（五）增强假期使用的灵活性，推行灵活工作制度

研究表明，能够为女性提供灵活使用方式的假期政策，是支持生育最为有效的政策。[①] 中国的法定产假具有一定的灵活性，主要表现为难产和多胞胎母亲都有更多的假期。关于产假结束之后的每天一个小时的哺乳假，有的省份给出了灵活使用方式，也就是说把哺乳假累加起来折算成完整的假期，

---

① Noce, Anthony A., Dhimtri Qirjo and Namini De Silva, 2016, "Enticing the Strok: Can We Evaluate Pro‐natal Policies before Having Children?" *Economic Affairs*, 36 (2016), pp. 184 – 202.

然后母亲可以休假在家陪伴婴儿，工资替代率还是100%。但是，中国的母亲不可以选择什么时候开始休假，也不能把产假权益转让给父亲。

中国现在没有全国法定的育儿假，如果有育儿假，可能更需要考虑如何灵活使用育儿假，包括确认育儿假是个人权利还是家庭权利，这就涉及假期权益转让的问题。然后进一步考虑是否可以由父母决定何时开始休育儿假，育儿假能否分割成为几部分，像有些国家育儿假可以积存一部分到孩子升学需要更多照料的时候使用。还有就是灵活使用的育儿假，是否能够和灵活工作制度结合起来，把一段时间的育儿假折算成为同样长度的半天休假等方式。

灵活的工作制度是实现工作和家庭生活平衡的基本要素。家庭增加新成员，而且年幼者需要更多的照顾，会使女性即使重返劳动力市场之后，也面临更为严重的工作和家庭冲突。而灵活的工作制度，将有助于缓解这种冲突。国家应该考虑鼓励企业实施灵活工作制度，或者运用税收等经济工具鼓励雇主这样做。或者像有些国家那样实施"有权利要求"的政策，也就是说雇员可以要求灵活工作制度或者减少工作时间，而国家不会强迫雇主提供灵活工作制度或减少工作时间。相反，他们要求雇主考虑雇员的要求，然后接受，除非这些变动会对企业的运营造成不利影响。①

---

① Hegewisch, Ariane. Flexible Working Policies: A Comparative Review. Research Report #16. Manchester, UK: Equality and Human Rights Commission, 2009.

专　题　篇

Reports on Special Subjects

B.9
初婚年龄的变迁、差异及影响探析

张晓倩*

摘　要： 改革开放以来，中国人的平均初婚年龄不断推迟，男性从1985年的24岁左右上升到2015年的28岁左右，女性从1985年的22岁左右上升到2015年的26岁左右。与此同时，初婚年龄还表现出城乡、教育、民族、兄弟姐妹数量、父辈社会经济地位以及代际等多重群体差异。进一步对造成初婚年龄的原因进行分析发现，婚姻制度、女性在公共领域的参与、工作－家庭冲突、城市生活压力、结婚成本、婚育观念变迁等均是造成婚姻推迟现象的因素。另外，婚姻推迟也带来了或消极或积极的社会影响。本报告最后对相应的消极社会后果提出应对建议。

---

* 张晓倩，中国人民大学社会与人口学院人口学专业博士研究生。

关键词： 青年 初婚年龄 晚婚

自 20 世纪 80 年代以来，中国发生了巨大的社会变迁，体现为现代化和体制变革双重转型的过程，[①] 具体表现为：社会经济得到迅速发展，"大学扩招"和"九年义务教育普及"带来教育扩张大潮，工业化和城镇化进程加速了人口的大规模流动，互联网和手机的普及形塑了新的生活方式，[②] 这一系列的变革推动了社会的结构变迁，改变了个体的生存机遇，推动了私人领域和公共领域的双重变革，重新塑造了人与人之间的关系。婚姻关系作为私人领域中的重要关系之一，呈现越发多元化和个性化的趋势，其中，婚龄推迟现象，即"晚婚"现象作为其中重要的现象之一受到社会各界的热烈关注。

本报告即对初婚年龄这一话题进行讨论。第一部分对初婚年龄自 20 世纪 80 年代以来的历史变迁和群体差异进行描述分析，第二部分则讨论可能造成初婚年龄推迟的原因，第三部分对初婚年龄推迟导致的社会后果进行分析，第四部分对本报告的主要内容进行总结和讨论，并提出相关的对策建议。

一 推迟与分化：初婚年龄的变迁与分化

1985 年以来，两性平均初婚年龄均呈现偶有波动但持续上升的趋势，且男性的初婚年龄总是高于女性（见图 1）。1985 年，男性平均初婚年龄约为 24 岁，女性平均初婚年龄约为 22 岁，均已平均高于各自的法定婚龄两岁左右，此后也一直处于上升趋势，尤其是到 2015 年男性平均初婚年龄约为 28 岁，女性平均初婚年龄约为 26 岁，则已远远高于法定婚龄。

---

① 李路路：《改革开放 40 年中国社会阶层结构的变迁》，《社会科学文摘》2019 年第 4 期。

② 李春玲：《改革开放的孩子们：中国新生代与中国发展新时代》，《社会学研究》2019 年第 3 期。

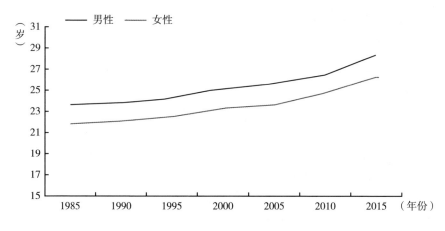

图 1　1985～2015 年间部分年份平均初婚年龄估算

注：（1）根据平均单身年龄（SMAM）这一指标间接估计平均初婚年龄。计算公式为：
$SMAM = \dfrac{(S \sim 50U)}{(100 \sim U)}$。SMAM 表示平均单身年龄；S 为 0～49 岁的单身总人年数，U 是 45～49 岁和 50～54 岁组人口未婚比例的平均值。（2）1985 年的数据来自陈友华等[①] 的研究，1990、2000、2010 年的数据来自人口普查数据，1995、2005、2015 年的数据来自 1% 人口抽样调查数据。

在平均初婚年龄推迟的情形下，存在着群体之间的分化，即就某一时点而言，不同群体的初婚年龄存在差异。就以往实证研究结论进行归纳，这种群体差异可以从经济、文化、家庭特征以及个人特征这四方面进行简单概括。

第一，城乡差异既反映了经济差异，又反映了文化分野。笔者采用第六次人口普查数据间接估计了 2010 年的平均初婚年龄，发现其存在城乡差异。城市地区人群的初婚年龄明显高于城镇和乡村。2010 年，城市人群初婚年龄为 26.67 岁，城镇人群初婚年龄为 25.13 岁，乡村人群初婚年龄为 24.85 岁（见表 1）。即，如果按城市－城镇－乡村的顺序对城市化水平进行排序，城市化水平越高，初婚年龄越晚。

第二，教育和地区反映了文化差异。就不同受教育程度群体而言，基

---

① 陈友华、虞沈冠：《八十年代中国两性平均初婚年龄研究》，《南方人口》1993 年第 4 期。

于第六次人口普查数据间接估计 2010 年的平均初婚年龄，未上过学的群体的平均初婚年龄为 25.64 岁，小学为 23.76 岁，初中为 24.50 岁，高中为 26.42 岁，大学专科为 27.38 岁，大学本科为 28.04 岁，研究生为 29.51 岁（见表 1）。从中可以看出，随着受教育程度的提升，平均初婚年龄在不断推迟，几乎受教育程度每提升一个阶段，平均初婚年龄就增加 1 岁左右。

表1　2010年分教育程度、地区的平均初婚年龄

单位：岁

受教育程度	平均初婚年龄	地区	平均初婚年龄
未上过学	25.64	城市	26.67
小学	23.76	城镇	25.13
初中	24.50	乡村	24.85
高中	26.42		
大学专科	27.38		
大学本科	28.04		
研究生	29.51		

第三，兄弟姐妹数量和父辈社会经济地位反映了家庭特征差异，即不同家庭背景的群体之间存在初婚年龄的差异。实证研究表明，就同胞数量而言，兄弟姐妹数量越多，农村男性青年的初婚年龄越晚；但是就同胞性别结构而言，"拥有兄弟会推迟农村男青年初婚年龄，拥有姐妹以及姐妹比例高则有利于提前农村男青年的初婚时间"。[①] 父辈的社会经济地位也在一定程度上会影响子代的初婚年龄。比如无论是城市户籍居民还是农村户籍居民，父亲从事技术类职业对子女的初婚年龄有推迟效应，而父亲从事管理类职业对儿女的初婚年龄有显著的提前效应，而且该效应对农村户籍居民的影响要大于城市户籍居民。这一方面是由于不同的职业经验会影响代际的价值观，即管理类职业比较看重子女对父亲权威的遵从，中国传统婚姻家庭观希望子

---

① 王兵、李坤、刘利鸽：《同胞结构对农村男青年初婚年龄的影响》，《西北人口》2018 年第 1 期。

女早成婚；另一方面由于管理类职业相比其他职业掌握着更丰富的经济资源和社会资源，能够为子女结婚提供物质帮助。[①]

第四，队列差异主要体现为个人特征中的不同出生年龄群体的差异。尽管从全人口来看初婚年龄总体提升，但实际上并不是所有队列的初婚年龄都呈现上升趋势。比如，一些研究者基于微观层面的数据发现，50 年代出生的人口初婚年龄较大，这主要是由于在这部分群体的适龄期时即 20 世纪 70 年代，国家提出了"晚、稀、少"的计划生育政策，强调男性要在 25 周岁以后、女性在 23 周岁以后结婚，因此这一时期中国的平均初婚年龄有所推迟。直到 1980 年，修改后的《婚姻法》提出法定婚龄为男性 22 周岁、女性 20 周岁之时，60 年代出生者的初婚年龄才相比 50 年代的出生者有所提前。[②]

以上不同层面的初婚年龄的群体差异充分说明当前中国的初婚年龄现象不是单一化的，而是多元复杂的。因此，当我们在谈到初婚年龄的推迟现象时，需要认识到这种推迟只是整体上的平均年龄的推迟，并不反映内部的差异和分化。

二 婚龄推迟的原因分析

尽管婚龄存在群体差异，不能一概论之，但是从全国整体的情况来看，还是存在一种总体性的婚龄推迟的现象和趋势，因此，仍然有必要探析形塑此种现象和趋势的影响因素。

（一）婚姻制度的影响

法定婚龄和政策婚龄均为婚姻制度的内容，法定婚龄以法律的形式发

[①] 王鹏、吴愈晓：《初婚年龄的影响因素分析——基于 CGSS2006 的研究》，《社会》2013 年第 3 期。

[②] 王鹏、吴愈晓：《初婚年龄的影响因素分析——基于 CGSS2006 的研究》，《社会》2013 年第 3 期。

布，政策婚龄则通过政府以不同形式的政令发布。[①] 从 20 世纪 80 年代开始，国家以颁布《婚姻法》的方式规定了最低法定婚龄，1980 年新修订的《婚姻法》规定，结婚年龄，男不得早于 22 周岁，女不得早于 20 周岁，这一法定婚龄明确到了周岁且不具有弹性；与此同时，在政策上，国家强调并鼓励"晚婚晚育"，在法定婚龄的基础上男女各推迟 3 岁结婚被视作晚婚，在 1982 年党的十二大中计划生育被确定为一项基本国策并被写入新修订的《宪法》中，也强调了"晚婚、晚育"的生育政策特征。婚育政策的婚姻推迟效应得到了实证研究者的佐证，叶文振利用 1985 年河北省调研资料分析后发现，计划生育工作的落实是初婚年龄推迟的重要助力；[②] 王跃生采用第五次全国人口普查长表数据和地方文献资料对初婚年龄进行分析后发现，20世纪 30 年代以来，中国的法定婚龄经历了从没有约束力到具有约束力的变化，尤其是至 80 年代初，晚婚年龄政策虽未被多数民众所恪守，却将低于法定婚龄结婚者的比重降到最低。[③] 这说明了婚姻制度的规定在一定程度上控制了早婚群体的比例，从而对提高平均婚龄起到推动作用。

（二）女性在公共领域参与水平的提升和其工作－家庭难以平衡的现实困境

1986 年，国家义务教育法颁布，规定实行九年义务教育。1999 年，"大学扩招"政策实行，中国高等教育大众化时代由此开启。在国家男女平等国策和计划生育政策的双重作用下，男女两性在教育获得上的差距逐渐缩小，[④] 更进一步地，女性由于受教育程度的提升，在公共领域的地位也获得

---

① 王跃生：《法定婚龄、政策婚龄下的民众初婚行为——立足于"五普"长表数据的分析》，《中国人口科学》2005 年第 6 期。

② 叶文振：《我国妇女初婚年龄的变化及其原因——河北省资料分析的启示》，《人口学刊》1995 年第 2 期。

③ 王跃生：《法定婚龄、政策婚龄下的民众初婚行为——立足于"五普"长表数据的分析》，《中国人口科学》2005 年第 6 期。

④ 叶华、吴晓刚：《生育率下降与中国男女教育的平等化趋势》，《社会学研究》2011 年第 5 期。

相对的提升。这样的情形带来了以下至少三个方面的影响。首先，平均受教育年限的增加客观上延长了青年男女在校的时间。按照中国的现行学制，4年本科、2~3年硕士、3~4年博士，18岁开始上大学的青年，20~29岁期间正处于在校就读期，相较其他教育程度的同龄人，其在30岁之前结婚的可能性无疑会降低。有学者进一步基于计量估计研究发现，相对于高中毕业生，每多接受1年高等教育，平均初婚年龄将推迟1.5年，同时相应地，大专、本科教育会使初婚年龄推迟4.5年和6年。① 其次，对于受过高等教育的女性而言，婚姻市场上"男大女小"的年龄梯度婚姻模式，将接受过高等教育的女性推到了不利的境地，女性受教育程度越高，年龄越大，所受到的压力就越大。② 最后，在家庭内部，传统家务劳动的性别分工模式仍然延续，女性过早步入婚姻在一定程度上仍然意味着会比男性花费更多的时间在家务劳动中，甚至会为此牺牲自己的工作和事业，工作－家庭冲突的现实问题难以解决，使得一部分女性不愿意过早进入婚姻。

（三）城市化进程使得生活压力增大，结婚成本增加

一方面，城市化、消费主义等社会因素增加了步入婚姻的直接成本。随着越来越多的年轻人来到城市生活、工作，房价明显飙升。"结婚买房"在长久以来的中国文化中根深蒂固，但城市尤其是一线城市高居不下的房价让许多年轻人望而却步，住房购买的限制在一定程度上限制了年轻人的婚姻决策，住房在影响个人经济社会地位的同时，客观上决定了青年在婚姻市场中所处的位置，也给年轻人带来了很大的社会压力。③ 尤其由于传统思想的影响，社会对男女两性的期待是存在差异的，更多情况下，买房的压力被认为应该由男性承担。如一项调查显示，在婚姻经济观念层面，女方家庭更重视

---

① 朱州、赵国昌：《上大学会多大程度上推迟初婚年龄？——基于 IV – Tobit 模型的估计》，《人口学刊》2019 年第 2 期。
② 宋健、范文婷：《高等教育对青年初婚的影响及性别差异》，《青年研究》2017 年第 1 期。
③ 廉思、赵金艳：《结婚是否一定要买房？——青年住房对婚姻的影响研究》，《中国青年研究》2017 年第 7 期。

对方的经济状况，超过四成的人要求先有房才能结婚。[1] 这种相对单一的某一方购房的模式在一定程度上减少了双方共同奋斗的可能，过多地把这种压力倾斜了在某一性别角色上。另一方面，其他方面的结婚成本也在不断增加，2006 ~ 2007 年全国结婚消费调查结果显示，其中 56% 的人婚庆花销预算超过 2 万元，四成人拍照的花费就达到了 3000 ~ 5000 元，而在结婚消费项目选择上，除新建家庭所必须添置的新居用品及新居装修外，新人结婚选择的服务和产品分别为：婚纱摄影（85.63%），婚宴服务（78.74%），然后依次为婚礼服务、蜜月旅游和购买婚纱。[2] 可以说，在消费主义的结婚文化下，高昂的结婚费用使得结婚成为一种巨大的负担。[3]

（四）青年婚育观念的变迁

现今青年更加看重个人的成长和发展，更注重享受高品质的生活，认为婚姻会剥夺他们的个人空间和对更高品质生活的追求。基于全国范围的调查研究表明，近六成的青年认为理想的结婚年龄为 26 ~ 30 岁;[4] 贾志科、风笑天基于 2014 年在江苏南京、河北保定两地针对 5 大类行业 1028 名 18 至 35 岁的城市在职青年所进行的 "青年发展状况" 问卷调查数据研究发现，青年大多认同晚婚，且其实际婚恋年龄呈现恋爱年龄提前、结婚年龄推迟的特点。[5] 另外，性和生育是传统的婚姻功能中很重要的方面。但近年来随着性观念的开放，同居现象与婚前性行为现象已经越来越普遍，社会对于这些现象的接受度也在提升。有学者早在 2000 年对江苏省 13 个地级市的常住人口中 15 ~ 49 岁未婚育龄妇女的随机抽查问卷调研中就发现，婚前性行为发

---

① 肖武:《中国青年婚姻观调查》,《当代青年研究》2016 年第 5 期。

② 王仲:《结婚年龄之制约性条件研究——平均初婚年龄为什么推迟了》,《西北人口》2010 年第 1 期。

③ 黎学军:《欧洲古典经济学派的人口 - 经济思想的现代反思——兼论所谓 "剩男"、"剩女" 现象》,《石河子大学学报》（哲学社会科学版）2008 年第 3 期。

④ 肖武:《中国青年婚姻观调查》,《当代青年研究》2016 年第 5 期。

⑤ 贾志科、风笑天:《城市青年的婚恋年龄期望及影响因素——以南京、保定调查为例》,《人口学刊》2018 年第 2 期。

生者就占到了十分之一左右。① 2012 年，有学者采用网络无记名方式问卷调查了 512 名大学生，调查发现，有 14.5% 的被访者发生过婚前性行为，与过去调查结果相比明显增加。② 对于婚前同居行为，有学者对全国抽样性的数据进行分析后发现，尽管相比于西方社会，有过婚前同居经历的比例仍然较小，但是，随着时间的推移、经济的发展和文化的开放，社会对于婚前同居的宽容度和接受度都在不断提高，在 20~40 岁的已婚女性中，有过婚前同居经历的女性比例从 70 后的 16.89% 上升到 80 后的 34.64%。③ 因此可以说，目前看来，尽管许多国家仍以婚姻作为唯一合法的性行为前提，但随着性观念的开放和避孕药具的普及，青年同居与性行为发生的成本越来越低，在不需要实现婚姻这种形式的同时，青年已经可以提前满足实质性的婚姻需要，因而，婚姻本身所具备的最基本的效用或收益也开始下降。④ 在这样的情形下，性、爱情、婚姻发生了形式上的分离，这是当代个体主义价值观在婚姻家庭中的表现之一，因之，传统的婚姻功能弱化，婚姻推迟在所难免。

可以说，初婚年龄推迟现象中，既存在个体由于婚育观念改变而主动推迟的情形，也存在由社会环境改变、生活压力增大等所导致的被动推迟的情形，这些情形共同形塑了婚龄推迟的整体面貌。

三 初婚年龄推迟的社会影响

平均初婚年龄推迟的现象会在整体层面带来一些社会影响。从人口学的角度来说，就个体的生命历程而言，在初婚之前，伴随着初婚年龄的推迟，

① 岳慧、董光华、戴梅竞、张肖敏、荆瑞巍：《江苏省未婚育龄妇女性行为、妊娠及人工流产状况调查》，《中国计划生育学杂志》2004 年第 3 期。
② 黄艺娜、张铭清、江剑平：《大学生婚前性行为和性态度调查分析》，《中国性科学》2012 年第 1 期。
③ 袁浩、罗金凤、张姗姗：《中国青年女性婚前同居与婚姻质量研究》，《中国青年研究》2016 年第 9 期。
④ 王仲：《结婚年龄之制约性条件研究——平均初婚年龄为什么推迟了》，《西北人口》2010 年第 1 期。

婚前性行为和婚前同居现象也相应增多；在初婚之后，随之而来的是生育行为和婚姻稳定性问题。这些影响不仅仅是个体层面的，也由于个体的加总效应产生较大的社会影响。

（一）婚龄推迟所伴随而来的婚前性行为风险

婚龄推迟所伴随而来的婚前性行为风险增加在一定程度上会影响青年的身心健康，增加社会不稳定的因素。社会经济发展、人民生活水平提高带来的是青少年发育年龄不断提前的现象，婚龄的推迟意味着青年婚前性行为风险增长。[1] 尤其是近年来，大学生性行为现象及其危害越发普遍，如基于全国范围内一万份大学生问卷的《大学生蓝皮书：中国大学生生活形态研究报告（2013）》显示：中国大学生过半支持婚前性行为，且男生对婚前性行为接受度高于女生；基于武汉地区近万份调查样本的调研结果发现，当前未婚青年性行为呈现的主要特征包括：性行为在高中（职高）生、大学生、社会青年中均占有一定比例，婚前性行为呈低龄化趋势，大多发生在 18～22 岁，明显缺乏安全意识，缺乏责任意识。[2]

不可避免的是，由于当前性教育的普遍缺乏，婚前性行为一方面很有可能会带给大学生许多身心伤害，另一方面大学生由"性失范"导致行为失范甚至违法犯罪、酿成悲剧的事件也呈增长趋势。[3] 比如，在身体健康上，经济上、名誉上的压力形成了非意愿妊娠流产及康复过程中的各种不利因素，导致流产后并发症增多。世界卫生组织数据显示，我国每年人工流产人次高达 1300 万，位居世界第一，且其中 25 岁以下青年占一半以上，同时，我国人工流产数仍在逐年上升。[4] 又比如，在心理健康上，由婚前性行为导致的人工流产得不到社会认可，性关系得不到法律的保护，未婚青年的人工

① 茅倬彦：《我国青少年未婚人流问题的理论思考》，《西北人口》2011 年第 5 期。
② 李丹芳：《青年婚前性行为现象浅析及其对策研究》，《人口与计划生育》2014 年第 12 期。
③ 王东：《大学生性心理发展状况与婚前性行为态度的调查研究》，吉林大学硕士学位论文，2008。
④ 肖璐、陈燕华：《青少年人工流产现状及影响因素的研究进展》，《中国计划生育学杂志》2017 年第 3 期。

流产出于社会压力原因难以公开，绝大多数未婚女青年感到紧张、害怕、苦恼，她们对医生告诫的流产后可能发生的不良反应特别敏感，担心影响以后的婚姻及生育，因而焦虑、自责、忧郁，有可能因此导致闭经、不孕及性生活心理障碍等问题。[①] 更有甚者，有研究表明，在面对妊娠导致的身体变化和社会舆论及家庭反对时，未婚女性会产生恐惧甚至自杀倾向，青春期妊娠少女的自杀倾向是成年妇女的2～4倍。[②]

（二）导致生育率下降

在传统文化和社会制度的影响下，中国社会的非婚生育仍然相对较少，生育主要还是发生在婚姻中。因此，初婚年龄的上升会带来生育年龄的推迟，而生育年龄的推迟会使得育龄妇女生育子女的时间在总体上缩短，继而会影响到育龄妇女的生育率。实证研究发现，妇女初婚年龄是影响其生育行为的一个重要因素，[③] 中国女性未婚比例不断提高很大程度上导致了一孩总和生育率下降。[④] 有学者基于定量分析发现，由于提倡"晚婚"，从1970年到1979年，婚龄推迟使得生育推迟，以致生育量下降了12.95%，从1986年到1992年，妇女平均初婚年龄推迟又使生育量减少了6%。[⑤]

（三）对婚姻稳定带来一定影响

这种影响可能是双面的。一方面可能是积极的，青年在配偶的选择上更加谨慎——通过层层筛选最终结婚，彼此在婚前就有了充分的了解，在婚前就已经有长时间的感情基础，会提升婚姻中的满意度和情感支持，这有可能

---

① 沈霞萍：《人工流产并发症对未婚女青年身心健康的影响》，《南京人口管理干部学院学报》2001年第4期。

② 肖璐、陈燕华：《青少年人工流产现状及影响因素的研究进展》，《中国计划生育学杂志》2017年第3期。

③ 谭启华：《妇女初婚年龄与生育行为的关系》，《人口学刊》1993年第2期。

④ 郭志刚：《中国低生育进程的主要特征——2015年1%人口抽样调查结果的启示》，《中国人口科学》2017年第4期。

⑤ 林富德：《去婚龄影响后的中国生育率转变形势》，《中国人口科学》1994年第6期。

会在一定程度上增强婚姻的稳定性，降低离婚率；但另一方面这一影响可能是消极的，比如有学者认为女性初婚年龄会对婚姻稳定性有显著影响，且影响模式呈现"U"形，即早婚会破坏婚姻稳定，推迟结婚年龄有利于婚姻稳定，但是当初婚年龄达到一定程度后作用方向也会逆转，即过于推迟婚龄也会破坏婚姻稳定性。[①] 彭大松等的研究同样验证了这种"U"形关系，他们更进一步指出，早婚的不稳定性可能缘于婚姻选择时心理不够成熟，而晚婚的不稳定性则缘于晚婚者难以匹配到合适的结婚对象，从而增加了婚姻解体的风险。[②] 这些实证研究结论在一定程度上说明，过于早婚或晚婚都不利于婚姻的稳定性，在合适的年龄进入婚姻才是相对有利的选择。

总之，尽管初婚年龄推迟对于一部分主动选择推迟婚龄的青年来说有利于在工作和事业上的发展和追求，有利于实现自我发展和成长，但婚龄推迟确实会影响生育率、婚姻稳定性，且导致婚前性行为和婚前同居现象增多。因此，建立合理的制度和防范机制，有助于将这些现象的消极影响降至最小，下文将进一步讨论这些问题。

四　总结与政策参考

基于以上三部分的研究分析，笔者发现：第一，初婚年龄存在整体上的推迟效应；第二，在整体的推迟效应外还存在结构性的模式差异；第三，婚姻制度的影响，女性在公共领域的参与水平的提升，女性在工作－家庭中难以平衡的现实困境，城市化进程使得生活压力增大、结婚成本增加，以及青年婚育观念的变迁，都是形塑当前婚龄现状的重要因素；第四，初婚年龄推迟所产生的社会影响是双重的，既有积极影响，也存在消极影响。

---

① 李建新、王小龙：《初婚年龄、婚龄匹配与婚姻稳定——基于 CFPS2010 年调查数据》，《社会科学》2014 年第 3 期；郭婷、秦雪征：《婚姻匹配、生活满意度和初婚离婚风险——基于中国家庭追踪调查的研究》，《劳动经济研究》2016 年第 6 期。

② 彭大松、陈友华：《初婚解体风险变化趋势及其影响因素——基于 CFPS2010 数据的分析》，《人口与社会》2016 年第 3 期。

种种分析说明，形塑初婚年龄的力量是多元、复杂且相互交织的，尽管本文重点阐释了整体性的初婚年龄推迟现象和趋势，但是其内部的结构性差异也说明不能单一地理解这一现象。未来的初婚年龄趋势如何，基于社会整体的变迁，也基于社会结构内部的分化而定。初婚年龄变迁这一现象本身并不具有直接积极或消极的效应，但是任何现象的产生并不会是单一的，必然伴随着其他与之相关的连锁效应的产生。比如在平均初婚年龄推迟这一现象中，随之而来的社会影响中相对突出的影响在于婚前性行为风险增加，又比如对于被迫推迟婚龄的群体而言，存在生育年龄的推迟以及婚姻不稳定的问题。接下来笔者将重点对相关的政策建议进行阐释。

第一，对于婚前性行为和婚前同居现象，可以从以下几个方面建立制度。首先，要在青年群体中有效杜绝媒体和网络上的色情信息。网络和媒体上的信息繁杂，有些未经筛选的信息会对青年的价值观产生负面引导，从而容易使青年在婚前同居和婚前性行为中受到伤害。相关法律部门应当重视这一问题的存在，加强网络信息管理，构建完善的网络信息管理制度，在全社会营造积极健康的社会氛围。其次，在学校教育中，应尽快将青少年和未婚青年的择偶观、性与生殖健康教育和服务纳入学校教育体系和政府相关部门的婚前教育规划中，在鼓励青年保持婚前性纯洁的同时，也为他们提供异性交往艺术、避孕及性病防治等生殖健康知识和服务。[1] 现行的高校教育中，缺乏对学生的性教育和引导，需要开设科学完备的性教育课程，使大学生树立正确的恋爱观和性观念。再次，在家庭教育中，为家长提供实用、有效的家教知识和方法，以形成家长、学校、社区和社会多方合力并与对象互动的综合教育体系，使年轻人的择偶和异性间的亲密交往健康、顺利地发展，并减少恋爱挫折、早孕和性病传播。[2] 当前家庭教育中，大部分家庭受传统观念的影响，仍羞于或不知道如何向子女传授健康的性知识，这需要全社会积极引导，促进家庭教育观念的转变。应加强高校周边的安全规范建设。大部

---

① 徐安琪：《未婚青年性态度与性行为的最新报告》，《青年研究》2003 年第 8 期。

② 徐安琪：《未婚青年性态度与性行为的最新报告》，《青年研究》2003 年第 8 期。

分大学生的同居行为都发生在学校周边。如果社区环境恶劣，社区文化中存在不良引导，会给大学生带来身心上的不良影响。因此，在加强学校性教育的同时，也应当倡导建设健康向上的社区环境。[①] 最后，设立专门的部门以提供健康性行为的咨询和服务。在学校和社区中不仅要进行相关的宣传教育，更有必要设立专门的部门或机构。尤其是对于那些有意寻求专业帮助但是羞于向熟识的人开口的青年，提供有针对性的咨询和服务，提供专业的社工服务，可以有效缓解青年的心理矛盾、解除其心理障碍。[②]

第二，初婚年龄带来的妇女生育时间推迟的问题会在一定程度影响妇幼健康。有研究认为，女性的最佳生育年龄为 25 ~ 29 岁，与此同时，随着女性生育年龄的推迟，相应的问题如流产、早产、高血压、糖尿病、前置胎盘等多种并发症的发生率也上升，同时女性可能遇到一些不良的妊娠结果。[③] 在中国普婚普育的背景下，初婚年龄推迟所导致的生育年龄推迟对育龄妇女的健康造成的这些危害，需要引起足够的重视。首先，要在全社会倡导合理规划生育年龄，塑造全社会形成追求"最佳婚育年龄"的共识。对于已是高龄产妇的群体，提供妇女健康知识服务和健康保障。其次，要了解当前妇女推迟婚龄和生育的很大一个原因在于高等教育扩张所带来的受教育程度的普遍提升。即，一个正常年龄入学的女性在大学毕业后已是 22 岁，研究生毕业后 25 岁，加上寻找配偶和工作初期适应的时间，很容易就错过最佳婚育年龄，在这样的情形下，可从高校制度上鼓励硕博类的高学历群体在校结婚，包括提供诸如"夫妻宿舍"这样的住房保障鼓励青年群体在最佳生育年龄结婚。再次，对于城市生活压力大、成本高、房价居高不下所导致的年轻人不敢结婚、不敢生育的问题，相关部门可通过人才补贴政策等方式对这一部分年轻人给予一定的政策倾斜，解决其基本的生存需求问题。根据马斯洛的需求层次理论，只有在解决基本的生存需求问题的前提下，年轻人才有

① 刘红芬：《大学生同居的原因及对策》，《中共郑州市委党校学报》2005 年第 4 期。

② 黄艺娜、张铭清、江剑平：《大学生婚前性行为和性态度调查分析》，《中国性科学》2012 年第 1 期。

③ 刘佳、徐阳：《女性最佳生育年龄探讨》，《中国妇幼健康研究》2018 年第 7 期。

精力考虑结婚等社会交往、亲密关系的需求，同时，这背后深层次的原因也反映了当前城市、地区之间发展不均衡的现状，致使年轻人涌入"北上广"这些大城市，造成城市拥挤、竞争激烈、资源短缺，这也就说明了要从根源上解决这一问题，应当从宏观调控上解决区域社会经济发展不均衡的问题。最后，对于女性普遍面临的工作－生活难以平衡的问题，政府需要配套相应的生育支持政策为女性提供帮助，欧洲的经验已经表明，生育支持政策在很大程度上可以缓解女性工作－生活冲突和矛盾，具体而言，可以通过提供假期福利、津贴补助、儿童保育、就业保障等方式为女性提供生育支持，[①] 与此同时，也可通过充分发挥社会组织的力量为女性提供服务。

　　第三，关于婚龄推迟所带来的婚姻不稳定问题。这一问题的关键在于婚龄推迟会带来在婚姻市场上的劣势，进而增大找到合适结婚对象的难度。尤其是对于女性而言，受到传统婚姻文化的影响，她们很容易随着年龄增加产生对于婚恋的焦虑心理，这时候父母或者家人往往通过"逼婚"的方式使其相亲并匆匆结婚。对于男性而言，其实也存在类似的情形——出生性别比升高带来的婚姻挤压问题，也会造成男性对于"打光棍"的恐慌心理。因此，在没有充分接触、了解的情形下，匆匆结婚使得婚前掩盖的矛盾在婚后逐渐显现，最终导致婚姻解体——离婚。对于这样的情形，首先，全社会应当倡导一种健康、积极、自由的婚恋观，减轻大龄未婚群体的心理焦虑和压力，对于"逼婚"文化应当循序渐进往更正面的方向引导，倡导未婚青年与父母、家人之间的和谐沟通，让父母意识到当前晚婚现象的普遍性、理解子女的难处，也让子女理解父母的良苦用心、正确看待婚恋问题、积极面对婚恋问题所带来的压力。其次，发挥工作单位、社区的力量，建立正规的公益平台，打造活泼有趣的公益活动，通过线上线下相结合的方式为青年创造相互结识的机会，一方面青年在参加活动的同时锻炼了自身的能力和素质，另一方面通过与志同道合的青年接触增加了找到合适结婚对象的机会。再次，城市快节奏的工作、生活方式在一定程度上挤占了青年娱乐放松、认识

---

　　① 杨菊华、杜声红：《部分国家生育支持政策及其对中国的启示》，《探索》2017 年第 2 期。

新朋友的时间，没有时间认识新朋友自然也就不会遇到合适的结婚对象，建议工作单位、企业要对适龄未婚群体青年给予适当的关怀，比如可以通过适当提供"约会假"的方式让青年有充足的时间交友。最后，对于当前网络上所涌现出来的各种婚恋交友平台加强约束和管制。一些新闻报道，一些网络交友平台由于管控不到位可能存在诈骗等损害青年人身安全的问题，有关部门应当从平台上线到日常监管进行专门的严格规范的管制，保障青年的人身安全和财产安全。

总之，牵一发而动全身，婚龄问题关联着许多其他的社会问题，需要我们防微杜渐，就这些问题进行有针对性的制度建设。同时，对于青年自身而言，也应当树立健康、积极的婚恋观，加强自我防范意识和自我安全意识，在自我成长和自我实现的同时处理好自己与他人、与社会的关系。

B.10
大龄未婚青年现状及成因分析

石金群*

摘　要： 大龄未婚青年指超过社会一般认可的适婚年龄，但仍未结婚的单身青年男女。通过几次人口普查数据考察我国30岁及以上未婚男女的发展、现状及未婚原因，发现中国大龄未婚青年的数量整体呈增长的趋势；分性别来看，大龄未婚现象虽然在各个阶层、各个地区都可能存在，但男性大龄未婚者主要集中在农村、经济收入低和教育程度低的群体中，而女性大龄未婚者主要集中在城市、经济收入高和教育程度高的群体中。我国大龄未婚青年人数的增加，是众多因素促成的结果，在政策制定上要综合考虑相关因素，对男性大龄未婚者和女性大龄未婚者，既要考虑他（她）们之间的共同性，也要考虑他（她）们各自的特殊性。

关键词： 大龄未婚青年　初婚年龄　婚姻挤压

从社会性别看，男性婚姻挤压现象一直存在。然而近年来，一部分女性也遭遇婚姻挤压，这成为一种新的社会现象。一边是数量不断增长的找不到配偶的大龄单身男性，另一边则是不断扩大的大龄单身女性群体。与之相应的"剩男""剩女"词语开始频频出现在网络和媒体上，甚至进入学者的视野，成为大众茶余饭后的话题。

2010年进行的第六次人口普查统计数据显示：我国30~39岁女性中有

---

* 石金群，中国社会科学院社会学研究所副研究员。

582 万人处于非婚状态；同年龄段男性处于非婚状态的人口是 1195.9 万人；25~29 岁的女性中，未婚女性占 21.62%，是 20 年前的 5 倍，而 30~34 岁的未婚女性是 20 年前的 9 倍。

大龄未婚现象在各个阶段、各个领域与层次都有，但社会上和学术界通常认为集中在两个群体中，即高学历、高能力、高收入的"三高"群体与低学历、低能力、低收入的"三低"群体。如果分性别来看，则女性大龄未婚者主要集中在高学历、高能力和高收入这个群体中，男性大龄未婚者主要集中在低学历、低能力和低收入这个群体中。

大龄单身或大龄未婚实际上在现代语境中是全球化、现代化的结果，而不是区域性现象，并不只有中国才有。在西方发达国家，大龄男女单身已经是一个不争的社会事实和社会普遍接受的个人生活方式，但在中国这样一个普婚制的国家，这一群体却引起社会的广泛关注与热议，人们甚至用"剩男""剩女"来标签化这一群体。中国大龄未婚青年的具体现状和未来发展究竟如何？我们如何看待大龄未婚这一群体以及如何应对大龄未婚现象逐渐增加的趋势？

在结婚问题上何为"大龄"？不同文化和经济发展背景下对其有不同的界定。大龄未婚一般指超过社会认可的适婚年龄但仍未结婚的单身男女群体。结合现有研究、网络对"剩男""剩女"的定义，以及我国近些年的平均初婚年龄，本文将大龄未婚群体界定为 30 周岁以上，超过社会一般所认为的适婚年龄，但是仍然未结婚的大龄单身男女。本文通过几次人口普查数据考察我国 30 岁及以上未婚单身男女的发展、现状及背后的原因。

本文选取的数据主要出自 1985 年以来的历年人口统计数据，包括《1995 年全国 1% 人口抽样调查资料》《中国 2000 年人口普查资料》《中国 2010 年人口普查资料》《2015 年全国 1% 人口抽样调查主要数据公报》数据。

一　中国大龄未婚群体的发展与现状

（一）中国大龄未婚群体的数量整体呈增长之势，但主要集中在 30~39 岁这个年龄段，且男性大龄未婚者多于女性大龄未婚者

从表 1 我们可以看出，总体来看，我国大龄未婚青年的数量呈增长之

势，且男性大龄未婚者数量要多于女性大龄未婚者数量。

但分年龄组来看，我们发现，数量增长主要集中在 30~34 这个年龄段（见表1）。

30~34 岁年龄组，未婚男性占同组人口的比例从 1995 年的 6.16%，上升至 2010 年的 12.62%，2015 年时达 14.36%，增长了 8.2 个百分点；未婚女性占同组人口的比重也由 1995 年的 0.82% 上升至 2010 年的 5.35%，2015 年时达到 6.95%，增长了 6.13 个百分点。

35 岁之后的年龄组，未婚人口占同组人口的比例开始上升缓慢。比如 35~39 岁年龄组，1995 年，未婚男性占同组人口的比例为 4.63%，2000 年有所下降，为 4.12%，2010 年又有所上升，为 6.44%，2015 年基本不变，为 6.42%，对比 1995 年，增长了 1.79 个百分点；未婚女性占同组人口的比例，上升幅度略高于未婚男性，从 1995 年的 0.34%，升至 2000 年的 0.51% 和 2010 年的 1.76%，2015 年为 2.29%，增长了 1.95 个百分点。虽然仍有所上升，但上升的幅度较以前已有明显的下降，且随着年龄组的提高，增长趋于稳定。

表1　中国30岁以上人口未婚状况变化趋势

单位：%

年龄 \ 性别 \ 年份	1995 年		2000 年		2010 年		2015 年	
	男	女	男	女	男	女	男	女
30~34 岁	6.16	0.82	7.45	1.35	12.62	5.35	14.36	6.95
35~39 岁	4.63	0.34	4.12	0.51	6.44	1.76	6.42	2.29
40~44 岁	4.45	0.22	3.82	0.29	4.15	0.75	4.12	1.00
45~49 岁	4.28	0.18	3.96	0.21	3.12	0.44	3.02	0.50
50~54 岁	4.33	0.15	4.05	0.19	3.21	0.30	2.35	0.30
55~59 岁	3.86	0.14	4.25	0.15	3.43	0.25	2.61	0.21
60~64 岁	3.23	0.16	4.03	0.15	3.54	0.24	2.85	0.19

资料来源：根据《1995 年全国 1% 人口抽样调查资料》《中国 2000 年人口普查资料》《中国 2010 年人口普查资料》《2015 年全国 1% 人口抽样调查主要数据公报》数据计算所得。

（二）大龄未婚群体的区域分布特点：男性大龄未婚者主要分布在农村；女性大龄未婚者主要分布在城市

大龄未婚是各个地区都存在的现象，但通过对比不同年龄段未婚男女在城市、镇和农村的分布，我们可以看出（见表2）：女性大龄未婚者主要分布在城市地区，而男性大龄未婚者则主要分布在农村地区。这与既有的研究发现相一致①。

男性未婚者，除了在"30～34岁"这个年龄组，城市男性未婚的比例要高农村的男性未婚比例外，其他年龄段的未婚男性多集中于农村，到了60～64岁这一年龄组，农村男性未婚者的比例占这一年龄组未婚者的71.38%，而城市和城镇的比例分别为10.41%和18.21%。城市男性未婚者在30～34岁时所占的比例高于农村，可能跟这个年龄段的大多数城市男性都在追求学业和先立业后成家的观念有关。

到了35～39岁这一年龄组，城市男性未婚的比例开始下降，农村男性未婚的比例开始上升，并一直在随后的年龄组处于优势的地位。这主要跟城市男性追求学业和事业有关，这些男性只是为了学业和事业暂缓结婚的时间，他们中的绝大部分人都最终会选择结婚，而且也有结婚的机会和条件，选择终身单身的人只是极少数。相对而言，农村的男性在这一时期如果失去或错过婚配的机会，则可能永远失去婚配的机会。其中的原因将在下文做详细的分析。

女性未婚者则相反，在不同年龄组，均是城市未婚女性所占的比例要高于农村和城镇的未婚女性。30～34这个年龄组，城市未婚女性占该年龄组所有未婚女性的比例为56.72%，农村未婚女性所占的比例为26.65%。60～64岁年龄组，城市未婚女性占该年龄组所有未婚女性的比例依然达50.26%。如果加上城镇未婚女性，总体而言只有1/3略多的女性未婚者是

① 倪晓锋：《中国大陆婚姻状况变迁及婚姻挤压问题分析》，《南方人口》2008年第1期。张翼：《单身未婚："剩女"和"剩男问题分析报告"——基于第六次人口普查数据的分析》，《甘肃社会科学》2013年第4期。

居住在农村。对比城市未婚男性，这在一定程度上可以说明，虽然在 30 ~ 34 岁这个年龄段，一些城市女性也可能跟一些城市男性一样因学业和事业而推迟结婚年龄，但这部分人相比男性而言更有可能错过或主动放弃结婚的机会。其中的原因也将在下文做进一步的分析。

表 2　2015 年全国 1% 人口抽样调查不同年龄段未婚人口在城市、镇和农村的分布

单位：%

年龄 \ 性别地区	男性				女性			
	城市	城镇	农村	总计	城市	城镇	农村	总计
30 ~ 34 岁	44.50	17.73	37.77	100	56.72	16.63	26.65	100
35 ~ 39 岁	34.26	17.24	48.50	100	57.98	14.93	27.09	100
40 ~ 44 岁	25.36	17.24	57.40	100	59.25	15.87	24.88	100
45 ~ 49 岁	21.43	17.08	61.49	100	58.05	17.42	24.53	100
50 ~ 54 岁	18.97	16.79	64.24	100	57.84	15.23	26.93	100
55 ~ 59 岁	14.24	16.82	68.94	100	58.94	13.63	27.43	100
60 ~ 64 岁	10.41	18.21	71.38	100	50.26	13.96	35.78	100

数据来源：根据《2015 年全国 1% 人口抽样调查主要数据公报》"长表数据"计算，表中的数据是以相应年龄段所有男性或女性未婚人口为分母所做的计算。

（三）大龄未婚群体的教育程度和职业特征

根据 2015 年全国 1% 人口抽样调查数据，大龄未婚群体不仅在地域分布上存在差异，在教育程度和职业分布上也存在差异。

从表 3 我们可以看出，未婚男女多分布在初中、普通高中、大学专科和本科阶段，由于 2015 年全国 1% 人口抽样调查调查的是 15 岁以上人口的婚姻状况，也即调查结果反映的是 15 岁以上人口的婚姻状况，这几个阶段的未婚者的比例较高可能是因为其中包含了大量的初中以上的学生。

如果进一步比较男女未婚者之间的差异，我们可以发现，未上学和小学这两个教育程度的男性未婚者所占比例要高于女性未婚者，比如男性未婚者中，未上过学的占 2.49%，上过小学的占 6.27%，而女性未婚者中未上过学的比例为 0.82%，上过小学的比例为 2.11%。在大学和研究生两个

教育层次，则是女性未婚者所占的比例高于男性未婚者。比如，在大学本科教育层次，男性未婚者所占的比例为14.26%，女性未婚者的比例为20.67%；在研究生教育层次，男性未婚者所占比例为1.36%，女性未婚者所占比例为1.82%。

由此可见，各个教育层次都存在未婚现象，但两性相比较而言，在较低文化层次，未婚男性多于未婚女性；而在较高文化层次，未婚女性所占的比例要高于未婚男性。

表3　2015年全国1%人口抽样调查受教育程度与未婚人口的性别分布

单位：%

受教育程度　　　性别	男	女
未上过学	2.49	0.82
小学	6.27	2.11
初中	31.55	24.23
普通高中	22.64	23.93
中职	7.91	8.46
大学专科	13.52	17.96
大学本科	14.26	20.67
研究生	1.36	1.82
合计	100	100

在职业分布上，无论是男性还是女性，党的机关、国家机关、群众团体和社会组织、企事业单位负责人中未婚者所占的比例都不高，为0.94%；女性未婚者所占的比例为0.87%。但在农、林、牧、渔业生产及辅助人员和生产制造及有关人员这两个职业，男性未婚者占的比例要高于女性未婚者，男性未婚者在农、林、牧、渔业生产及辅助人员中的比例为25.04%，女性为17.78%；男性未婚者在生产制造及有关人员中的比例为30.01%，女性为17.69%。而在专业技术人员中则女性未婚者比例明显高于男性未婚者，前者为18.84%，后者为8.19%。

表4　2015 年全国 1% 人口抽样调查职业与未婚人口的性别分布

单位：%

职业	男	女
党的机关、国家机关、群众团体和社会组织、企事业单位负责人	0.94	0.87
专业技术人员	8.19	18.84
办事人员和有关人员	4.47	6.44
社会生产服务和生活服务人员	31.07	38.13
农、林、牧、渔业生产及辅助人员	25.04	17.78
生产制造及有关人员	30.01	17.69
不便分类的其他从业人员	0.28	0.25
合　计	100	100

以上数据印证了网络对"剩男""剩女"的定义与描述，"剩女"多为学历高、职位高、收入高，暂时没找不到理想配偶或主动放弃寻找配偶机会的都市大龄女青年；而"剩男"虽不排除那些因追求学业和事业、自身客观条件优越而暂时没有步入婚姻殿堂的大龄男青年，但更多的是"低学历、低收入"、生活在农村、因各种原因而被迫失去结婚机会的农村大龄男青年。这与已有的关于大龄未婚群体的研究发现相一致。

如果仅从中国人口出生性别比的角度去考量，由于中国社会长期以来男女出生性别比失调，人口总体是男性过剩，中国当前的婚姻挤压现状应当表现为男性的婚姻挤压，为什么会出现女性大龄未婚现象？男性大龄未婚现象又是如何产生的？接下来将分析大龄未婚现象背后的原因及机制。

二　大龄未婚现象的成因

从上面的分析我们可以看出，大龄未婚现象虽然在各个阶层、各个地区都可能会有，但男性大龄未婚者主要集中在农村、经济收入低和教育程度低的群体中，而女性大龄未婚者则主要集中在城市、经济收入高和教育程度高的群体中。为什么会形成这一现象，也即为什么未婚现象集中出现在这两个

群体中？我们应该如何看待这一现象？笔者认为，男性大龄群体和女性大龄群体的出现既有一些共同的原因，也有各自的原因，因此本部分试着从共同原因和各自原因来分析大龄未婚现象出现的原因。

（一）男性大龄未婚和女性大龄未婚现象的共同成因

1. 初婚年龄的推迟

大龄未婚现象的出现跟我国男女初婚年龄的整体推迟有着密不可分的关系。从表5我们可以看出，在1985～2015年30年间，中国的初婚年龄从整体来看呈现逐渐增长的趋势。女性的初婚年龄从1985年的21.75岁增长至2015年的25.39岁，30年间增加了3.64岁；男性的初婚年龄从1985年的23.62岁增长至2015年的27.20岁，30年间增加了3.58岁。

由于整体初婚年龄往后推迟，30～34岁这个年龄段未婚人口也即网络上所说的"剩男""剩女"的数量有比较明显的增长。30～34岁年龄组，未婚男性占同组人口的比例从1995年的6.16%，上升至2015年时的14.36%，增长了8.2个百分点；未婚女性占同组人口的比重也由1995年的0.82%上升至2015年时的6.95%，增长了6.13个百分点。35岁之后的年龄组，未婚人口占同组人口的比例开始上升缓慢，这也在一定程度上表明，未婚人数的增加主要跟初婚年龄的推迟有关，大部分人最后都会走向婚姻。

中国平均受教育年限的延长，客观上增加了青年男女在学校的时间。按照中国现行的教育制度，一般情况是18岁进大学，加上4年的本科学习、2～3年的硕士学习和3～4年的博士学习，25～29岁之间求学的人数越来越多，再加上日益激烈的就业竞争，一些刚走进工作岗位的人迫于职场的激烈竞争而将婚姻大事放在其次，这些都大大推迟了我国青年男女的初婚年龄。

此外，由于性观念的开放，社会对婚前同居的宽容度和接受度不断提高，同居现象增加；随着婚姻功能的减弱以及个体化观念的崛起，婚姻成为一部分人的人生选择题而不是必选题等等，都在一定程度上推迟或阻止婚姻的缔结。

表5　中国初婚年龄变化趋势

性别＼年份	1985	1990	1995	2000	2005 年	2010	2015
男性	23.62	23.77	24.17	25.12	25.63	26.48	27.20
女性	21.75	22.07	22.58	23.31	23.55	24.67	25.39

注：平均初婚年龄根据平均单身年龄（SMAM）这一指标间接估算而得；1985 年的数据来自陈友华等（1993）的研究，1990、2000、2010 年的数据来自人口普查数据，1995、2005、2015 年的数据来自全国 1% 人口抽样调查数据。

2. 梯度择偶模式

大龄未婚现象的出现还跟中国传统的梯度择偶模式有关。所谓的梯度择偶模式指的是在择偶时，男性更倾向于在比自己各方面"低"的女性中去寻找自己的配偶，比如年龄、社会地位、经济收入等等；而女性则往往倾向于在比自己各方面"高"的男性中去选择自己的配偶。这种"男向下、女向上"的梯度择偶方式，最终导致男女两性在择偶互动中形成社会学中常提及的"错位配对法则"。也即当今社会上流行的说法——甲男配乙女、乙男配丙女，最后被"剩"下来的是顶端的甲女以及底端的丁男。甲女跟丁男因在教育水平、经济收入和社会地位等方面的差距太大，无论如何也走不到一起，这就在甲女和丁男中出现了大量未婚者，形成所谓的男性大龄未婚和女性大龄未婚现象。

中国传统的"男尊女卑""男强女弱"的性别秩序孕育了"男高女低"的婚配模式。有研究利用"中国家庭发展追踪调查"2014 年数据，对 1975 年（含 1975 年）之后结婚的 18~59 周岁城乡初婚夫妇的婚龄匹配和教育匹配及其变动情况进行分析，发现我国城乡初婚夫妇的婚龄匹配依然以传统的"男大女小"模式为主流，主要介于丈夫小妻子 1 岁到丈夫大妻子 4 岁之间；在初婚夫妇教育匹配上，同质婚和异质婚中的"男高女低"仍是中国城乡婚姻匹配的主要形式。农村男性大龄未婚现象的产生一方面跟我国婚配性别比失衡有关；另一方面，与我国传统的"男高女低""男上女下"的传统梯度择偶模式有关。[①]

---

① 梁颖、张志红、高文力、阚唯：《近 40 年我国 18~59 岁初婚夫妇婚姻匹配变动的城乡差异性分析》，《人口学刊》2018 年第 2 期。

这种"男高女低"的梯度择偶模式使婚姻市场出现人为的"选择性"的性别比失衡。经济条件较差地区的女性可借助梯度择偶模式通过迁移的方式来完成自己的婚配,而高学历、高职位、高收入的女性,由于更优秀的男性相对稀缺,则成为被"剩下"的一群。

(二)男性大龄未婚现象的成因:性别失衡和地区发展不平衡带来的婚姻挤压

除了上述共同原因外,男性大龄未婚和女性大龄未婚还有各自的成因。男性大龄未婚现象的产生除了跟初婚年龄推迟、梯度择偶模式以及社会价值观念的嬗变有关外,还有其特殊的原因。

受父权制和男孩偏好的影响,中国历史上一直存在男性多于女性的现象。但中国当前的性别失衡和社会转型带来的地区发展不平衡加剧了婚姻市场对男性的挤压。1979 年以来,男女比例失调或者说性别失衡成为男性婚姻挤压的主要原因之一,而地区发展不平衡所导致的流动加大了对男性的这一婚姻挤压。地区发展不平衡导致农村大量女性借助向上的婚配模式流出,这使本身就性别失衡的农村婚姻市场形势更加严峻,最终导致男性婚配困难主要集中在偏远落后的农村地区。①

1."男孩偏好"导致出生性别比偏高

男女出生性别比偏离正常范围是造成男性婚姻挤压的重要原因之一。20世纪 70 年代后期开始实施的计划生育政策加剧了这种性别不平衡,使中国传统的男孩偏好生育文化更加凸显出来。用人工手段主动选择性别、B 超技术、人工流产等等使我国 20 世纪 80 年代以来出生性别比一直处在持续攀升的状态。

1982 年,我国出生人口性别比开始偏高,为 107.2,2004 年达到最高峰 121.2。2014 年国家实行"单独二孩",出生人口性别比才开始下降至

---

① 李树苗等:《中国的男孩偏好和婚姻挤压——初婚与再婚市场的综合分析》,《人口与经济》2006 年第 4 期。

115.88。2015 年，全国出生人口性别比降到 113.51。2016 年，我国全面放开"二孩政策"，2017 年出生性别比继续下降至 111.9。

但根据 2017 年国家统计局发布的《中国儿童发展纲要（2011 - 2020 年）》，我国的出生性别比仍高于联合国明确认定的出生性别比正常值域——102 ~ 107。持续失衡的出生性别比使男性在婚姻市场中处于劣势地位，而这种挤压集中体现在贫困地区的男性身上。

2. 地区之间发展不平衡而导致的流动

中国一直存在着出生性别比高的现象，但男性大龄未婚现象主要出现在农村、教育程度低的人群中，这还跟中国地区发展不平衡所带来的流动有关。

我国流动人口数量一直处于逐年增长的趋势中，1982 年，中国流动人口只有 670 万，1990 年增加至 2135 万。1990 年至 2010 年的 20 年间，流动人口更是高速增长，2010 年流动人口增加至 22143 万人，年均增长约12%。[①] 大规模的流动人口，导致了我国婚姻的变迁。

首先是地方婚姻市场原有秩序改变。改革开放前，严格的户籍制度和低水平的人口流动将农民束缚在他们的出生地上，也最大限度地阻止了婚姻资源的外流，稳定了地方的婚姻市场，这增加了地方婚姻市场中处于不利地位个体的成婚机会。伴随着改革开放，我国的制度和经济开始出现空间分层，地区发展出现不平衡，越来越多的农村人口从农村迁移到城市，从欠发达地区迁移到发达地区去寻找经济机会。人口流动扩大了原有的婚姻圈，也改变了原有的婚姻市场秩序。

之前较少的流动使通婚圈多限于当地，而如今中国传统的梯度择偶模式使欠发达农村地区的未婚女性去城市或较发达的农村地区去寻找婚姻机会，促进了女性的婚姻迁移，但同时也减少了当地男性的成婚机会。那些处于婚姻市场最底层的男性由于找不到结婚对象而最终处于失婚状态。这跟城市中

---

① 吕利丹、段成荣、刘涛、靳永爱：《对我国流动人口规模变动的分析和讨论》，《南方人口》2018 年第 1 期。

30～34 岁的男性大龄未婚群体不同，这些大龄未婚者多是因为学业和事业而暂缓结婚，统计数据也显示，这些人中的大部分最终都走向了婚姻。而因地区发展不平衡所导致的贫困地区的男性未婚者，他们在高年龄段中所占的比例越来越大，其中的大部分最终走向不婚。2015 年全国 1% 人口抽样调查数据显示，60～64 岁这个年龄组中，农村未婚男性人数占该年龄组男性未婚人数的比例为 71.38%，城市的该比例为 10.41%。

其次是村庄原有婚姻支持体系的改变。在人口大规模向城镇流动的过程中，传统的家族结构和村落共同体逐渐被解构，婚姻开始"去公共化"，婚姻逐渐被看作个体的私人行为，逐渐弱化的家族权威和村落社会规范，使村庄原有的婚姻支持体系发生改变。

（三）主动与被动——女性大龄未婚现象的成因

1. 女性大龄未婚现象形成的主观原因

经过 20 世纪 60 年代第二次女权运动，西方女性在观念层面和现实层面都争取到了更多的权利，"单身"成为女性自主选择的一种生活方式。在中国，随着女性经济的独立和个体化意识的不断增强，一些女性也不再把婚姻作为人生的唯一选择，城市相较于农村更广阔的社交网络和更为宽容的社会环境为这种选择提供了条件。

农村女性仍过多地受传统观念的影响，在"家本位"思想的作用下较早地步入婚姻殿堂，把"相夫教子"作为婚后生活的主要内容，不太追求自身的独立，而是恪守"贤妻良母"的形象。[1] 相比之下，城市高层次女性不仅经济独立、个体化意识强，且社交方式和生活方式多元化，她们中的一些人不再把婚姻看作唯一的选择。

这是中国部分女性大龄未婚现象形成的原因，也是西方发达国家大部分单身女性未婚的主要原因，在中国，还有部分女性大龄未婚者因各种客观原

---

① 陆杰华、王笑非：《20 世纪 90 年代以来我国婚姻状况变化分析》，《北京社会科学》2013 年第 3 期。

因而选择了单身。

2. 女性大龄未婚现象形成的客观原因

一是女性相对较短的适婚年龄。《中华人民共和国婚姻法》第六条规定："结婚年龄，男不得早于二十二周岁，女不得早于二十周岁。晚婚晚育应予鼓励。"晚婚晚育的时间公众大体认同的是女 23 周岁，男 25 周岁。可见，在我国，对结婚年龄的界定是比较早的，一般女性 23 岁，男性 25 岁，就被称为晚婚了。

由于受生育等方面因素的影响，女性的适婚年龄一般比男性要短。虽然我国的初婚年龄一直在增长，但 2015 年全国 1% 人口抽样调查数据显示，我国女性的平均初婚年龄仍维持在 25.39 岁。人们对男女青年的期望结婚年龄通常不低于人们的平均初婚年龄。超过这一平均初婚年龄，人们便可能开始为这一群体的婚姻感到忧虑，将他们界定为婚姻大军中"被剩下"的一群，开始为他（她）们的婚姻前景感到担忧和同情。而处于这个年龄段的现代都市女性又在面临什么样的压力和挑战呢？

二是受教育时间的延长与就业的压力。我国的宏观经济政策、计划生育政策及教育扩张政策等使性别间的教育获得差异尤其是高等教育获得差异不断缩小。教育的性别平等延长了女性的受教育时间，从往年的考研人群变化可以看出，报考研究生的女生比例越来越大。2016 年中国教育在线全国研究生志愿采集系统数据显示，报考硕士研究生的人中，女性已占到 60%，男女比例达到了 2∶3。按照中国的学制，如果女生不间断学习，硕士研究生毕业时通常已经 25 岁。毕业后马上又面临就业和工作上的压力。有学者指出，女性受教育程度越高、年龄越大，所受到的各方面压力就越大。[①]

大龄未婚群体往往学历高、受教育时间较长，毕业后马上面临激烈的就业竞争，刚工作后又需应对较大的职场压力，从而错过了最佳的择偶时机和婚恋年龄，被迫进入大龄未婚行列，而相对较短的适婚年龄更加剧了该问题

---

① 宋健、范文婷：《高等教育对青年初婚的影响及性别差异》，《青年研究》2017 年第 1 期。

的严峻性。

三是工作与家庭的平衡。更进一步，女性由于受教育程度提升，在公共领域的地位也相对提升，女性就业率不断提高，就业领域不断扩大。但在家庭内部，传统家务劳动的性别分工模式仍在延续，女性过早步入婚姻在一定程度上意味着会比男性花费更多的时间在家务劳动中，甚至牺牲自己的工作和事业，尤其是对于受过高等教育的女性来说，进入婚姻在某种程度上意味着在公共领域的机会成本的损失。因此，对于越来越多受过较高程度教育的女性来说，更难放弃其在公共领域已获得的地位、接受婚姻中性别不平等的情况，这一步导致了初婚年龄的推迟甚至对婚姻的放弃。

三　结论和政策建议

婚姻挤压的社会影响是多方面的。从个人层面来看，婚姻挤压会给青年的婚姻和个人幸福产生直接的影响。从社会层面来看，婚姻挤压会影响社会的稳定和人口的发展。

从以上的分析我们可以看出，大龄未婚现象与社会性别建构有着密切的关系。"男孩偏好"导致的出生性别比偏高、梯度择偶模式和传统的社会性别角色分工期待不仅对处于婚姻市场底层的男性形成婚姻挤压，也对城市高收入、高学历的女性形成婚姻挤压。大龄未婚现象的出现不是因为当代青年出了问题，而更多地跟当前的一些制度有关。我国大龄未婚青年人数的增加，是众多因素促成的结果，在相关政策制定上要综合考虑相关因素，对男性大龄未婚和女性大龄未婚两个不同的群体，既要考虑他（她）们之间的共同性，也要考虑他（她）们各自的特殊性。

（一）针对主要集中在贫困农村地区的男性大龄未婚群体

首先，完善我国农村地区的社会保障制度，扭转传统的生育观念。从前面的分析可以看出，男性大龄群体主要集中在贫困的农村，"男性偏好"带来的性别失调是其原因之一。完善我国的养老保障、医疗保障等社会保障制度可以减少人们对家庭养老尤其是儿子养老的依赖，缓解性别失调问题。

其次，男性大龄未婚现象的产生跟地区发展不平衡带来的流动和原有婚姻市场被打破有很大的关系。帮助贫困地区发展本地经济，提高其劳动生产率；发展教育，提高农村男性的受教育水平；在扶贫过程中，重点关注大龄未婚男性群体，对这些群体进行专门的文化技能培训，使其掌握一技之长；充分发挥各种社会力量的作用，促进大龄未婚男性更好地融入社区生活，可以弱化地区发展不平衡带来的负面影响。

（二）针对城市中高学历高收入的女性大龄未婚群体

需从国家层面完善各项社会保障制度和公共服务政策，降低高学历高收入女性婚恋的机会成本。建立和完善职业女性婚育方面的保障政策，发展公共服务事业，帮助高学历、高收入职业女性实现家庭与事业之间的平衡。改变传统的、保守的择偶观念，尊重和支持女性的事业发展。倡导夫妻共同主外主内的合理模式，以减轻女性的压力，增强她们走入婚姻的自信心。①

人们在现代社会享有了充分的自由选择权，然而一些女性在婚姻上没有完全的自由选择权。按理说，女性应该有是否选择结婚、选择什么时候结婚、和什么样的人结婚的权利，然而在现实中，和什么样的人结婚、什么时候结婚更多受到风俗传统、社会主流价值观、家庭关系等诸多因素的影响和制约，尤其是在重"婚姻"、重"家庭"的中国，选择单身面临的社会压力更大。因此除了制定各种制度和政策保障那些因客观因素而被迫推迟或放弃婚姻的女性外，对那些主动选择单身的女性，社会应给予更多的理解和包容，尊重她们的选择，在多元化的进步社会中，女性大龄未婚现象应得到人们的理解和包容。②

---

① 王昌逢：《社会性别视角下的"剩女现象分析"》，《中共山西省直机关党校学报》2010 年第 6 期。

② 王蕾：《中国都市"三高""剩女"的婚恋困境研究——以电视剧〈大女当嫁〉为例》，《华南师范大学学报》（社会科学版）2012 年第 3 期。

（三）避免对大龄未婚群体的标签化和问题化

女性大龄未婚现象是工业化和城市化的产物，是女性社会经济地位逐渐提升的表现。在西方发达国家，大龄未婚现象非常普遍，人们普遍认同这种被主动选择的生活方式。然而在"普婚制社会"，每个人都被认为最后要走向婚姻，否则就会被边缘化，超过人们心中预期的结婚年龄，就会被视为"剩下"。在这种标签下，主动选择单身的青年面临巨大的压力，超过预期婚姻年龄的青年会面临更大的择偶阻碍，因为在大家的眼里，他们是有问题而被"剩下"的一群。

一方面是现代性文化导致了大量大龄未婚者的出现，另一方面则是恪守家庭价值和宗族伦理的传统观念。二者的冲突和紧张构成社会将大龄未婚现象问题化的心理动因。当接受现代性价值观的年轻一代在价值伦理、道德观念和生活方式上不同于传统时，社会对这些现象难以接受。于是，大龄未婚现象被问题化和标签化。大龄未婚现象的产生有更深层的社会动因。它是中国城市化进程中婚恋观变迁、社会结构变化等多种因素交织的产物。因此，解决大龄未婚问题是一个系统工程，除了要建构一个完善的保障体系外，还需营建平等、宽容、多元的婚姻家庭价值观念。

当前中国青年离婚率变动趋势分析报告

刘汶蓉*

摘　要： 通过对离婚率和青年离婚人口的全国性统计数据的梳理和比较，本报告研究发现，自改革开放以来，在全国离婚率整体大幅攀升的背景下，当前中国青年人的离婚风险也总体有所上升。但是，从离婚人口的分年龄比重看，青年人并非离婚人口的主力军，反而在离婚总人口中的占比有所下降。过去20年中，农村地区青年离婚人口占比上升幅度显著，但城市地区由于初婚年龄不断推迟，青年离婚人口占比不升反降。在影响因素方面，本报告结合2019年全国青年婚恋状况调查数据，从文化观念、人口流动、社会政策、媒体传播和性别角色变化五个方面分析了离婚率不断攀升的原因。在对策建议方面，本报告着重讨论了法律制度、公共服务政策该如何保护婚姻制度、增进婚姻的稳定性，并对如何加强青年的婚姻教育和服务提出了具体建议。

关键词： 青年　离婚率　离婚风险　婚姻稳定性

改革开放以来，特别是21世纪以来我国离婚率持续大幅上升。婚姻风险的压缩式快速递增，极大地影响了青年人对婚姻回报的信心、预期和投资意愿。本报告将在全面梳理当前我国青年离婚统计数据的基础上，结合

---

* 刘汶蓉，上海社会科学院社会学研究所副研究员。

2019 年全国青年婚恋状况调查数据，从宏观环境和微观个体决策两个层面分析青年离婚率不断攀升的原因，最后从社会政策角度提出增强青年婚姻稳定性的建议。

一 离婚率和青年离婚人口的变动趋势

自 20 世纪 50 年代以来，中国共经历了三次离婚潮。第一次发生在 1950 年首部《中华人民共和国婚姻法》颁布实施后，体现为对封建包办婚姻制度的废除。第二次发生于 20 世纪 60 年代初，主要是 1958 年以来我国社会政治经济动荡和生存困难期的低离婚率反弹[1]。当下仍在进行的第三次离婚潮始于 20 世纪 70 年代末，嵌入在中国快速的现代化进程之中，被视为中国社会转型和文化价值观变迁的一部分。特别是大城市青年的离婚率攀升，往往被大众视为婚姻制度衰落的风向标[2]。那么，当下中国青年的离婚水平到底如何？在此我们将以全国性的统计数据来描述离婚率的总体变化趋势，以及青年离婚人口的变动趋势和地区差异等。

（一）全国离婚率持续走高

首先，从粗离婚率（Crude Divorce Rate）[3] 指标看，国家统计局历年统计（见图 1）[4]，1978 年我国粗离婚率，为 0.18‰，1979 年上升至 0.33‰，到 2000 年达 0.96‰，增长了 4.3 倍。进入 21 世纪以来，离婚率上升幅度加

---

① 徐安琪、〔俄〕叶列谢耶芙娜：《现代化进程中的家庭：中国和俄罗斯》，上海社会科学院出版社，2016。
② 侯虹斌：《北上广青年婚恋新象》，《同舟共进》2018 年第 12 期。
③ 粗离婚率是目前国际上通用的反映某地区离婚水平的指标，计算公式为：某年粗离婚率 =（某年离婚次数/某年平均总人口数）×1000‰，即该地区年度离婚数与总人口之比，通常以千分率表示。
④ 1985 年之前的数据来自国家统计局公布的《2009 年社会统计数据》，http://www.stats.gov.cn/ztjc/ztsj/hstjnj/sh2009/201209/t20120904_ 72954.html，最后检索时间：2020 年 3 月 6 日。

大，于 2005 年突破了 1‰，2010 年上升到了 2‰，2016 年突破了 3‰。2017 年已达 3.15‰，比 2000 年增长了 2.3 倍，比 1978 年增长了 16.5 倍。

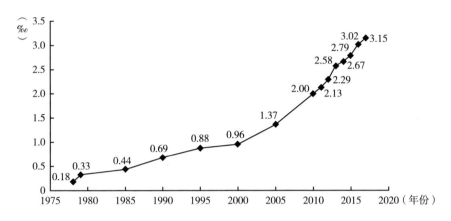

图 1　1978～2017 年全国粗离婚率的变化趋势

数据来源：国家统计局《中国统计年鉴（2018）》，中国统计出版社，2018。

其次，从地区差异看，东北三省和大四川地区的离婚率最高。比较 2017 年中国 31 个省级行政区的粗离婚率发现（见表 1），我国目前离婚率相对最高的地区主要集中在黑龙江、重庆、吉林、内蒙古等地，粗离婚率在 4‰～5‰，其中黑龙江超过 5‰。研究显示，东北三省一直是我国离婚率最高的区域。作为老重工业基地，其城市化水平、人口文化素质和人口流动性都较高，加上经济不稳定、生育率低，增加了这一地区的离婚风险[①]。大四川地区的离婚率也一直较高，重庆 2017 年接近 5‰，是全国离婚率第二高的地区。大四川地区的高离婚率一方面源于经济发展、城市化发展导致的社会快速变迁、人口大规模流动，另一方面也可能受川渝地区独特的"女强男弱"家庭文化的影响[②]。值得注意的是，经济发达的大城市的离婚率并不如大众想象中的那样严重。如表 1 所示，2017 年上海、北京、天津的离婚率分别居全国第 25、第

---

① 李雨潼：《东北地区离婚率全国居首的原因分析》，《人口学刊》2018 年第 5 期。
② 苏理云、柳洋、彭相武：《中国各省离婚率的空间聚集及时空格局演变分析》，《人口研究》2015 年第 6 期。

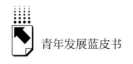

10 和第 7 位。其中，上海的粗离婚率自 2013 年以来有所下降，排名从 2014 年的第 15 位下跌了 10 个名次，2017 年的粗离婚率水平已远低于全国平均水平。因此，网上广为流传的"北上广深离婚率前四"的说法并不准确①。

表 1 2017 年全国 31 个省级行政区离婚率排名

单位：‰

排名	1	2	3	4	5	6	7	8	9	10
行政区	黑龙江	重庆	吉林	内蒙古	安徽	辽宁	天津	贵州	四川	北京
粗离婚率	5.19	4.93	4.90	4.00	3.89	3.81	3.78	3.77	3.76	3.71
排名	11	12	13	14	15	16	17	18	19	20
行政区	江苏	湖北	河南	宁夏	河北	新疆	湖南	陕西	浙江	青海
粗离婚率	3.59	3.38	3.32	3.27	3.10	3.07	3.03	2.84	2.80	2.76
排名	21	22	23	24	25	26	27	28	29	30	31
行政区	山东	福建	云南	广西	上海	江西	山西	甘肃	广东	海南	西藏
粗离婚率	2.73	2.72	2.66	2.47	2.43	2.41	2.23	2.07	1.99	1.93	1.20

数据来源：《中国统计年鉴（2018）》。

需指出的是，虽然离婚率快速上涨，但中国人的婚姻总体稳定，体现为离婚人口在总人口中的比重并不高。根据全国统计数据分析，15 岁及以上的离婚人口在总人口中所占的比重，1990 年仅为 0.6%，2000 年为 0.9%，2010 年为 1.4%，2015 年为 1.7%，2017 年也只有 2.0%。中国家庭动态跟踪调查（CFPS）数据分析发现，在全体已婚者中，离婚比例仅为 3.6%。而且，在 1980 年以前结婚的夫妻中，到 2010 年调查截止时，他们至少已经

---

① 此类报道很多，比如《2016 年中国离婚大数据分析：北上广深离婚率最高》，http：//www.askci.com/news/finance/20160901/14594658879_2.shtml，最后检索时间：2020 年 3 月 6 日；《2020 中国离婚率最高的十大城市有哪些？》，http：//www.64365.com/zs/835032.aspx，最后检索时间：2020 年 3 月 6 日。这些报道都是用"离结比"来衡量离婚率的，即以当年该地区的离婚对数与结婚对数相比较。大城市青年人晚婚率更高，因此造成分母相对较低，并不能真实反映婚姻的稳定性；加上不同地区的人口年龄结构有差异、适婚人口和离婚风险人口规模不同，所以这一指标的可比性并不高。——作者注

结婚 30 年，在婚的比例依然高达 75.4%，22.7% 的夫妻已经丧偶，离婚的比例仅为 1.9%[①]。

（二）青年人的离婚风险递增

在离婚率总体攀升的趋势下，当下中国青年的离婚风险也有所增加，年轻人的婚姻稳定性在下降。首先，统计数据显示，青年人口中离婚者比重有所上升，且女性离婚人口增长快于男性。如表 2 所示，20～40 岁的青年人中，离婚人口比重总体上从 1995 年的 0.73% 上升至 2015 年 1.66%，增长了 1.3 倍。分年龄段看，除 20～24 岁年龄段的离婚人口比重没有多大变化之外，其余年龄段的该比重都有一定幅度的增长，且随着年龄上涨，增长幅度不断加大。其中，2015 年 35～40 岁年龄段的青年人的离婚比重比 20 年前增长了 1.8 倍。从性别差异看，大体而言男青年的离婚人口比重高于女青年，但女性离婚人口比重增长速度快于男性。对于男青年来说，2015 年的离婚人口比重与 1995 年相比，总体上增长了 1.02 倍，在四个年龄段中分别增长了 -0.12 倍、0.49 倍、1.10 倍和 1.46 倍。而女青年的离婚人口比重总体上增长了 1.72 倍，四个年龄段分别增长了 0.04 倍、1.15 倍、1.75 倍和 2.42 倍。

表 2　1995 年和 2015 年 20～40 岁青年人各年龄段的离婚人口比重变化

年龄（岁）	1995 年（%）			2015 年（%）			增长幅度（倍）		
	总体	男性	女性	总体	男性	女性	总体	男性	女性
20～24	0.26	0.26	0.25	0.24	0.23	0.26	-0.08	-0.12	0.04
25～29	0.66	0.84	0.48	1.14	1.25	1.03	0.73	0.49	1.15
30～34	0.97	1.25	0.69	2.26	2.62	1.90	1.33	1.10	1.75
35～40	1.05	1.36	0.72	2.91	3.34	2.46	1.77	1.46	2.42
合计	0.73	0.93	0.53	1.66	1.88	1.44	1.27	1.02	1.72

数据来源：1995 年、2015 年全国 1% 人口抽样调查资料。

---

① 许琪、邱泽奇、李建新：《真的有"七年之痒"吗？——中国夫妻的离婚模式及其变迁趋势研究》，《社会学研究》2015 年第 5 期。

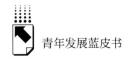

其次，大量实证研究结果显示，当下中国青年的婚姻稳定性下降，婚姻寿命缩短。比如，刘玉萍等人对 CGSS 2010 年的数据分析显示，50 后至 80 后，越年轻的世代初婚平均持续期越短，不同世代出生群组的婚姻稳定性表现出明显降低的趋势①。许琪等人基于全国家庭动态跟踪调查（CFPS，2010）数据的研究发现，中国夫妻的离婚"倒 U"曲线的顶点大约是婚后的第 7 年，符合民间"七年之痒"的俗语。分组分析结果显示，1980 ~ 1989 年间结婚的人群离婚曲线到达顶点大概在婚后 11 年，1990 ~ 1999 年间结婚的人群大概在婚后 8 年，2000 ~ 2010 年间结婚的人群则是在婚后 5 ~ 6 年②。越晚结婚的人群（年纪越轻），离婚发生的时间越早，表明青年人的婚姻越来越不稳定。一项以北京离婚数据为基础的研究显示，2005 年平均婚姻预期寿命为 10.29 年；2010 年，平均婚姻预期寿命为 9.59 年，减少了 0.7 年③。一项对上海某法院 2011 ~ 2012 年间发生的 200 件 80 后离婚案件的分析指出，80 后婚姻案件中在结婚 2 年内申请离婚的占 26%，而在 3 年内申请离婚的比例已经超过 40%，至于婚姻存续 7 年后申请离婚的已经少之又少，仅占 9%④。

（三）青年并非离婚人口的主力军

虽然青年人的离婚风险有所上升，但青年人口并非当前我国离婚人口⑤的主要构成。如前所述，2015 年 20 ~ 40 岁的青年人口中的离婚率是 1.66%，该比重低于总人口的离婚率 1.72%。而且，对 2015 年全国统计数据进一步分析可知，处于离婚状态最多的是 35 ~ 54 岁人群，而不是 35 岁以

---

① 刘玉萍、郭郡郡、喻海龙：《婚前同居、同居蔓延与中国居民的婚姻稳定性：自选择及其变化》，《西北人口》2019 年第 1 期。
② 刘玉萍、郭郡郡、喻海龙：《婚前同居、同居蔓延与中国居民的婚姻稳定性：自选择及其变化》，《西北人口》2019 年第 1 期。
③ 谭远发、宋寅书：《人口结构变动对粗离婚率攀升的影响研究》，《人口学刊》2015 年第 2 期。
④ 潘庸鲁、沈燕：《80 后离婚问题实证研究——以上海某法院 200 件申请离婚案为例》，《中国青年政治学院学报》2013 年第 5 期。
⑤ 指调查时婚姻状态是离婚的人口。

下的青年人。如图2所示，2015年35岁以下的青年人群和55岁以上的老年人群都只占离婚人口的约两成，离婚人口真正的主力军是35~54岁的中年人，占了离婚人口的约六成。其中，40~49岁人口的占比最高，这10岁年龄段聚集了超过33%的离婚人口。50岁之后，离婚人口的比重开始显著下降。如果我们把离婚人口在不同年龄段的比重分布连起来，可以看出，总人口的离婚人口分布随年龄上涨也呈现"倒U"曲线。

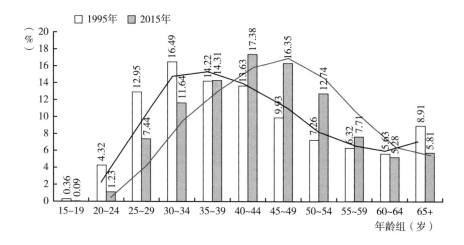

图2　1995年和2015年不同年龄段离婚人口占总离婚人口的比重

数据来源：1995年、2015年全国1%人口抽样调查资料。

另外，比较1995年和2015年的数据可以发现，离婚人口中的青年人口比重并没有随离婚率上升而上升，相反有所下降。如图2所示，与1995年相比，2015年35岁以下各年龄组的离婚人口比重都有非常显著的降低，一共降低了13.7个百分点。而40~59岁年龄组的离婚人口占总离婚人口的比重大幅上升，共增长了17.04个百分点，其中45~49岁年龄段的离婚人口该比重的升幅最大。进一步的数据比较发现，20~39岁的青年离婚人口占离婚人口的比重从1995年的47.98%降至2015年的34.62%。图2的两条平均趋势线清晰表明，与1995年相比，2015年我国离婚人口的聚集高峰从30~39岁推移至40~49岁，20年里整体后推了10岁。

离婚人口中青年人比重下降有很多原因，青年人的初婚年龄不断推迟、离婚风险人口规模减小是其中重要因素。进一步的统计数据显示（见表3），1995～2015年，我国20～40岁的青年人中，有配偶的比重总体下降了13.59个百分点，未婚人口比重上升了12.86个百分点，其中女性的未婚人口比例几乎翻倍，从13.38%上升至26.22%。

表3　1995年和2015年20～40岁青年人的婚姻状况变动

单位：%

婚姻状况	1995年			2015年		
	总体	男性	女性	总体	男性	女性
未婚	18.70	24.00	13.38	31.56	36.68	26.22
有配偶	80.18	74.71	85.68	66.59	61.32	72.07
离婚	0.73	0.93	0.53	1.66	1.88	1.44
丧偶	0.39	0.37	0.41	0.20	0.12	0.28

数据来源：1995年、2015年全国1%人口抽样调查资料。

（四）青年离婚人口的城乡差异显著

一般来说，城市夫妻的离婚风险显著高于农村夫妻。20世纪90年代的一项研究表明，在其他社会人口变量相同的情况下，城镇妇女的离婚概率比农村妇女高出50%左右[1]。21世纪后，农村地区的离婚率快速上升，城乡差异在缩小，但总体的离婚人口占比仍低于城市。如表4所示，2015年城市地区总人口的离婚比重为2.26%，是城镇（1.58%）的1.4倍，乡村（1.36%）的1.7倍。

然而，在20～40岁的青年人口中，离婚人口的城乡差异则呈现相反景象。首先，从青年人口的婚姻状况看，城市青年处于离婚状态的比重为1.42%，低于城镇的1.68%和乡村的1.90%。其次，从该年龄段青年人占离婚人口的比重看，城市为28.51%，占比整体不到三成，但乡村地区的该占比

---

[1]　曾毅、舒尔茨、王德明：《上海、陕西、河北三省市的离婚分析》，《人口研究》1993年第5期。

超过四成（46.99%），其中乡村该年龄段青年离婚女性占离婚女性的比重达五成以上（54.43%）。之所以出现这种城乡差异，一个重要原因是农村青年比城市青年结婚更早、更普遍，离婚年龄也更早。如表 4 所示，城市 20～40 岁青年的未婚比例总体上高出镇和乡村青年 9 个百分点以上。据郭永昌、丁金宏的研究分析，2010 年我国离婚人口高峰分布从城市到乡村逐次下降，城市女性是 49 岁，男性是 50 岁；城镇男女一致，均为 40 岁；乡村女性是 30 岁，男性是 33 岁。[①] 由此可以推断，虽然青年人总体上不是当前我国离婚人口的主要构成，但在乡村地区，青年人离婚则是造成离婚人数上升的主要力量。对于农村青年婚姻日趋不稳定、"早结早离"、"闪婚闪离"等现象，有学者认为，这反映了"打工经济"下农村的婚姻变革，是农村社会结构开放、个体主义价值观上升以及青年人阶层身份焦虑和对婚姻高期待的多重因素影响的结果[②]。而且，农村地区适婚人口的性别失衡即男性相对过剩的性别结构增加了女性的离婚风险，年轻妇女所受影响尤为显著。[③]

表 4　2015 年 20～40 岁青年人口的婚姻状况及离婚水平的城乡差异

单位：%

青年人口婚姻状况	城市			城镇			乡村		
	小计	男	女	小计	男	女	小计	男	女
离婚	1.42	1.27	1.58	1.68	1.90	2.00	1.90	2.51	1.27
未婚	37.12	40.85	33.23	27.61	32.41	22.63	28.11	34.95	21.01
有配偶	61.35	57.83	65.03	70.52	65.59	75.61	69.69	62.33	77.33
丧偶	0.10	0.04	0.16	0.20	0.10	0.30	0.30	0.21	0.39
总体人口中的离婚者比重	2.26	2.06	2.46	1.58	1.76	1.39	1.36	1.94	0.78
离婚人口中的青年人比重	28.51	28.19	28.78	42.88	43.35	42.26	46.99	44.06	54.43

注：总体人口指 15 岁及以上人口，离婚人口指 15 岁以上所有离婚人口。

数据来源：2015 年全国 1% 人口抽样调查资料。

---

① 郭永昌、丁金宏：《中国离婚人口性别比：时期变化与空间差异》，《南方人口》2014 年第 4 期。

② 王会、欧阳静：《农村青年"闪婚闪离"现象及其原因探析》，《中国农村观察》2012 年第 3 期。

③ 张彬斌、汪德华：《中国农村婚龄人口性别失衡对女性离婚决策的影响》，《社会发展研究》2018 年第 2 期。

除此之外，分析表4的数据（第1行和第5行）还可知，城乡离婚人口的性别构成存在显著差异，总体上表现为城市离婚女性"过剩"、农村离婚男性"过剩"。如表4所示，在总体人口中，城市男性离婚人口比重为2.06%，低于女性（2.46%）0.4个百分点；但在乡村地区，男性离婚人口比重为1.94%，是女性0.78%的两倍以上。在青年离婚人口中，城市女性离婚人口比重高出男性0.31个百分点（1.58% vs.1.27%）；但在乡村地区，青年女性离婚人口的比重约为男性的一半（1.27% vs.2.51%）。这一差异主要源于婚姻市场男女供求关系存在城乡差异。在城市地区，由于年龄、经济地位等婚配梯度的影响，男性在婚姻市场上处于优势地位，离婚后更容易再婚；而在农村地区适婚人口性别比失衡的背景下，女性处于婚配优势地位，更容易再婚。

二　离婚率不断攀升的原因

如前所述，20世纪70年代末以来我国离婚率的不断攀升是与经济高速发展相伴随的一个过程，但离婚率并不仅仅与社会经济发展有关，人口结构、社会制度、风俗和文化传统等都是影响离婚率的重要因素。家庭经济学认为，一桩婚姻稳定与否主要受到三个因素的影响，即婚姻收益、离婚阻力和婚姻替代，社会宏观环境中结构性因素的变动会造成三个因素的变动，从而影响婚姻的稳定性。因此，青年离婚率的上升在一定意义上是婚姻制度微观层面的变迁与社会宏观结构变迁不相匹配的结果。下文我们基于2019年全国青年婚恋状况调查数据，结合学界对相关问题的理论探讨，对当下青年人离婚率上升现象的原因进行分析。

全国青年婚恋状况调查于2019年1月完成，共在北京、上海、安徽、湖北、江苏、江西、山东等7个省市调查了25个城市/区，最终获得有效样本2587个。调查对象为15~35岁的青年人，平均年龄为25.2岁，其中未婚者占72.2%，同居者占2.6%，初婚有配偶者占24.0%，再婚有配偶者占0.2%，离婚者占1.0%，丧偶者占0.1%。样本其他的重要人口学特征如表5所示。

表5　全国青年婚恋观调查样本描述性统计

单位：N = 2587，%

样本地区分布	占比	性别分布	占比	年龄段分布	占比
北京	20.1	男性	47.5	14~19 岁	25.5
上海	11.9	女性	52.5	20~24 岁	26.6
安徽	12.5	教育分布	占比	25~29 岁	27.5
江苏	13.0	初中及以下	3.1	30~34 岁	20.4
湖北	11.3	技校/中专/高中/职高	19.6	户口分布	占比
江西	12.3	大专	26.1	农业户口	46.9
山东	19.0	本科及以上	51.2	城市户口	53.1

（一）个体主义理想衍生的婚姻困境

在西方现代化理论框架中，婚姻的稳定性下降是现代性不断推动社会个体化发展，婚姻制度发生"制度婚－伴侣婚－个体婚"变迁的结果[1]。概括起来，以工业化、城市化和经济发展为主要特征的现代化进程对婚姻稳定性的影响途径主要有两个方面。一方面，经济发展和物质繁荣为个体提供了不依赖于婚姻家庭而独立生活的物质条件[2]，降低了婚姻对个体的工具性效益，也降低了离婚的成本。许多实证研究都表明，在普婚的社会中，经济繁荣时期离婚率较高。比如，已有研究论证了家庭财富的增加与离婚之间存在显著的正相关性，同时也指出该研究结果能很好地解释中国改革开放以来的离婚率现象。[3] 另一方面，自启蒙运动以来，婚姻的神圣性被解构，自由民主思想在市场经济的推波助澜下盛行，爱情逐步取代财富地位成为普遍的衡

---

① Cherlin, A. J. "The Deinstitutionalization of American Marriage", *Journal of Marriage and Family*. 66 (2004): pp. 848 – 861. 〔德〕贝克·乌尔里希、伊丽莎白·贝克－格恩斯海姆:《个体化》, 李荣山等译, 北京大学出版社, 2011, 第101~113页。

② Amato, P. R., "Tension between Institutional and Individual Views of Marriage", *Journal of Marriage and Family*, 66 (2004): pp. 959 – 965.

③ Yao, S. & Quah, E. "Economics Behind the Law: Why Number of Divorce Cases Grows When Families become Wealthier?", *European Journal of Law and Economics*, 2003, 35 (1): pp. 137 – 143.

量幸福婚姻的标准，也衍生了爱情婚配所固有的脆弱性。[1] 20世纪60年代青年文化运动催生了"完美配偶"（集灵魂伴侣、情感陪伴和工具支持于一体）文化理想[2]，进一步推动了婚姻的情感化和心理化倾向，抬高了青年人对高质量婚姻的期待，也推高了婚姻焦虑的可能性。美国的研究显示，婚姻与人的心理健康关系越来越紧密。与过去相比，糟糕的婚姻会更大程度地降低人的幸福感。[3]

从我国社会经济和文化结构转型来看，中国传统的"家本位"制度使人们难以轻易地作出离婚选择，也从文化心理上降低了对婚姻情感性的期望，提高了对婚姻磨合的忍受力。但在现代化进程中，市场经济体制改革不断推动了"个体的崛起"[4]，使人们对婚姻家庭关系的选择可以更加独立地进行。社会普遍对爱和自我实现式婚姻关系的追求，一方面从总体上提高了婚姻质量，另一方面也显著地削弱了双方对婚姻冲突和磨合的忍受力，降低了婚姻的稳定性。如2019年全国青年婚恋状况调查结果所示（见表6），当下我国青年人普遍注重对情感和精神婚姻的追求，家庭主义婚姻观念已不占主流。

首先，对未婚青年的择偶标准数据统计结果显示，指代精神契合和情感温暖的"志同道合"和"体贴/会关心人"，被认为是最重要的条件，选择率分别是34.0%和37.0%，远远高于个人收入（7.5%）、门当户对（2.9%）、有房子（2.0%）、家庭背景好（1.7%）等物质财富条件。如表6所示，青年人对"体贴/会关心人"和"志同道合"总体的认同态度处于"比较重要"和"非常重要"之间，约四成的人表示"非常重要"。另外，面对对方以前的婚史是否重要的问题，有8.1%的未婚青年明确表示"不重

---

[1] 〔美〕斯蒂芬妮·库茨：《婚姻简史：爱情怎样征服了婚姻》，秦传安、王璠译，中央编译出版社，2009。

[2] Cherlin, A. J. "A Happy Ending to a Half - Century of Family Change?" *Population and Development Review*, 2016, 42 (1): pp. 121 - 129.

[3] Finkel, E. J., Cheung, E. O., Emery, L. F., Carswell, K. L., and Larson, G. M. "The Suffocation Model: Why Marriage in America is Becoming an all - or - nothing Institution." *Current Directions in Psychological Science*, 2015, 24 (3): pp. 108 - 113.

[4] 阎云翔：《中国社会的个体化》，陆洋等译，上海译文出版社，2012。

要"，13.7%的人表示"不太重要"，显示出青年人对离婚者的不良刻板印象有所松动。

表6 青年人的择偶观念和离婚态度

单位：%

重要性	未婚青年的择偶观念			赞同程度	已婚青年[a]的离婚观念	
	志同道合	体贴/会关心人	以前婚史		离婚总是对孩子有害	为了孩子永远不该离婚[b]
1. 不重要	2.6	2.5	8.1	1. 完全不赞同	3.4	19.1
2. 不太重要	5.0	2.8	13.7	2. 不太赞同	9.9	44.4
3. 有些重要	18.0	18.9	17.5	3. 不好说	5.5	6.6
4. 比较重要	33.0	36.7	21.5	4. 有点赞同	20.2	17.6
5. 非常重要	41.5	39.1	39.2	5. 完全赞同	61.0	12.3
合计	100.0	100.0	100.0	合计	100.0	100.0
均值	4.06	4.07	3.70	均值	4.26	2.60
样本数	1407	1407	1407	样本数	649	649

注：a. 包括初婚、离婚和再婚者；b. 问卷完整题目为"为了孩子，父母即使婚姻不幸福也永远不应该离婚"。本文下表同。

其次，有婚姻经历的青年人对"为了孩子牺牲个人幸福"的家庭主义婚姻观念接受度不高。如表6所示，青年被访者对于"离婚总是对孩子有害"的说法总体上处于"有点赞同"和"完全赞同"之间；对于"为了孩子，父母即使婚姻不幸福也永远不应该离婚"的态度总体上处于"不太赞同"和"完全不赞同"之间。从百分比看，在有婚姻经历的青年中，63.5%的人明确表示不赞同"为了孩子，父母即使婚姻不幸福也永远不应该离婚"的观点，对于"离婚总是对孩子有害"的说法，也合计有13.3%的人不赞同。也就是说，虽然青年人认可离婚对孩子不好，但孩子不是决定婚姻继续与否的唯一因素，而个人幸福更重要。

（二）人口流动对婚姻稳定性的冲击

人口流动是工业化、城市化和市场经济发展的伴生现象。20世纪90年代以后，我国大量的农村人口进入城市工作，截至2017年流动人口已经达

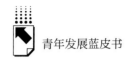

2.44 亿①。对于流动人口来说，在城市与农村之间的动态往返是生活常态，其家庭生活、家庭关系和家庭稳定性往往会受到外出者打工时间的长短、打工地点离家的距离和打工地点外在环境等因素的严重影响②。大量实证研究证明了流动对婚姻稳定性具有显著的负面影响。杜凤莲基于中国健康与营养调查（CHNS）数据发现，城乡间劳动力流动使得农村居民离婚率提高了 63.75%。③ 高梦滔基于中国 2003～2009 年的村级微观面板数据分析发现，样本村的平均粗离婚率为 1.02‰，外出人口比例越大的村庄离婚率越高。④ 莫玮俏和史晋川同样基于中国健康与营养调查（CHNS）数据的研究发现，调查样本村中非流动农村家庭离婚率为 0.5%，夫妻单方流动家庭离婚率为 1.8%，夫妻共同流动家庭离婚率为 1.4%。⑤ 马忠东、石智雷的研究认为，在外流动时间每增加一年，流动人口的离婚风险会增加 5.9%，农民工的离婚风险会提高 6.6%。⑥

对 2019 年全国青年婚恋状况调查的数据分析结果显示，流动人口中离婚人口占 1.7%，而非流动人口中的离婚人口比重为 0.8%，这一差异在控制其他变量之后的多元分析中依然具有显著性。而且，从观念上看，已婚人口中的流动人口比非流动人口对离婚的态度更宽容。如表 7 所示，与本地人口相比，流动人口中完全赞同"离婚总是对孩子有害"的比例低 12.1 个百分点，持"不好说"态度的比例高出 9.7 个百分点，且两个群体的态度差异具有统计显著性。对于"为了孩子，父母即使婚姻不幸福也永远不应该离婚"这一极端观点，虽然两个群体总体差异不大，都是超过五成的被访

① 国家卫计委：《中国流动人口发展报告 2018》，http：//www.gov.cn/xinwen/2018－12/25/content_ 5352079.htm，最后检索时间：2020 年 3 月 6 日。
② 风笑天：《农村外出打工青年的婚姻与家庭：一个值得重视的研究领域》，《人口研究》2006 年第 1 期。
③ 杜凤莲：《中国城乡劳动力流动对婚姻稳定性的影响》，《经济社会体制比较》2010 年第 5 期。
④ 高梦滔：《农村离婚率与外出就业：基于中国 2003～2009 年村庄面板数据的研究》，《世界经济》2011 年第 10 期。
⑤ 莫玮俏、史晋川：《农村人口流动对离婚率的影响》，《中国人口科学》2015 年第 5 期。
⑥ 马忠东、石智雷：《流动过程影响婚姻稳定性研究》，《人口研究》2017 年第 1 期。

人持否定态度,但流动人口的态度更显模糊,持"不好说"态度的比例比本地人口高出7.1个百分点。

表7 流动人口与非流动人口对离婚态度的比较

单位:%

赞同程度	离婚总是对孩子有害			为了孩子永远不该离婚		
	本地人口	流动人口	总体	本地人口	流动人口	总体
完全赞同	64.3	52.2	62.1	12.6	12.4	12.6
有点赞同	20.5	19.5	20.3	17.8	17.7	17.7
不太赞同	8.9	12.4	9.5	45.6	43.4	45.2
完全不赞同	2.8	2.7	2.7	18.7	14.2	17.9
不好说	3.6	13.3	5.3	5.3	12.4	6.6
合计	100.0	100.0	100.0	100.0	100.0	100.0
样本数	507	113	620	507	113	620
卡方检验	19.842**		—	8.158		—

＊$P<0.05$; ＊＊$P<0.01$; ＊＊＊$P<0.001$。

关于人口流动对婚姻稳定性的影响机制,主要有以下几方面的解释。首先,流动导致人际关系的陌生化,结果表现为两方面:一是伦理规范、道德舆论等社会压力对私人生活的约束力明显减弱,离婚、再婚的心理成本降低;二是情感支持相对缺乏,使婚姻矛盾缺乏疏导途径[1]。其次,流动导致价值观念的多元开放。不仅表7的数据证明流动人口对离婚持更宽容态度,而且大量对新生代流动人口的婚恋问题研究发现,与没有流动经历的同龄农村人口、老一代流动人口相比,新生代流动人口的未婚同居和非婚性行为增多、性观念更趋开放[2]。最后,流动对婚姻质量和婚姻调适产生压力,主要体现在三个方面:一是人口流动扩大了择偶圈,导致婚姻的异质性增强,夫

---

[1] 汪国华:《从熟人社会到陌生人社会:城市离婚率趋高的社会学透视》,《北京科技大学学报》(社会科学版)2007年第1期。

[2] 曹锐:《新生代农民工婚恋模式初探》,《南方人口》2010年第5期。宋月萍、张龙龙、段成荣:《传统、冲击与嬗变——新生代农民工婚育行为探析》,《人口与经济》2012年第6期。

妻的价值观念、行为习惯差异增大；二是工作和生活的不稳定会给流动者带来巨大的精神压力，进而对夫妻感情、婚姻互动质量产生影响；三是变动不居的流动生活，特别是非共同迁移会让夫妻面临沟通不足、情感满意度低、再婚机会相对较多等问题①。

（三）社会政策的非预期后果

我国婚姻法的主要精神是坚持婚姻自由、男女平等，立法轨迹集中体现了政策制定者努力适应现实社会中婚姻变迁的时代特征。21 世纪以来，最高人民法院分别于 2001 年、2003 年和 2011 年出台了三次《关于适用〈中华人民共和国婚姻法〉若干问题的解释》，针对离婚判决依据、财产分割、债务处理、子女抚养等问题作出具体的司法解释，为基层法院的案件处理和裁决提供明确依据。有学者认为，中国的离婚法实践体现了鲜明的"实用道德主义"，其优点是对不断变化的社会现实具有适应性，比西方强调形式主义的法律体系更具包容性②。

除了婚姻法之外，其他社会政策也会间接对婚姻稳定性产生影响，如住房、幼托、子女教育、养老等政策虽然并不以婚姻为规范对象，但个体为了适应政策所作的反应在很大程度上会影响婚姻家庭的观念变革，甚至婚姻家庭结构本身。在诸多影响政策中，房地产政策对大城市离婚率的影响尤为突出。有研究显示，大城市的离婚率与房价有紧密关系，房价越高、波动越大，离婚率越高③。自 2000 年以来，我国的房价水平以年均 8.6% 的速度持续上升，远远超过了同期的 CPI 增速，为抑制投机投资性购房，防止房价上涨过快，我国 2010 年开始出台房地产调控政策。④ 但 2013 年的"国五条"、

① 莫玮俏、史晋川：《农村人口流动对离婚率的影响》，《中国人口科学》2015 年第 5 期。
② 赵刘洋：《中国婚姻"私人领域化"？——当代中国法律实践中的妇女离婚》，《开放时代》2019 年第 2 期。
③ 范子英、胡贤敏：《未预期的收入冲击与离婚：来自住房市场的证据》，《华中科技大学学报》（社会科学版）2015 年第 1 期。
④ 夏磊：《房价涨幅趋稳 不存在全局性房价泡沫风险》，http://finance.sina.com.cn/zl/china/2019-02-19/zl-ihrfqzka7087563.shtml，2019 年 2 月 9 日。

2016 年的"新国五条"都掀起了"假离婚潮"①，引发社会各界的热议。如图 3 所示，2011 年、2013 年、2016 年北京、上海、天津的粗离婚率均处于一个高峰。汇总北京、上海、天津 2015~2017 年的商品房销售额状况发现，三个城市 2016 年的商品房销售额分别同比增长 29.7%、31.5% 和 94.3%，而 2017 年销售额大幅缩减，同比下跌 38.7%、39.9% 和 34.7%②。虽然其中政策性离婚的贡献到底有多大很难确定，还需对更多资料加以研究，但这些数据在一定意义上说明 2016 年的高离婚率中有很大比重是为了规避限购限贷而进行的"假离婚"。

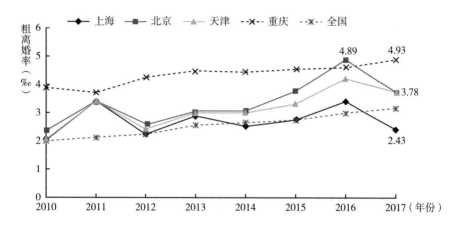

图 3　全国及四个直辖市粗离婚率变化趋势（2010~2017 年）

数据来源：《中国统计年鉴》（2011~2018）。

（四）媒体传播对婚姻风险的放大

数字化网络技术，特别是以移动互联技术为基础的各种新媒体的普及，极大地冲击着青年人的婚恋观念、行为和关系。首先，发达的互联网信息传

①　《楼市有风险离婚需谨慎》，https：//gz. leju. com/2013 - 03 - 22/15152443907. shtml，最后检索日期：2020 年 3 月 6 日；《假离婚潮再现　这种方式买房至少有两大风险》，http：//www. goufang. com/fangchan/qg_ 268. html，最后检索日期：2020 年 3 月 6 日。

②　根据《中国统计年鉴》相应年份的商品房销售额计算——作者注。

播对个体婚姻行为的影响，集中体现为由媒体选择性传播所建构的拟态环境造成受众的认知偏差。一方面，媒体对明星、公众人物的婚恋轶事以及社会极端婚恋纠纷的密集报道，强化了公众对婚姻不稳定的风险感知，降低了青年人投资婚姻的意愿。另一方面，海量的媒体资讯，特别是对明星富人阶层生活的大量播报，改变了个体生活的参照体系，抬高了青年人对婚姻生活效用的预期，增大了现实与理想间的落差，从而增加了婚姻不稳定的风险。[1]再者，媒体的负传播效应助推了离婚率的上升。比如，有研究认为，当前大量的影视作品美化了婚外情，增加了受众对第三者的美好想象，不利于维护婚姻的严肃性和稳定性。[2]

其次，网络拟态环境解构了单一的价值取向，信息更新的规模和速度超出了个人的判断和分析能力，加上网络信息的开放性遮蔽了现实社会结构的壁垒，塑造出"万事不严肃"的价值观。朱齐文等人的一项调查显示，对于新媒体中的婚外恋报道，有38.8%的大学新生认为其"违背伦理道德，应坚决反对"；有47.2%的学生表示对婚外恋"可以理解，但自身不会这样做"；有12.7%的学生表示"无所谓"；另有1.3%的学生表示婚外恋"是社会趋势，十分支持"。对各类新媒体报道的大学生做"小三"的新闻，有56.9%的学生表示这种行为"违背伦理道德，应坚决反对"；有33.4%的学生表示这种行为"可以理解，但自身不会这样做"；另有1.0%的学生表示"是社会趋势，十分支持"；还有8.8%的学生对此类行为表示无所谓。[3]

对全国青年婚恋状况调查的分析结果显示（见表8），性知识获得渠道对18~35岁未婚青年的婚外情态度有显著影响。总体来说，那些从网络上获得过性知识的人比没有从各类网站上获得性知识的人对婚外情的态度更宽容，但那些从学校课堂上获得过性知识的青年，对待婚外情的态度则更保

① 鲁建坤、范良聪、罗卫东：《大众传媒对婚姻稳定性的影响研究》，《人口研究》2015年第2期。
② 曾美桂：《媒体传播的负效应研究——以影视剧及网络新闻美化"小三"为例》，《新闻界》2012年第17期。
③ 朱齐文、杨艺馨、马晓：《新媒体时代大学新生婚恋观特点研究》，《传播力研究》2018年第25期。

守。该调查数据还显示，是否从父母、兄弟姐妹、同龄朋友、男/女朋友那里获得过性知识，对青年人的婚外情态度没有影响。这些结果在一定意义上表明，媒体网络的资讯传播对传统婚恋态度有负向影响。

表8 未婚青年性知识获得渠道对其婚外情态度的影响

单位：%

判断	性教育网络		色情网站		其他网站		学校课堂	
	无	有	无	有	无	有	无	有
完全错误的行为	77.1	72.8	77.4	66.7	77.2	63.9	73.0	82.1
有一些错误的行为	8.8	10.9	8.8	13.0	8.8	13.9	10.9	6.1
或许有点错误	2.9	5.8	3.3	5.1	3.4	4.9	3.6	3.4
没太大错误	2.3	2.5	2.0	5.6	2.1	5.6	2.7	1.7
完全没错误	1.1	0.5	1.0	0.9	1.1	0.0	1.2	0.6
说不清	7.7	7.4	7.5	8.8	7.3	11.8	8.5	6.1
合计	100.0	100.0	100.0	100.0	100.0	100.0	100.0	100.0
样本数（N）	1536	394	1714	216	1786	144	1244	686
卡方检验（x^2）	11.054 *		18.980 **		19.142 **		22.817 ***	

＊P＜0.05， ＊＊P＜0.01， ＊＊＊P＜0.001。

最后，沟通方式、休闲方式的虚拟化为现实婚恋中的人际互动障碍埋下伏笔。一项对学生的调查显示，虽然网恋的比例仅占8.1%，但有54.5%的人在恋爱时主要通过微信、QQ等新媒体进行沟通，该比重高出面对面的沟通方式。[1] 对虚拟沟通的依赖、缺乏现实的关怀和亲密体验，导致难以建立真实稳定的情感联结。研究发现，大众传媒的普及推高了离婚率，一个重要的原因是网络的普及改变了家庭成员的闲暇消费模式，增加了个人独立休闲娱乐的时间，减少了夫妻共同参与的消费和闲暇生活，降低了有助于婚姻稳定的家庭专用资本的投入。[2]

---

[1] 朱齐文、杨艺馨、马晓：《新媒体时代大学新生婚恋观特点研究》，《传播力研究》2018年第25期。

[2] 鲁建坤、范良聪、罗卫东：《大众传媒对婚姻稳定性的影响研究》，《人口研究》2015年第2期。

（五）性别角色变化对婚姻稳定性的挑战

家庭经济学从婚姻效益角度论述了性别分工对婚姻稳定性的影响。经典功能主义认为，婚姻从根本上是一个性别化的制度，即男主外女主内的分工合作和角色互补是实现夫妻双方效益最大化的设置，而且，这种角色分工的专门化增强了夫妻间的相互依赖，是婚姻凝聚力的重要来源。但现代化进程中，随着女性受教育程度的大幅上升，女性社会经济地位快速崛起，从根本上冲击了婚姻的性别分工制度。

首先，女性因自身的社会经济地位提升，减少了对丈夫的经济依赖和社会地位依赖。也就是说，女性经济地位的上升极大地降低了其从婚姻中获得经济利益、社会身份的必要性，也降低了女性离婚的阻力。如表9所示，月收入3000元以上的已婚女青年比3000元以下的对离婚观念更包容。西方大量实证研究都证明了女性劳动力市场参与率与离婚率之间的正相关关系，且研究发现这不仅因为女性增加了收入[1]，还因为夫妻在婚姻风险加大时对婚姻的调适偏好存在冲突。[2] 自新中国成立以来，我国城市家庭普遍是双职工模式，所以女性就业率变动与城市离婚率之间的关系不显著，但中国女性在离婚决策上一直比丈夫更加主动，且有上升趋势。张彬斌、汪德华基于对全国基层法院离婚判决书的梳理发现，从2004年到2015年，离婚案件由女性一方作为原告的情形逐年增多，由2004年的60%增长到2015年的70%左右。[3] 而且，农村婚姻研究者认为，女性外出就业和经济独立改变了传统性别分工，是当下农村女性主导离婚现象增多的重要原因。[4]

---

① Kesselring, R. G. & Bremmer, D. "Female Income and the Divorce Decision: Evidence from Micro Data", *Applied Economics*, 2006 (38): pp. 160 – 1616.

② Raquel, F. & Wong, J. C. "Divorce Risk, Wages and Working Wives: A Quantitative Life – Cycle Analysis of Female Labour Force Participation". *The Economic Journal*, 2004, 124 (576): pp. 319 – 358.

③ 张彬斌、汪德华：《中国农村婚龄人口性别失衡对女性离婚决策的影响》，《社会发展研究》2018年第2期。

④ 卢飞、徐依婷：《农村青年离婚"女性主导"现象及其形成机制——基于性别理论视角和四川S市5县（区）的考察》，《湖南农业大学学报》（社会科学版）2018年第2期。

表9 不同教育经济状况的已婚女性的离婚态度比较

单位：%

| 态度 | 为了孩子永远不该离婚 | | | | 离婚总是对孩子有害 | | | |
| | 收入（元） | | 教育 | | 收入（元） | | 教育 | |
	3000 -	3001 +	大专 -	本科 +	3000 -	3001 +	大专 -	本科 +
完全赞同	14.2	7.1	13.9	7.6	67.9	48.8	64.8	51.6
有点赞同	14.9	11.4	20.5	8.5	13.4	27	14.8	25.6
不太赞同	50.0	46.4	48.4	47.5	9.7	12.3	8.2	13.0
完全不赞同	14.2	29.4	12.3	29.6	2.2	5.2	4.9	3.6
不好说	6.7	5.7	4.9	6.7	6.7	6.6	7.4	6.3
合计	100.0	100.0	100.0	100.0	100.0	100.0	100.0	100.0
样本数	134	211	122	223	134	211	122	223
卡方检验	13.396 **		22.538 ***		14.553 **		8.773	

*P < 0.05，**P < 0.01，***P < 0.001。

其次，教育是助推个体主义价值观的重要因素，改革开放以来，女性教育水平的提高是改变婚姻观念的关键因素。全国青年婚恋状况调查结果显示，18~35 岁的女青年中教育程度为大学本科和研究生的比例为58.9%，而男青年的该比例为51.3%，比女青年低7.6 个百分点。有研究表明，中国普遍改变的高等教育性别比与离婚率之间存在一定关联，高等教育的性别比变化导致女性离婚后在再婚市场上的竞争力提升，保持单身效用的水平也上升①。如表9 所示，本科及以上的已婚青年女性比大专及以下女性对待离婚的态度更宽容。在大专及以下群体中，完全赞同和有点赞同"为了孩子永远不该离婚"观念的比例为34.4%，比本科及以上群体的认同比例高出18.3 个百分点。前者完全赞同"离婚总是对孩子有害"的观点比例也比后者高13.2 个百分点。

再次，双重负担和压力降低了女性的婚姻满意度。经济独立和高教育程度的女性对配偶怀有更多的家务帮助、情感陪伴和精神支持上的期待。但在目前强调男性权力和刚硬的性别文化惯性下，新的家庭分工和性别角色模式

① 何林浩：《中国持续改善的高等教育性别比与离婚率》，《世界经济文汇》2018 年第6 期。

很难形成。相反，在普遍的传统家庭性别分工模式下，承担社会经济角色的女性反而面临严峻的双重负担压力。因此，整体来说女性的婚姻满意度较低，对离婚持更为宽容的态度。2019 年全国青年婚恋状况调查结果显示（见表10），有婚姻经历的青年中，女性完全不赞同和不太赞同"离婚对孩子有害"和"为了孩子永远不该离婚"的比例比男性分别高出6.9 个百分点和17.3 个百分点。在择偶条件的重要性方面，女性认为志同道合非常重要的比例比男性高14.6 个百分点，认为"体贴/会关心人"非常重要的比例比男性高23.4 个百分点。进一步的多元回归分析结果显示，注重志同道合的择偶观念会显著促进对离婚的宽容。与低教育程度者和男性相比，高教育程度者和女性对婚姻持更多的浪漫主义情怀，而这种浪漫期待成为她们婚姻不稳定的内在动力。

表 10 有婚姻经历者的离婚态度和择偶条件的性别差异

单位：%

态度	离婚态度				重要性认知	择偶条件的重要性			
	离婚对孩子有害		为了孩子永远不该离婚			志同道合		体贴/会关心人	
	男	女	男	女		男	女	男	女
完全不赞同	1.7	4.7	12.2	24.5	不重要	3.5	0.6	4.9	1.1
不太赞同	7.7	11.6	41.6	46.6	不太重要	6.3	2.2	5.6	1.7
不好说	4.2	6.6	7.7	5.8	有些重要	25.2	13.8	27.3	12.1
有点赞同	18.5	21.5	23.1	13.2	比较重要	31.5	35.3	37.8	37.2
完全赞同	67.8	55.6	15.4	9.9	非常重要	33.6	48.2	24.5	47.9
合计	100.0	100.0	100.0	100.0	合计	100.0	100.0	100.0	100.0
N	286	363	286	363	N	286	363	286	363
卡方检验	12.772 *		27.108 ***		F 检验	34.145 ***		58.593 ***	

* $P < 0.05$，** $P < 0.01$，*** $P < 0.001$。

值得指出的是，婚姻对女性的效益下降，一方面源于男性对婚姻的经济贡献下降，但家务、情感和精神方面的贡献并没有相应上升；另一方面源于劳动力市场变化对家庭生活的冲击，加大了女性平衡工作和家庭的困难。20 世纪 90 年代以来，随着市场经济改革的深化，劳动人口的就业压力、工作强度不断增加。对于女性来说，虽然随着教育程度的上升，职业参与意愿和期望也不断上升，但因为面临的家庭压力并无相应降低，在双重负担下，部分女性选择降低社会地位、期望而回归家庭。比较三次妇女地位调查数据可知，近 20 年来"男人应以社会为主，女人应以家庭为主"的性别分工观念出现回潮①。在缺乏有效社会政策干预的情况下，女性生存和发展将更加依赖自身资源，女性群体婚姻状态出现分化和不平等的可能性也将增大。

三 增进婚姻稳定性的对策建议

从理论意义上讲，离婚率的上升表明了社会的日趋开放对人的解放和自由有积极促进作用，但从生活实践角度看，离婚率快速上升极大地影响了青年人的生活安全感和幸福感。西方社会的发展经验表明，进入 21 世纪之后，婚姻去制度化的消极后果凸显，"超低生育率"、"儿童贫困"、"人口老龄化"和"原子化"、"主体性安全感丧失"、"无缘孤老"等成为困扰社会治理的"新风险"和影响个体福利水平的普遍难题②。所以，婚姻在亲密关系私人化和价值多元的今天依然具有重要的制度意义，是各国社会政策的焦点。

（一）法律制度须平衡婚姻的私人性与公共性

如前所述，离婚率的上升从根本上讲是现代性推动婚姻个体化所造成的困境，也是需要婚姻制度不断干预并服务人类生活的原因。从世界范围看，

---

① 顾辉：《国家、市场与传统社会性别观念回潮》，《学术界》2013 年第 6 期；杨菊华：《近 20 年中国人性别观念的延续与变迁》，《山东社会科学》2017 年第 11 期。

② Amato, P. R. "Tension between Institutional and Individual Views of Marriage", *Journal of Marriage and Family*, 2014（66）：pp. 959 – 965. 〔日〕NHK 特别节目录制组：《无缘社会》，高培明译，上海译文出版社，2014。

当前西方国家的婚姻政策研究主要集中在同居合法化和同性恋婚姻合法化问题上，讨论围绕着婚姻的公共性和私人性质间的边界究竟如何界定这一问题。在个体主义文化中，社会公众广泛接受婚姻和家庭是个人权利的观念，只有宗教组织和政府关心其公共性。这种价值观也导致婚姻家庭的扶助功能急剧弱化、婚姻不稳定，以及由此引发贫困、犯罪和非婚生育等社会问题。欧美国家的教训值得我们反思，我们是否要在个体化这条道路上走很远，或者说我们该如何防止个体化带来的一系列"社会病"。我国婚姻法始终坚持婚姻自由、男女平等的精神代表了人类社会文明趋向，但我们的司法实践必须面对日常生活中婚姻家庭的共同体属性，以及某些领域男女事实上不平等的现状。没有价值指引的制度实践是缺乏生命力的，但忽视现实基础的价值张扬则会损害社会应有的公平正义。事实上，婚姻和家庭的合作性和集体性，决定了夫妻双方在资源投入和获得上不可能完全平等，家庭照料和家务投入是维持婚姻和家庭所必需的，因此，在离婚和财产分割上，要实行"照顾子女和经济地位弱者权益的原则"，要充分考虑当事人对家庭重要的非经济贡献，而不是保护经济地位强势者的既有财产。另外，简便的离婚制度暗含的其实是个体化的逻辑，凸显的是个人意志和意愿的重要性，但容易导致冲动性离婚，不利于婚姻严肃性和神圣性的塑造。因此现行的离婚制度还需进一步完善，比如，在离婚程序中增加夫妻情绪冷静期与延期审查制度[①]；在离婚协议中明确未成年子女的双方抚养责任条款，包括抚养费、探望等具体分担承诺等，而不仅仅是双方笼统地达成口头一致的认定。这些延缓程序和详细规定会减少冲动性离婚，也有利于减少因房产投资、拆迁等利益而产生的政策性离婚现象。

（二）婚姻制度需要公共服务政策的支持

21 世纪以来，日本和韩国的个体化和去家庭化趋势告诉我们，家庭主

---

① 陈友华、祝西冰：《家庭发展视角下的中国婚姻法之实然与应然》，《探索与争鸣》2012 年第 6 期。

义文化并不一定能维护婚姻家庭制度的稳固。事实上，在家庭缺乏正式支持的时候，家庭主义文化反而会让人们远离家庭。因为在家庭主义文化价值体系中，家庭成员间的无限连带责任是一种巨大压力，财力和物质条件就成为进入婚姻与否最重要的考量。而且，当家庭承担过重的工具性福利功能的时候，对于那些资源有限的家庭来说，家庭的情感支持功能也会遭到破坏。

既有研究表明，虽然经济增长和离婚率之间是正相关关系，但这种影响是在控制了国家政策、地区文化传统的影响后才体现的。因此，我们在以经济建设为主导的现代化建设进程中可以通过政策设置直接规范人们的婚姻行为，也可以通过某种文化引导来间接地影响离婚行为。我们需要在更广泛的公共政策理念和宣传上重视婚姻关系和家庭关系，营造家庭和生活友好型的社会环境。现代市场原则从根本上讲是鼓励个体化的，对人类初级群体（如家庭和邻里社区）的纽带具有巨大的破坏作用。我们的制度设计理念要对此有所意识和反思，工作制度要鼓励和支持员工履行家庭职责，让每一个人生活在一个幸福稳定的家庭中，还原生活本真面目才是人类和社会可持续发展之根本。

如前所述，当前的青年女性因为面临严峻的工作家庭平衡困境，大大降低了在婚姻中的获得感。在全社会教育程度快速提升的背景下，社会却总体呈现"男主外女主内"分工模式回潮，折射出当下我国劳动力市场竞争压力和家庭需求压力同时增大的社会现实，也反映出女性生存的内在张力。可以预见，在全面两孩政策的背景下，女性的家庭照料者角色压力会显著增大，而男性的养家角色压力也会相应增大，如果缺乏相应的幼托、教育、医疗和养老政策支持，公共服务资源均等化水平不提升，个体经营幸福婚姻和家庭会变得更加困难，青年人选择进入婚姻和生儿育女的前提条件也将更加严苛。在这个意义上，倡导和践行全社会共同分担育儿、养老责任是促进婚姻制度发挥人类再生产功能的必要条件，只有提升家庭服务能级，打破刻板的性别分工文化，提升青年人特别是青年女性在婚姻生活中的安全感和获得感，才是巩固婚姻制度的基础保障。

（三）加强青年的婚姻教育和服务

在尊重多元选择的现代社会，外界规范的强制力下降，保持婚姻的稳定性越来越依赖于个体自身的资源和努力，婚姻策略也越来越具有个人化特征。在婚姻情感化和心理化趋势下，青年人要从爱情走进婚姻，如何做到"相互尊重"、"相互促进"和"共同发展"，以保持婚姻的凝聚力和稳定，不仅需要当事人对婚恋有科学的认识，还需要有良好的沟通能力和冲突解决技巧。对于当下的青年来说，经济独立和心理成熟年龄在不断推迟，情感上的高期待和生活中的低能力并存，往往是造成婚姻亮红灯的重要原因。因此，开展和加强专业化的婚前教育和健康婚姻培训是目前我国各个地区亟待发展的事业。

1. 利用学校阵地，加强青年的婚姻家庭教育

推动将以生活教育和生命教育为基础的婚姻家庭教育纳入正规教育轨道。就我国目前社会现状来看，在高中阶段开展专门的婚姻教育不大现实，但可以考虑开设类似"生命教育""家庭生活教育"的课程，告知高中生人的生命历程和家庭生活的生命周期，教导其理性和科学地认识婚姻、家庭对人生的意义，启发高中生思考自己未来的人生和生活。鉴于当前中国仍存在一大批青年，特别是农村青年还不能接受大学教育的情况，在高中开展家庭生活教育是非常必要的，这将有助于减少青年工作后因自由度增大而盲目选择婚恋的行为。此外，从心理生理发展阶段来看，大学低年级是进行婚姻教育的最佳时机，而且学校也是最方便和有效地传播知识的场所。因此，要推动在高等院校开设婚姻家庭课程，除了理论之外，还应教授家庭关系、两性关系、亲子关系等基本处理技能，并将这种生活学习课程列为必修的基础课程。

2. 设计有吸引力的活动，加强对流动人口青年的婚恋指导

推动对流动人口青年的婚恋指导常态长效化。如前所述，流动青年的婚姻稳定性显著低于非流动人口。这些青年因为远离既有亲属网络，一方面情感和精神上容易孤独，需要陪伴，往往在恋人和朋友的选择上不假思索；另

一方面又缺乏熟人社会中的道德舆论监督，容易产生性行为失范，并引发非婚生育。从流动人口的计划生育工作开展情况来看，针对这一群体的婚恋教育和指导工作还很薄弱。从国际经验看，鉴于生育行为对青年特别是女青年的就业发展有重要影响，帮助青年人树立科学合理的婚恋观，教育他们合理安排自己的婚育行为是反贫困的重要途径。政府应当以购买服务的方式，让专业的教育和服务人员介入，在新生代农民工聚集的企业、居住区开展讲座、活动等，或将婚姻价值观的教育融入就业辅导、婚恋交友、计划生育指导等服务工作中进行。

3. 依托社会专业组织，开展各类健康婚姻培训活动，推动各类婚姻家庭培训专业化

目前，我国社会各阶层青年人都对婚姻服务有很大的需求，但相关市场发育不足，商业化并不能真正促进全民婚姻质量的提高。比如，鉴于婚姻家庭矛盾常常对人的心灵和精神造成巨大伤害，一些商家利用人们想尽快摆脱痛苦的心理，开设收费昂贵的婚姻家庭咨询、课程培训、灵修课堂，让神秘主义大行其道。对于弱势人群来说，他们没有接受市场服务的经济能力，但他们可能面临更多的婚姻家庭问题，也更有可能由此产生极端行为，造成恶性社会后果。因此，我国还需要支持一些值得信赖的、专业化水平较高的公益性质的婚姻服务项目。比如支持和鼓励律师事务所、心理咨询机构、公益机构、婚姻中介和社会工作组织开展婚姻服务，政府可以通过制定相关的优惠政策，比如免税或购买服务的方式提供项目资助。

B.12
当代青年婚恋中的逐利现象及成因分析

徐 鹏 范茹玥*

摘 要： 本文探讨了青年婚恋领域"逐利"现象的主客观特征及其成因。分析发现，当代青年的婚恋价值观表现出一定的利益导向性：在择偶过程中，超过半数的青年人比较看重择偶对象的社会经济地位、家庭背景等"利益"因素；在筹办婚姻仪式过程中，对于经济消费的类型和数额也有了更复杂的要求。从宏观结构角度看，婚姻市场中男女性别比例失调以及讲面子与攀比的风气盛行是出现上述现象的外在原因；从微观个体角度看，基于理性原则的利己型价值观也是导致婚姻逐利行为的重要推动力。在实证分析基础上，本文进一步提出了助力青年人树立正面婚恋观的对策建议。

关键词： 青年婚恋 逐利现象 择偶条件 高额彩礼

一 引言

2017 年 4 月，中共中央、国务院正式印发了《中长期青年发展规划(2016 - 2025 年)》，其中将"青年婚恋"列为重要青年发展领域之一，并特别强调要"广泛传播正面的婚恋观念，鲜明抵制负面的婚恋观念，形成

---

* 徐鹏，中南财经政法大学哲学院社会学系讲师。范茹玥，华南理工大学社会工作研究中心硕士研究生。

积极健康的舆论导向"①。上述决策反映出党和政府对于当代青年婚恋问题的高度重视。

近年来，我国青年群体在婚恋过程中逐渐显现出一定的利益导向性，而这种青年婚恋领域的"逐利"现象也引起了政府、学界和公众的多方关切。究竟是什么原因让个体性的婚恋问题成为国家和社会层面关注的焦点问题呢？从社会学的视角看，这主要是因为时下流行的青年婚恋观衍生出了一系列亟待消解的消极社会后果。第一，在主流媒体中广泛热议的"全国彩礼地图"等新闻事件②，以及由此引发的青年人对"彩礼涨得太快"的无奈吐槽③，其背后折射出理性主义思潮对青年婚恋文化的侵蚀，结婚似乎已不再是纯粹的两情相悦的结果，而被异化成了获取物质利益的一种手段。第二，当下青年婚恋观的偏差客观上还造成了婚姻的人口再生产功能受到一定程度的制约，尤其是在经济欠发达地区，因经济贫困而娶不起老婆的"光棍"不断增多，这无疑对我国基层社会治理和社会建设带来了多层次的潜在风险挑战。

正是由利益导向型婚恋观引发的多重社会后果建构起本文的问题意识：当代青年婚恋中的"逐利"现象究竟呈现怎样的特征？青年婚恋行为为何越来越受到"利益"因素的影响？下文我们将通过分析 2019 年全国青年婚恋状况调查资料，来尝试回应上述两个问题，并在实证分析的基础上，进一步提出有助于塑造正面婚恋观的对策建议，从而为建立积极健康的青年婚恋价值体系提供理论与政策方面的有益借鉴。

二　当代青年婚恋中"逐利"现象的主要表征

为了准确把握新时代背景下我国青年群体的婚恋状况，中国社会科学院

---

① 新华社：《中共中央　国务院印发〈中长期青年发展规划（2016－2025 年)〉》，2017 年 4 月 13 日，http：//www.gov.cn/xinwen/2017－04/13/content_ 5185555.htm#1。

② 田丰、陈振汴：《农村青年结婚高额彩礼问题探析——以福建省大田县为例》，《中国青年社会科学》2016 年第 2 期。

③ 李慧：《农村天价彩礼，谁之痛》，《光明日报》2017 年 2 月 3 日。

社会学所于 2018 年 11 月至 2019 年 1 月，在北京、上海、安徽、湖北、江苏、江西、山东等七省市组织开展了针对 14 ~ 34 岁青年的抽样调查。结合本文的研究主题，我们对调查数据进行了筛选和整理，共获得 2027 个有效青年样本用于本文的统计分析。其中，男性样本 1004 个，占 49.5%；女性样本 1023 个，占 50.5%。在年龄分布上，14 ~ 19 岁、20 ~ 24 岁、25 ~ 29 岁和 30 ~ 34 岁青年样本占比分别为 22.0%、25.6%、30.1% 和 22.3%。在婚姻状态方面，初婚有配偶的样本有 620 个（占 30.6%），未婚（包括同居）样本有 1407 个（占 69.4%）。基于上述调查资料，接下来拟从主观的择偶条件认知和客观的婚姻经济行为这两个维度，具体剖析当代青年婚恋过程中"逐利"现象的主要表征。

（一）"逐利"现象的主观表现：青年人对择偶条件的心理认知特征

在本次调查中，有一道题目列举了青年择偶时常提及的条件（涉及择偶对象的个人和家庭特征），受访者分别对这些条件的重要性进行了主观赋分。评分使用 1 ~ 5 的李克特量表形式，数值越高表示认为越重要。我们使用此题的调查数据，分析了现阶段青年群体对择偶条件的主观认知状况。

1. 青年择偶时对社会经济地位因素的重要性认知

收入、教育水平以及房产拥有状况是衡量个人社会经济地位的三个常用指标。这次调查分别询问了受访青年对这三个条件的重要性判断。分析发现，在未婚青年样本中，认为收入、教育和房产不重要和不太重要的比例分别为 35.4%、21.5% 和 45.7%；类似地，在已婚青年样本中，认为上述三个条件不重要和不太重要的比例分别为 40.6%、23.7% 和 48.9%。上述比例都低于 50%，说明现阶段至少有一半的青年人认为婚配对象的社会经济地位是择偶时重要的考虑因素。

表 1　青年人对社会经济地位因素的重要性认知

单位：%

重要性认知	对象的个人收入高		对象的教育程度高		对象有自己的房子	
	已婚青年	未婚青年	已婚青年	未婚青年	已婚青年	未婚青年
不重要	12.9	11.7	7.6	7.0	16.3	15.8
不太重要	27.7	23.7	16.1	14.5	32.6	29.9
有些重要	33.1	33.7	34.0	32.6	22.3	22.8
比较重要	21.1	23.9	33.9	33.0	16.9	17.7
非常重要	5.2	7.0	8.4	12.8	11.9	13.7

2. 青年择偶时对家庭背景因素的重要性认知

除了择偶对象自身的社会经济条件外，其所在家庭（父母）的经济背景同样也是择偶时的考量因素。调查显示，未婚青年认为家庭背景好和门当户对不重要和不太重要的比例分别为 38.8% 和 43.3%；相应地，已婚青年认为这二者不重要和不太重要的比例分别为 37.3% 和 40.3%。我们注意到上述比例同样低于 50%，由此可知当前有超过半数的青年在择偶时将婚配对象的家庭条件视为重要的考虑因素。

结合上文的分析，我们初步得出以下结论：在青年择偶过程中，确实有较大比例（超过半数）的青年将物质性的利益因素看作重要的条件。

表 2　青年人对家庭背景因素的重要性认知

单位：%

重要性认知	对象的家庭背景好		门当户对	
	已婚青年	未婚青年	已婚青年	未婚青年
不重要	9.7	8.5	12.7	12.7
不太重要	27.6	30.3	27.6	30.6
有些重要	32.3	34.3	29.0	28.2
比较重要	23.9	18.6	23.9	19.5
非常重要	6.6	8.3	6.8	9.0

（二）"逐利"现象的客观表现：青年婚姻相关的经济行为特征

婚姻嫁娶是普通人生命历程中的重要事件，青年男女及其所在的原生家庭对此都会很重视。在实际生活中，为了让婚姻缔结成为一种既合法又合理的行为，一方面男女双方会到民政部门正式申领结婚证，从而使婚姻得到法律上的承认；另一方面，一般还会举行一系列的婚姻仪式，从而得到亲朋好友群体的社会性承认。而在具体筹备婚姻仪式的过程中，各类经济开销在所难免。下面将具体围绕青年的婚姻消费行为展开分析。

1. 青年结婚的经济开销类型及其承担主体

如图 1 所示，通过分析 620 位初婚青年样本数据，可以发现购建婚房、装修房屋、家具家电、购买汽车、婚礼喜宴和蜜月旅行是当前青年结婚的六大普遍性开销类目。

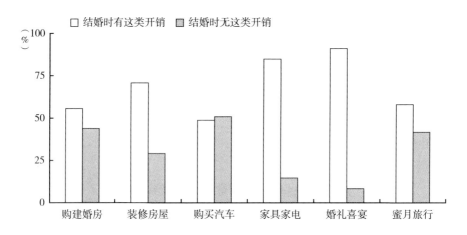

图 1　青年结婚时的经济开销类型

通过进一步的多重响应分析（见表 3），我们还可以归纳出与青年结婚消费有关的三方面特点：第一，在上述六大类结婚开销中，当下青年平均而言会同时有四种类型的经济支出；第二，婚礼喜宴、购买家具家电以及装修房屋是最常见的三类经济支出项目，有这三类开销的初婚青年比例分别为93.3%、86.8%、72.2%；第三，有约五成的青年在结婚时会购建新房或者购买汽车,可见越来越多的青年人已经将"有车有房"与结婚之间建立起直接联系。

表3　青年结婚时经济开销类型的多重响应分析

经济开销类型	响应		个案百分比(%)
	频数	百分比(%)	
购建婚房	347	13.6	57.1
装修房屋	439	17.2	72.2
购买汽车	304	12.0	50.0
家具家电	528	20.7	86.8
婚礼喜宴	567	22.3	93.3
蜜月旅行	361	14.2	59.4
总计	2546	100.0	

上述这些青年结婚时常见的经济开销,最后是由谁"买单"的呢? 图2显示了这六类经济开销的承担主体。调查表明,有超过50%的初婚家庭是以男方为主购建婚房、装修房屋以及置办婚宴;相对的,诸如添置家具家电以及蜜月旅行这些额度相对较小的开销类型,则多由男女双方共同分担或者以女方为主来承担。

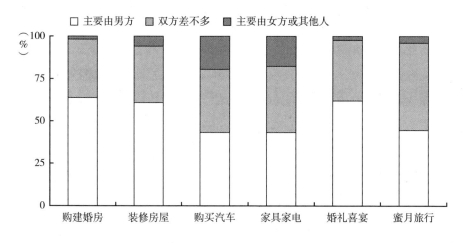

图2　青年结婚时经济开销的承担主体

此外，本次调查还询问了受访青年与结婚相关开销的具体数额，其均值是45.7万元（标准差=81.1），其中男方承担的结婚开销均值是34.5万元（标准差=64.6）。由此可知，当前青年花费数十万元结婚已经不是稀奇的事情，而且男方更有可能承担经济开销大的消费类型，这也说明当前多数初婚家庭是将结婚的经济压力更多地加在男方身上。

2. 青年结婚支付的彩礼数额

彩礼，亦称聘礼或者聘金，指的是当男女双方缔结婚约时，由新郎（或新郎亲属）支付给新娘（或新娘亲属）的财物。从理论上看，它是由新郎家庭转移到新娘、新娘家庭或者新婚家庭的，是以现金和实物形式转移的财富，它使婚姻契约以及从女方家庭转移到男方家庭的对于妇女的权利生效①。随着我国市场经济向纵深发展，青年人结婚时由男方支出的彩礼数额也出现了较大幅度的增长。

在本次调查中，当问及"你们结婚时男方家给了多少聘礼"时，回答数额在0~5万（不含）元、5万~10万（不含）元、10万~20万（不含）元、20万~50万（不含）元、50万元以上的分别有272人（43.9%）、174人（28.1%）、120人（19.3%）、38人（6.1%）、16人（2.6%）。从这组数据可看出，当前我国男青年在结婚时支付彩礼数额主要集中在10万元以内（占72%）；近两成的初婚家庭中男方需要支付给女方10万~20万元的彩礼；此外，还有8.7%的初婚家庭支付的彩礼数额超过了20万元。

通过分组比较，进一步发现彩礼数额与男方的户籍属性和教育水平有一定关系。农业户口的男青年支付彩礼均值为10.2万元，高于非农户口参照组的彩礼数额均值8.9万元；本科及以上教育程度的男青年支付彩礼均值为8.2万元，明显低于大专及以下教育组别支付的彩礼均值11.6万元。由此，我们认为在经济发展水平较低的农村地区，男青年的彩礼压力相对更高一些；另外，个人教育程度更高的男青年，需要支付的彩礼数额相对更少。

---

① 阎云翔：《礼物的流动：一个中国村庄中的互惠原则与社会网络》，李放春、刘瑜译，上海人民出版社，1999，第192页。

事实上，彩礼不仅是一定量的外在财物，也是衡量男性家庭经济地位和男子自身经济实力的象征物；同时，对于婚姻中的女方来说，彩礼的多少也关乎个人"声誉"。如果女方家庭不要或少要彩礼，旁人可能会认为这家女儿"有问题"，另外还会有人私下议论，他家把女儿"白送了"[①]。国外的相关研究也认为，彩礼在一个男权社会中象征着一种价值和尊严[②]。在这种共识性的文化认知框架中，彩礼成为一种衡量男方的综合实力以及女方个人条件好坏的符号。此外，彩礼多寡还涉及男女双方的面子问题。婚礼仪式可以看作个体进行社会交往的场域，在这个过程中"如果男方给的彩礼钱越多，女方家置办嫁妆就越丰富，出嫁那天的排场就越大，也就会越让旁观者羡慕，无形中也抬高了自己的面子"[③]。

3. 青年结婚支付的彩礼流向

男方给付的彩礼最终流向了何处？表4的调查结果显示，72.7%的初婚家庭将彩礼留作婚后的生活费用，16%的初婚家庭将彩礼留给了女方家庭，11.3%的初婚家庭将彩礼分配到双方的原生家庭之中。由此可见，将彩礼留给新婚夫妻组建的新家庭是当前最为常见的彩礼流向，这一结论支持了婚姻资助理论。彩礼可以是代际进行财富转移的一种方式，新婚夫妇通过这一方式提前获得父代的财富，为自己即将建立的小家庭积累资本，减轻日后生活的压力[④]。在这个意义上，婚姻不能仅仅被视为对新娘一方的补偿，因为在多数情况下两方的家庭都需要消耗一部分家庭资产来筹备婚礼；虽然大部分婚姻消费是由男方家庭来出，但婚姻交换中货币流动的最终方向是新郎新娘组成的新婚家庭。所以整体上看，婚姻中所产生的各种费用的流向是趋向新

① 孙淑敏：《农民的择偶形态——对西北赵村的实证研究》，社会科学文献出版社，2005，第228页。

② Hicks, D. & M. A. Gwynne. *Cultural Anthropology*. Harper Collins College Publishers，1994，第141页。

③ 尹丽超：《面子理论视角下农村婚礼仪式的研究——以牡丹江市A村为例》，哈尔滨工程大学硕士学位论文，2012。

④ 王跃生：《婚事操办中的代际关系：家庭财产积累与转移——冀东农村的考察》，《中国农村观察》2010年第3期。

婚家庭和新婚夫妇的，婚姻支付的最终目的是对新婚家庭的资助[①]。在阎云翔的相关研究中，也有一个案例支持上述观点：在下岬村，新郎会选择隐瞒自己的父母，暗地里让新娘向男方家里索要更高的彩礼，目的是想要从父母那获取更多的家产用于更好地经营自己的新家庭；"彩礼不再是两个家庭之间礼节性的礼物交换或者支付手段，而是财富从上一代转移到下一代的新途径"[②]。

总之，结合前文的调查分析，我们认为现阶段新婚青年夫妇更多考虑和追求的是个人财产的独立性，因此在当前结婚所涉及的经济交换与协商中，新婚家庭的经济利益成为更加被看重的因素。

表4　男方结婚时支付的彩礼流向

	频数	百分比（%）
女方父母的家庭	44	16.0
本人与配偶的小家庭	200	72.7
两个家庭各分配到一部分	31	11.3
总计	275	100.0

三　当代青年婚恋中"逐利"现象的成因分析

在上文中，我们利用青年婚恋状况专项调查资料，系统探讨了当代青年婚恋中"逐利"现象的主客观表现。分析显示，在当代青年择偶时，超过半数的青年人主观上比较看重择偶对象的社会经济地位、家庭背景等"利益"因素；在具体筹办婚姻仪式过程中，当前青年人动辄需要花费数十万元用于婚礼喜宴、购房买车等开销，而且男方更有可能承担经济开销大的消

[①] 李秉奎：《婚介、择偶与彩礼：人民公社时期农村青年的婚姻观念及行为》，《当代中国史研究》2012年第4期。

[②] 阎云翔：《私人生活的变革：一个中国村庄里的爱情、家庭与亲密关系1949~1999》，龚小夏译，上海书店出版社，2006，第175页。

费类型；此外，男方一般还需要给付女方一定额度的彩礼，而这笔彩礼更可能用于资助初婚小家庭的婚后生活。从这些经验材料能够感知到现阶段我国青年群体在婚恋过程中确实存在一定的利益导向性。

那么，这种婚姻中的逐利趋向是在何种社会基础之上形成的，又是什么原因造成了利益导向型价值观在青年男女中流行的？接下来，我们试图以婚姻逐利现象中引起公众热议的"高额彩礼"问题为例，分别用结构主义视角与个人主义视角这两个分析维度，来具体对这个问题做诠释性理解。

（一）结构主义视角的解释

从社会结构视角来理解当下青年结婚时的彩礼支付行为，主要有以下两种可能的解释：一种观点认为这是婚姻市场中交易成本上升引发的，另一种观点则强调这是社会习俗中讲面子和攀比的风气造成的。

1. 女性权利、婚姻挤压与婚姻成本上升

如果将彩礼定性为对女方家庭的一种补偿，那么男方女方的家庭都是交易主体，因而彩礼是为了达成这种交易而支出的成本；如果成本上升了，那么一定是因为作为交易客体的新娘自身的价值提高了。这些价值中就包括新娘可以为娘家创造的收益，其自身的稀缺性、自身具有的资本等因素将使得女方家庭不断抬高彩礼的数额①。

有学者在彩礼不断上升这一现象中看到了女性权利的上升，指出：如果说彩礼是新郎为迎娶新娘所支付成本的话，女孩从一个"赔钱货"渐渐变成不仅"不赔钱"有时候还能"赚钱"，这也为男女两性平等提供了一种可能，同时也会在潜移默化中改变传统的重男轻女心态②。

也有学者指出，我国人口结构中男女比例的失衡会给男性带来婚姻挤

---

① 桂华、余练：《婚姻市场要价：理解农村婚姻交换现象的一个框架》，《青年研究》2010 年第 3 期。

② 李银河：《后村的女人们——农村性别权力关系》，内蒙古大学出版社，2009，第 100、328页。

压,而经济上被剥夺的人群则是婚姻挤压带来的不利后果的主要承受者。中国的男女出生性别比持续失调造成了男性明显多于女性的现状,这就会对男性造成更大的择偶压力,使得相当一部分男性很难找到配偶,而这一部分找不到对象的男性中,占比最多的是经济社会地位低的青年①。还有研究从代内剥削的角度侧面支持了这一观点。一个家庭中如果有多位待婚男性,那么"长兄如父"的伦理责任会倾向于让长子挑起家中的经济负担,将有限的经济资源让给弟弟或妹妹,这就让长子更有可能成为婚姻挤压的对象;此时由于家中剩余的财力难以让长子支付娶妻成本,于是长子只能保持单身②。显然,这种比较普遍的"长子型光棍"现象也印证了婚姻挤压引起结婚成本上升这一社会事实。

2. 讲面子与攀比的社会风气

在彩礼高涨问题更为严重的熟人社会中,习俗文化等结构性因素对个人行为的影响也是不容忽视的。如果没有在所居住的社区环境中形成彩礼标准不断上涨的社会氛围,则不太可能让高额彩礼成为社会各界普遍关注的一个问题。

很多学者注意到了社会文化这个方面,认为彩礼也是一种衡量男方综合实力以及女方个人条件的一种文化符号。从这一观点出发,就不得不提到于中国人而言最重要的面子。费孝通就曾在《江村经济》里指出,父母要在尽可能的情况下尽力为儿女的婚礼筹备最好的彩礼和嫁妆,摆下最丰盛的宴席③。林语堂也提出,面子是统治中国人的三位女神中最有力量的一个④,无论是穷人还是富人,对面子、人情和关系的维护是其日常交际的基本需求。

还有学者在对我国农村婚礼仪式的研究中指出,在某些人看来,"丢脸

---

① 李树茁:《性别歧视和婚姻挤压:中国、韩国和印度的比较研究》,《中国人口科学》1998年第6期。
② 陶自祥:《代内剥削:农村光棍现象的一个分析框架——基于渝北S村长子打光棍的调查》,《青年研究》2011年第5期。
③ 费孝通:《江村经济:中国农民的生活》,商务印书馆,2001,第112页。
④ 林语堂:《吾国与吾民》,陕西师范大学出版社,2002,第180页。

的损失要远大于负债的后果"①，因而人们为了得到亲友的认同与社会舆论的赞许，就算是四处借钱也要举办一场体面的婚礼；虽然不奢望婚礼多么豪华，给自己长多大的面子，但绝不能低于当地的标准，显然这是传统习俗与社会压力双重作用的结果。

综上，我们认为社会文化对彩礼数额的变动产生了不容忽视的影响。坦诚地说，普通民众一生中能风风光光、显示自己能力的机会并不多，婚礼就算是为数不多的一个机会。因此不管是女方还是男方都想把婚礼办得越隆重越好，就算是举债、砸锅卖铁也要把面子"撑"下去。特别是在我国农村场域中，村民相互之间会进行比较，一定要和家庭水平相当的那户人家办相同规格甚至是更好的婚礼，而彩礼行为则是整个婚礼仪式中不可或缺的环节。

诚然，我们注意到已经有不少学者从社会结构因素方面来解释婚姻彩礼的变迁，认为男女比例失调、女性地位提高等导致婚姻成本上升，以及社会压力和传统文化下讲面子与攀比的风气盛行是婚姻彩礼行为变动的影响因素。但是这一类解释是从外界环境对人的影响角度进行分析的，忽视了作为行为主体的个人能动性因素。接下来，我们继续以从人主义理论视角来对青年婚姻中的彩礼行为加以解释。

（二）个人主义视角的解释

在婚姻成本上升以及讲面子、攀比风气盛行的社会情境下，扮演行为主体角色的待婚青年究竟是怎么认识彩礼的，在彩礼行为方面又表现出怎样的个体能动性呢？

1. 作为对女方家庭补偿的彩礼行为

从个人主义视角分析，彩礼可以看作一种补偿女方家庭的手段。例如，婚姻偿付理论强调彩礼其实是男方家庭为女方嫁入婆家做出的补偿。

---

① 尹丽超：《面子理论视角下农村婚礼仪式的研究——以牡丹江市 A 村为例》，哈尔滨工程大学硕士学位论文，2012。

这一理论以传统文化为基础，依据父系体系和从夫居的习俗，女性嫁入婆家后将成为婆家的媳妇，为婆家繁衍后代，而不能继续侍奉娘家的父母，婆家理应对亲家有经济方面的补偿，并以彩礼报答女方父母的养育之恩。有研究指出，彩礼的主要功能就是在经济和心理两个层面对女方家庭做出一定的补偿[①]。女子在出嫁以后，居住在男方家，成为男方家庭的劳动力，这显然对女方家庭来说是一种损失。在补偿说的理论视角下，女性其实是被物化了的商品，是通过彩礼习俗而被交换的客体。

补偿说在一定程度上能够解释彩礼的性质，把男方家庭和女方家庭当作交易主体，将彩礼和女儿当作相互交换的客体。但是我们也应该注意到，彩礼并不全是在男方家庭与女方家庭两个主体之间流动，也是在父代与子代之间的流动，即财物从父辈大家庭流入子辈小家庭。而小家庭是大家庭衍生的产物，自然就算不上严格意义上的独立主体了。因此，为了更好地理解彩礼的代际性质，需要进一步借鉴"彩礼转移说"的理论观点。

2. 作为财富转移方式的彩礼行为

除了将彩礼视为一种补偿女方家庭的方式，我们还可以将彩礼看成代际财富转移的一种方式。因此，彩礼现象也可能离不开自我中心主义的理性价值取向的作用，新婚夫妇想要以彩礼的方式将父母的财产转移到自己手中，从而有效提升自己的婚后生活条件。前文提到了阎云翔发现的典型案例，其中的新娘新郎表现出明显的个体能动性，他们会一起合作以得到尽可能多的金钱或实物形式的彩礼或嫁妆。阎云翔在书中所述的，在某种程度上契合了当下的青年婚恋心态。他还进一步指出，个人在享受权利的同时不愿意履行相应的义务，展现出个体理性主导的自我中心取向，想要通过他人的支持来满足自己的欲望[②]。

---

① 孙淑敏：《农民的择偶形态——对西北赵村的实证研究》，社会科学文献出版社，2005，第226~228页。
② 阎云翔：《私人生活的变革：一个中国村庄里的爱情、家庭与亲密关系1949~1999》，龚小夏译，上海书店出版社，2006。

此外，男方家的经济情况、家庭规模和男方个人条件对彩礼数额都会有直接的影响：经济情况越差、家庭子女数越多、男方个人条件越差，那么女方要的彩礼数额就会越多①。并且，在一些经济欠发达地区，媒人作为婚姻市场中的主要协调主体，还会协助女方提高彩礼要价以便从中获取更多利润，这就在一定程度上进一步加重了待婚男青年的彩礼负担②。

通过总结上述个人主义的观点，我们认为基于理性原则的利己型价值观也是导致彩礼攀升的重要原因。子代以抬高彩礼数额为手段，想要从父代那里争取更多的家产，这使得青年的婚姻逐渐变了味，代际剥削、重利轻情的趋势也就愈来愈明显。

四　研究结论与政策建议

本文主要关注当代青年婚恋中的逐利现象，探讨了这一现象的主客观表现及其形成原因。基于对调查资料的分析，发现当代青年在婚恋过程中会比较看重物质性的"利益"因素。究其原因，主要有以下两个方面：在社会结构层面，婚姻市场中男女性别比例失衡和婚姻挤压，以及社会压力和传统文化下讲面子与攀比的风气盛行是婚姻逐利行为的宏观影响因素；在微观个体层面，基于理性原则的利己型价值观也是导致婚姻逐利行为的重要推动力，青年结婚可能成为代际剥削的一种便利途径。结合上述理论与实证探讨，针对现阶段青年婚恋中显现出来的"逐利"倾向，我们认为可以具体从以下三个方面来帮助树立积极健康的青年婚恋价值观。

---

① 岳琳鑫：《中国乡村彩礼现象研究——基于豫东 M 村的实证研究》，华东理工大学硕士学位论文，2014。
② 王振、刘成良：《媒妁之言：宗族村落的媒人、彩礼与婚姻市场——基于赣南农村的调查》，《北京社会科学》2018 年第 12 期。

（一）完善与婚姻彩礼有关的法律条款，遏制"彩礼致富"等社会不良风气

青年结婚涉及的消费及彩礼等经济因素，归根到底是费孝通教授所谓的一种"礼"，即"社会公认合式的行为规范"，"是经教化过程而成为主动性的服膺于传统的习惯"，它的存在"必须以传统可以有效地应付生活问题为前提"。但是当社会环境改变，依着传统已经不能顺利解决问题时，"就得大家接受个同意的办法，要保证大家在规定的办法下合作应付共同问题，就得有个力量来控制各个人了"。① 如今社会上出现的青年"结不起婚"的问题，表明婚姻支出已经脱离最初"礼"的文化和象征意涵，因此亟须对彩礼等婚姻支出行为予以进一步针对性的法律约束。

在我国既有法律中，《婚姻法司法解释二》第十条明确提及了彩礼返还条款："当事人请求返还按照习俗给付的彩礼的，如果查明属于以下情形，人民法院应当予以支持：（1）双方未办理结婚登记手续的；（2）双方办理结婚登记手续但确未共同生活的；（3）婚前给付并导致给付人生活困难的；适用前款第（2）、（3）项的规定，应当以双方离婚为条件"②。然而，类似的法律规定依然具有模糊性，例如难以界定"确未共同生活""导致给付人生活困难"等适用条件，这就为彩礼要价开了绿灯：想结婚就要给足彩礼；只要彩礼钱到手，之后即使感情不和（或是恶意"骗婚"）导致离婚，彩礼钱也很难再退回去。因此，除了需要对已有关涉彩礼的法律条款给予更明确和更便于应用的解释说明外，还需要考虑到地方经济发展的异质性，制定与当地居民收入水平相适应的指导性彩礼规范，从而在制度层面遏止彩礼的无序攀升趋势，同时为解决结婚的经济纠纷提供法律依据。

---

① 费孝通：《乡土中国》，生活·读书·新知三联书店，1985，第50~53页。
② 《最高人民法院关于适用〈中华人民共和国婚姻法〉若干问题的解释（二）》（法释〔2003〕19号），http://www.law-lib.com/law/law_view1.asp?id=81887。

（二）强化对青年婚姻的帮扶政策，促进青年个体资本的有效积累

当前婚姻中的逐利倾向让那些个人资本水平不高的青年男女更有可能沦为"大龄未婚青年"中的一员。研究表明，拥有更多人力资本和经济资本的青年，所面临来自潜在配偶家庭的经济压力相对更小，这就反过来增加了其找到合适婚配对象的可能性。因此，应该采取相应措施提高经济落后地区青年的教育水平，以帮助其有效积累个人资本。具体措施包括：进一步加大对农村地区教育政策的倾斜力度，切实缩小城乡之间的教育差距，促进教育均衡发展；改善经济落后地区的校园环境、师资配备与教学条件，让落后地区的学生能够在高质量的教育环境中学习成长；以就业为目标，为欠发达地区的低教育水平青年提供相关的职业培训，帮助其积累有效的人力资本。

此外，以社会关系网络为载体的社会资本同样会影响青年婚姻中的经济行为。在今后实际工作中，可以积极发挥基层社会组织的力量，促进共青团、妇联等群团组织协调建立诸如"红白喜事理事会"等自组织[1]，在筹备婚姻仪式过程中倡导婚俗从简、反对大操大办，以自组织的力量帮助优化待婚青年所处的社会关系网络，进而降低因传统婚姻习俗和外在压力导致的不必要的结婚壁垒。

（三）发挥大众传媒的正面引导与监督功能，提倡风清气正的新时代婚姻习俗

随着经济社会的飞速发展，当代青年在谈婚论嫁时越来越重视物质条件，对婚姻彩礼也有了更多讲究，例如："一动不动"，即为一辆汽车加上一套房子；"三斤三两"，即称百元钞的重量，三斤三两是十多万元；"万紫千红一片绿"，加起来则有十五万多元。在我国的不同地区，可能还有更为

---

[1] 方军、陈奇：《多中心治理理论视阈下农村高额彩礼治理模式探赜》，《青海社会科学》2017 年第 3 期。

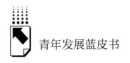
复杂的婚俗标准，无形之中又加大了青年人成婚的难度。可见，高额彩礼的存在，不仅助长了婚礼中大操大办的风气，也使青年结婚的经济压力普遍上升，而这对于欠发达地区的影响则更为显著。

在新时代背景下，大众传媒应加强婚恋文化的正面引导，逐步提高婚恋习俗的文明程度，使得现代婚姻不但能够继承传统婚俗中的合理因素，也能向更为健康的方向发展。要通过广泛的舆论宣传，让公众意识到婚姻逐利、高额彩礼等行为可能导致严重社会问题。例如，因没有足够财力娶妻，"光棍"人数快速增长，这将使中国的家庭结构愈发不稳定，同时还会给人口加速老龄化背景下的养老保障系统带来更多潜在负担。如果不能对这些问题进行妥善处理，就会给社会和谐建设埋下很大的隐忧。大众媒体要主动倡导破除有风险隐患的"逐利"观念，引导青年人举办文明节俭的婚礼，营造风清气正的新时代青年婚恋环境。

国际借鉴篇

Reports on International Reference

B.13

青年婚恋促进政策及相关社会服务的
国际经验研究

国　熙*

摘　要： 积极正向的青年婚恋关系，本是形成良性家庭的源泉。然事
与愿违，当下我国青年群体出现大面积晚婚、不婚倾向，如
何妥善地促进青年群体建立健康、积极的婚恋观，是一个迫
在眉睫的社会问题。针对该问题，各国曾制定一系列婚姻及
婚恋促进政策，有教训可鉴、有经验可期。本文选取日本、
新加坡、美国的婚恋促进政策为研究对象，进行比较研究，
为我国筹划一个贴近青年的婚恋促进政策提供参考。

关键词： 婚恋促进政策　新型婚恋观　婚恋平台

* 国熙，法学博士，中国社会科学院社会学研究所博士后。

一 婚恋政策的定义与研究背景

广义的婚恋政策，涉及恋爱关系与婚姻关系。其中，促进良好婚恋关系的形成是家庭政策有的放矢的前提。在工业化过程中，家庭因无力应对各种社会风险而产生了一系列的社会问题。家庭政策正是政府在应对这些问题的过程中应运而生的。[①]

对于家庭政策的概念本身，学界素来也未形成一个具有支配性的界定。对家庭政策最为广义的理解，就是将所有与家庭相关的公共政策囊括其中，既包括直接以家庭为单位和对象制定的政策法规，也包括那些不以家庭为对象和目标，但会对家庭产生不同程度影响的政策法规。而狭义的解释，即限于具有明确的家庭目标，且对象限于家庭本身或者家庭中个人的政策。[②] 鉴于当下社会诸多矛盾高频互动，本文对家庭政策定义采取广义理解。进而，从理论上将婚恋促进政策划归于家庭政策这一大概念下。

研究中发现，绝大多数国家对于青年婚恋的宏观引导，是通过家庭政策完成的。常见的是制定家庭政策，使社会福利向婚内群体倾斜，进而间接维护传统婚姻体系的存续。鲜见直接制定青年婚恋政策，以公权力直接干预私人选择。需要言明的是，本研究之政策范围，不仅包含行政法规、部门规章，还包括法律、行政指导意见等。

（一）研究背景

健康的婚姻家庭是社会良性运转的重要保障，而当下我国青年群体大面积出现晚婚、不婚倾向，生育率下降等问题逐步显现。

针对该问题，共青团中央、民政部、国家卫健委（原国家卫计委）联合出台了《关于进一步做好青年婚恋工作的指导意见》（2017 年 9 月）。将

---

① 何欢：《美国家庭政策的经验和启示》，《清华大学学报》（哲学社会科学版）2013 年第 1 期。

② 陈卫民：《社会政策中的家庭》，《学术研究》2012 年第 9 期。

弘扬文明婚恋风尚、加强婚恋咨询与指导、普及性健康和优生优育知识、培育公益性婚恋服务项目、拓展线上线下服务平台、促进婚恋市场规范发展以及保障青年婚姻和生育合法权益，设立为下一阶段服务青年婚恋工作的目标。

从社会层面上看，造成不婚倾向的原因是多样的。一方面，女性的受教育程度普遍提高，职业化倾向明显，结婚并不再是唯一的选择。另一方面，养育子女之成本快速增长，青年夫妇往往不堪重负，婚姻观感趋向负面，导致大量青年群体对是否进入婚姻持观望态度。此外，伴随市场经济的深入发展，人们的个体意识增强，青年更趋向于关注自身的发展及生活感受，致使该群体对于生育的热情大幅度降低。历史地看，这并不是我国面对的特有问题，而是一种全球范围内普遍存在的社会风险。针对该问题，各国曾制定一系列婚恋促进政策，并开展过一定的社会公共服务。

（二）本文导读

他山之石，可以攻玉。亚洲诸多国家受儒家文化影响颇深，社会婚恋意识形态与我国具有较大的重合度。因此，一些国家针对上述问题之政策应对经验或具有较高的参考价值。本文选取日本、新加坡两个国家为研究对象。此外，美国近年青年婚恋关系及社会婚姻形态之多样化变迁举世瞩目。因此，本文亦将美国列为比较研究对象。

本文将从宏观婚恋风气、公共政策及法律、婚恋平台搭建及微观公共服务经验这三个角度开展研究。

二 婚恋促进制度与社会服务的比较研究

（一）日本

调查显示，日本的"终生未婚率"持续攀升，不久的将来日本很有可能进入"超单身社会"。数据显示，2015 年 50 岁之前从未结过婚的日本男

性比例约为 23.4%，女性比例约为 14.1%，同比 2010 年均增加了 3 个百分点，创下了历史新高。①

日本政府其实很早就意识到了这一点，并出台一系列家庭利好政策，意图扭转这种局势。这类举措并非试图直接激发青年男女的婚恋热情，而是通过家庭援助、公共福利等手段，帮助青年家庭塑造良好的生育环境。从立法层面上看，2003 年日本就通过"少子化社会对策基本法"对在育儿、就业、家庭等方面提供援助做出了明确的规定。从行政体制上看，日本专门成立了儿童家庭局，并在内阁设立"推进工作与生活平衡室"，各级地方政府及公共团体也相继设立儿童咨询所、儿童委员会、保健所等专门为儿童提供幸福生活保障之机构。从制度建设层面看，主要内容体现在充实育儿长期休假制度、增加保育园、加强对婴儿和孕妇的保健服务等方面。另外，2015 年日本还出台了《少子化社会对策大纲》，指出"长期的人口低生育水平已处于动摇日本经济基础的危险状态"，并进一步提出具体解决低生育水平问题之措施②。

为了能够有效地扭转本国的少子化倾向，日本还设置了一系列普惠制的福利津贴。应该注意到的是，对 2010 年 4 月出台的普惠制儿童津贴法案，2014 年 4 月就进行了修订，设定了收入限制，儿童津贴成为资产审查式福利。这项津贴的资金不仅来源于国家及地方政府，还来自企业主。与此同时，如果企业能为孕期女性职工提供良好的福利保障及工作场所内的关怀，政府将为其提供一定的补贴或政策倾斜。为了保证单亲家庭中的儿童包括残疾儿童的生存条件，日本还专门提供儿童抚育津贴、特殊儿童抚育津贴、残疾等儿童特殊津贴和一次性儿童给付等津贴。相关现金津贴还覆盖了孕妇分娩有关的医疗费用③。

---

① 华义：《日本走向"超单身社会"男女原因大不同》，见 http://www.xinhuanet.com/world/2017-07/10/c-129651405.htm，最后访问时间：2019 年 4 月 2 日。
② 汤兆云、邓红霞：《日本、韩国和新加坡家庭支持政策的经验及其启示》，《国外社会科学》2018 年第 2 期。
③ 马春华：《当代日本家庭变迁和家庭政策重构：公共资源的代际再分配》，《社会发展研究》2017 年第 3 期。

从微观的婚恋公共服务实践上看，青年人群中出现了许多不同于传统婚恋观念的意识形态倾向。根据东京一家婚姻介绍所"Marry Me"（该机构每年促成100～150对新人结成伉俪）的负责人植草美幸的经验：

首先，青年人群似乎不再将离婚经历视为污点，反而认为这类群体曾经有过和别人结为夫妻、共同生活的经历，能够通过离婚吸取教训，善于从现实的角度考虑自己及对方的需求，不像初婚者往往容易对婚姻抱有一些不切实际的想法，因此更具有人格魅力。

其次，受教育程度与恋爱能力本身并不一定是正相关的。现代社会越来越多的女性接受了高等教育，工作上也感到非常的充实，闲暇时和自己的女性朋友或同事聚会非常愉悦，完全没有必要刻意去找寻一个男性谈恋爱和结婚，但到了一定的年龄、感受到社会压力时，不仅将面临没有结婚对象的困境，而且自身也明显缺乏恋爱经验。所以，一些机构开展的恋爱讲座就是从"如何与异性交流"这个主题开始的，广受好评。

最后，家庭内部的固化分工被打破。出于对经济状况的担忧，越来越多的男性希望女性婚后和生产后继续外出工作，而与此同时，丈夫能够分担家务成了理所应当。基于此，该婚介所时常向男性客户建议在寻找伴侣过程中练习烹饪技巧。

除上述内容之外，日本还提倡年收入高的女性和年收入并不高的男性在相互尊重的基础上喜结良缘，对于男性收入一定要高于女性收入这种固化意识观念的打破，或将有利于降低未婚率①。

日本的家庭政策及婚恋公共服务在具有普遍价值的同时，也具有一定的地方特色。从社会意识形态层面消除愚昧，接纳多样化的婚姻结合方式，不仅可以建构尊重个人选择的文明社会，更重要的是可以消除性别、年龄偏见，进而提高结婚率及婚姻质量。育儿体系的建立，某种意义上将育儿划归为国家责任，有利于帮助女性实现事业与家庭的平衡。政府与企业在鼓励生

---

① 〔日〕安乐由纪子：《现代日本人的结婚现状：传统婚姻观念成为巨大阻碍》，http://dy. 163. com/v2/article/detail/DUNHDHF00525IKAM. html。最后访问时间：2019年4月5日。

育及保有家庭层面达成了行动上的共识。无疑，上述举措都将帮助青年人提升对传统婚姻关系的信心。

但是也应该注意到，广泛的育儿辅助政策的实施，要以高速的经济发展提供充足的财政保障为前提。政府与企业协作的达成，有赖于高度诚信的社会风气及以终身制为原则的雇佣制度。从政策瑕疵角度观察，有学者指出日本政府在制定家庭政策的取舍过程中，比起少子化社会问题，较为侧重优先解决老年化问题。应该注意两项政策之间的代际平衡。此外，制定政策不应仅是对不断浮现的棘手问题进行应对，还应该具有前瞻性、全局性的眼光，避免家庭政策的碎片化倾向。[①] 少子化及老龄化常常是共生的两个社会问题，不同社会时期孰轻孰重？两者之间的内部逻辑关系脉络为何？有待进一步论证理清。

（二）新加坡

新加坡政府历来重视家庭政策。新加坡国父李光耀先生曾多次表示，家庭是巩固团结的最基本单位，政府有可能存在或消亡，但家庭是永久的。家庭使华人社会历经 4000 年而不衰。华人社会延续文明的方式是非常独特的。[②] 即便如此，面对商业化、功利化的社会，以及女权主义的兴起及冲击，传统家庭也面临着千年未有之变革。

当下，新加坡是亚洲单身率最高的国家之一。根据新加坡政府 2018 年公布的人口简报，2017 年 25～29 岁的适龄女子单身率高达 68.1%，而这一数字在 2007 年仅为 60.9%。这意味着 2017 年新加坡核心适婚年龄区间的女性，10 个当中就有 7 个处于未婚状态。关注这个年龄女性的单身率，主要是因为女性晚婚非常容易导致大面积生育减少，甚至是不生育的情况。事实上，在鼓励自食其力的整体社会大背景下，女性拒绝生育往往成了"明智"的选择。

---

① 马春华：《当代日本家庭变迁和家庭政策重构：公共资源的代际再分配》，《社会发展研究》2017 年第 3 期。

② 〔新加坡〕李光耀：《李光耀 40 年政论选》，现代出版社，1994。

与此同时，以中、新两国大学生为调查对象的研究发现，新加坡无论是男大学生还是女大学生，倾向选择在 30 周岁以上结婚的比例分别比中国的该比例高了 15.57 个百分点和 6.7 个百分点，可见，晚婚观念在青年群体中已深入人心。总体来看，新加坡青年因受西方文化的熏染，婚恋观开放程度要高于中国的青年。[①]

新加坡与我国一样，从社会政策及观念层面对传统家庭的存续给予了充分的关注。华族作为新加坡第一种族，人口占新加坡的 70% 左右。务实地讲，华人之信仰基本上是以家庭为载体呈现的，对于家庭及人伦的强调，让华人天然地衍生出了与西方不同的权责观，能否维持家庭的和睦与良善是政府公共管制成功与否的标志。与此同时，家庭也是不同阶层、不同种族、不同教育背景人群之间的黏合剂，良好的家庭关系有利于消弭由种族、信仰间差异带来的冲突。家庭关系的存续，还可以为公众的负面情绪营造一个转移空间。[②] 基于上述认识，新加坡政府认为强势地引导、管制家庭关系，具有充分的必要性、正当性。

从家庭政策的制定上看，一向以强势著称的新加坡秉持了实用主义，并以反福利导向为起始原则。事实上，新加坡政府的社会治理是以家庭为单位开展的，而不是以个人。

首先，鼓励家庭创造一个长幼有序、尊老爱幼的内部秩序。

新加坡将家庭作为照顾老年人的主要支持单位，鼓励老年父母与成年子女同住或就近居住。为实现这一政策目的，政府陆续颁布了一系列措施引导公民积极承担对老年人的照顾责任。以工作中的青年夫妇为例，新加坡对积极响应政府号召的已婚夫妇给予住房政策方面的相应优惠。其中，最具代表性的就是已婚子女优先计划（MCP）和 CPF 住房补助金计划（HGS）。已婚子女优先计划强调在申请购买公寓人数较多的情况下，与父母同住或者就近居住的申请者将获得更优的抽签机会。而 CPF 住房补助金计划是指若已婚

---

① 谢舒婷：《中国和新加坡大学生婚恋观初探》，《开封教育学院学报》2017 年第 3 期。
② 刘笑言：《通过家庭的治理——新加坡以家庭为轴的社会治理机制分析》，《上海市社会科学界联合会会议论文集》，2014。

子女与父母同住，或者居住地相距 2000 米之内，已婚子女再购买二手房的话，将会在其中央公积金项下获得 4000 元的购房补助。① 上述举措的践行，都试图为家庭内部添加向心力。

其次，政府的一系列福利政策仅覆盖进入传统婚姻体系的人群。一直单身或同性合居等非传统人群，被排除在主流福利体系外。除此之外，新加坡政府出台了一系列鼓励生育的公共政策。例如，政府规定年收入达到 22000 新币以上的公民要缴纳个人所得税，但只要公民生育多于 2 个孩子，就可以得到高达 20000 新币的所得税退税，这就意味着，公民享受税赋减免不是因为其具备公民这一身份，而因其确实响应了国家的政策。② 该类举措，除委婉表达政府对传统家庭关系的支持态度外，还客观上渲染了传统家庭生活的美好形象，迎合了人趋利避害的本性，对青年人通过婚恋进入传统婚姻体系有一定的间接促进作用。

最后，为了更好地贯彻家庭政策，新加坡政府充分发挥民间力量，一方面强调意识形态的宣传，促使居民家庭自主、自立地践行公序良俗；另一方面，十分强调政府与民间社会力量的多元合作。领导人要率先垂范，充分展现传统家庭之魅力。从李光耀到吴作栋再到李显龙，新加坡领导人均十分重视家庭信仰的宣传工作。现任总理李显龙曾表示，非常感谢再婚妻子，称赞她的宽厚涵养、无私奉献、丰富学识，让一个因意外而破碎的家庭重新温暖了起来，成为他奋进的动力源泉。事实上，不吝惜与国民分享自己的家庭生活及感悟，树立了李氏家族良好的公众形象，不仅为新加坡人津津乐道，而且使李家成为新加坡国民争相效仿的对象。③

真正高超的治理，要懂得引导和依靠。源于对这一点的理解，新加坡政府充分发动民间力量，响应主流家庭价值观。政府为媒体设立了"负责任

---

① 刘笑言：《通过家庭的治理——新加坡以家庭为轴的社会治理机制分析》，《上海市社会科学界联合会会议论文集》，2014。
② 刘笑言：《通过家庭的治理——新加坡以家庭为轴的社会治理机制分析》，《上海市社会科学界联合会会议论文集》，2014。
③ 李芳、邓韵：《新加坡家庭价值观培育的经验研究》，《思想教育研究》2018 年第 3 期。

的媒体自由"原则，要求媒体不能对执政党、领导人或政府无端奚落、挑衅或批判，即便是不认同的，也要有分寸地表达反对。上述原则的确定，让媒体与政府形成合力，不制造、不加深民众和政府之间的对抗和摩擦。媒体可以充当弘扬主旋律、传播主流价值的重要角色。同时，发动基层组织和民间团体广泛参与政府发起的各种主题鲜明、内容丰富、形式多样的宣扬儒家思想的社会活动，居委会、民众联络所、公民咨询委员会等相关方通力合作，有效地将政府的意志高效、迅速地传达到寻常百姓家。① 从新加坡的经验中不难发现，似乎只有开展参与感强的基层活动，才能得到民众广泛、积极参与。

除上述不断为新加坡家庭注入向心力的一系列举措外，新加坡还从法律层面采取了较为严苛的离婚限制，为家庭的存续提供了一定的法律保障。与我国离婚制度规定在《婚姻法》中不同，新加坡有关离婚的法律规定，主要集中在《妇女宪章》当中。

首先，在新加坡无论是单方诉请离婚还是双方合意离婚，必须经过诉讼程序。其次，新加坡《妇女宪章》规定，离婚诉讼原则上至少要在婚姻存续 3 年后方才可以提起。最后，新加坡对离婚之要件标准规定得较为严格，例如通奸之行为要求达到无过错方"无法容忍"的程度，我国法律对该项法定离婚事由并无此要求。又如对于分居的规定，新加坡法律将其细化为协议分居（3 年以上）和单方分居（4 年以上），而我国法律仅笼统地定义为分居，且只要求 2 年即可达到法定标准。② 综上可见，新加坡政府非常重视公权力对离婚的限制效用。

从微观的社会公共服务层面来看，和外在广泛的认识一样，新加坡政府之举措趋于强势介入。从 2018 年 3 月 16 日至 4 月 30 日，新加坡政府在一个半月的时间里，举办了各种为单身男女量身打造的约会活动，种类包含健身、远足、出海旅游、聚会派对等，更为重要的是，上述相亲活动中，政府

---

① 李芳、邓韵：《新加坡家庭价值观培育的经验研究》，《思想教育研究》2018 年第 3 期。
② 《关于新加坡的离婚制度》，律图整理，http://www.64365.com/zs/760958.aspx，最后访问时间：2019 年 4 月 16 日。

将帮参与者承担一半的费用。① 尽管如此，愿意迈入婚姻的年轻人仍然面临着较大的经济压力，低收入群体无法负担高昂的传统婚姻生活花费，高收入群体不愿放弃单身时的奢华风格及自由感受，进而无法平衡家庭生活及职业规划。事实上，这种两难是每一个高速发展的社会中，青年人群必须面对的。

新加坡政府看似多维的家庭管理机制，并未能达到预期的目的。进入21世纪以来，新加坡的总和生育率持续保持在 1.25 左右，与可替代水平（2.1）依然相差甚远。② 固守传统的家庭面貌与分工，即便是具有较强的社会治理能力，新加坡政府也未能有效地应对公共领域中的性别平等与私人领域的性别不平等之间的矛盾。事实上这种矛盾背后，是高速经济发展所需要的更为广泛的劳动力与原有家庭清晰分工之间的抵触关系所导致的，这种矛盾仅依靠进一步固化传统家庭内部结构是无法调和的。

从公共管理层面来看，利诱和说教往往不能解决根本性问题。其实，片面强调"主流"传统家庭架构与观念，和急切地全盘接受女权主义、同性婚恋、开放式婚姻等趋新的家庭模式一样，很难获得广大民众内心的认同与赞许，因此实难获得良效。

（三）美国

进入传统婚姻关系中，已不再是美国民众的首要选择。皮尤中心的调查发现，2017 年美国半数 18 岁及以上的人结过婚。此项数据近些年来较为稳定，但在过去的 1/4 个世纪里下降了 9 个百分点。导致这种转变的一个重要原因是美国人（特别是男性）单身时间越来越长。根据美国人口普查局2017 年的统计，美国首婚的中位数达到了历史最高点：男性 29.5 岁，女性27.4 岁。与此同时，成年人与伴侣同居的人数不断上升。2016 年美国除了一半已经结婚的成年人之外，还有 7% 左右的成年人处于同居状态。事实

① 方辰：《新加坡催婚出新招：你相亲 政府买单》，《新京报》2018 年 3 月 27 日。
② 刘笑言：《通过家庭的治理——新加坡以家庭为轴的社会治理机制分析》，《上海社会科学界联合会会议论文集》，2014。

上，2016 年，美国成年人与非婚伴侣同居的人数达到 1800 万，较 2007 年上升了 29%。最为公众所关注的变化是，在过去的 10 年中公开支持同性婚姻的人数大幅提升。2007 年有关同性恋婚姻立法的反对者和支持者分别占 54% 和 37%。而 2017 年，公开支持的比例达到了 62%，反对者降低至 32%。盖洛普的调查发现，2017 年 1/10 的 LGBT 群体选择了同性婚姻，而现在大多数（61%）同性伴侣已办理婚姻手续。①

传统认知中的婚姻以生育为己任，② 以异性婚姻为前提，以一对一为要件，且夫妻之间具有专一性、排他性的忠诚义务。具体情况见图 1。

图 1 婚姻三支柱论体系

但从当下的美国婚姻统计数据来看，传统婚姻所承载的基础属性已具备一定的可替代性。家庭组织形式的多样化，似乎已是社会发展进程中的切实需要。

近年来，开放、多样化的婚姻形式是美国婚姻政策的亮点。尽管美国社会从来都不存在一个所谓主流的家庭模式，但与 20 世纪 50 年代相比，非婚同居者、同性婚姻及同性同居者等多种婚姻和家庭形式大量出现，如今美国青年对于配偶、结婚时间、是否结婚、是否生育小孩等有了更多被社会认可的选择。③

这种广泛选择的权利得到了法律层面的确认。众所周知，美国联邦最高

---

① Geiger, Abigail, and Gretchen Livingston. "8 Facts about Love and Marriage in America." Pew Research Center (blog). *Accessed January 16, 2019*. http://www.pewresearch.org/fact-tank/2018/02/13/8-facts-about-love-and-marriage/.

② 有关婚姻的生育意义，细化论述可参看费孝通：《生育制度》，天津人民出版社，1981，第 33~37 页。

③ 柯洋华：《美国家庭福利政策的历史、原则和经验》，《社会政策研究》2017 年第 4 期。

法院（Supreme Court of United States）2016 年 6 月 26 日 9 位法官以 5 比 4 的投票比例，涉险间接承认了同性恋婚姻的合法性。尽管联邦最高法院首席大法官 John Roberts 强烈质疑了这次裁决的程序合法性及合宪性，并提出同性恋平权并不是观点上的对错，而是程序上应由各州自下而上推动，不应由最高院一纸文书定夺对错。

不仅如此，广泛的选择包括了赋予人们选择结婚或选择不结婚的权利。根据皮尤中心的统计，成年人与伴侣同居的人数不断上升。2016 年，美国成年人与非婚伴侣同居的人数达到 1800 万，较 2007 年上升了 29%。粗略统计半数同居者为 35 岁以下的年轻人。

自 1997 年以后，越来越多的美国地方通过立法明确承认非婚同居关系的合法性。传统观点认为，对于没有合法婚姻关系而持续公开共同生活的同性或异性同居伴侣而言，其（非婚同居关系）无法得到婚姻法的确认和保护，当出现明显不公平时，传统的权利救济途径是参照普通法婚姻理论的衡平法原则。然而，这两种救济途径的作用在实务中常常受限，最后导致对非婚同居关系中弱势方保护不力的情况比比皆是。然可喜的是，1965 年起，美国法律出现了新的动向，许多州通过判例法或制定法确认非婚同居者享有相应的权利，并能通过合法的手段获得相关的救济。

事实上，美国司法进行了大量具有划时代意义的尝试，以适配多样化的生活方式和家庭模式。① 承认非婚群体的法律权利，劣势是扩大了新型婚姻关系对传统婚姻的冲击，而优势是丰富了家庭这个概念，为真爱的发生及更迭提供了较为广阔的空间。上述法律举措，接受了传统家庭伦理有待更新这一事实，从理论及实践层面，为向新型伦理关系转变做了准备。社会不应该逼迫人做特定的选择，好的家庭政策，应该是在现有财政资源的允许下，给予每个人尽可能多的选择可能，用温暖的目光注视着每一个青年人的选择。

同时，值得注意的一个趋势是结婚率的下降在教育程度为高中及以下的人群中最为明显。1990 年这个群体中结婚率为 63%，2015 年下降到了

---

① 王薇：《美国非婚同居法律制度述评》，《暨南学报》（哲学社会科学版）2010 年第 1 期。

50%。相反，在教育程度为大学本科及以上的人群中，2015 年的结婚率为
65%。①传统观点认为，受教育水平越高者越不热衷于结婚，而上面的数字
有力地挑战了这种观点。这种区分的形成，可能与美国在高等教育过程中不
断灌输正向的婚恋及家庭观念息息相关。事实上，真正的区分应该发生在对
婚姻内容的理解上。

从微观的公共服务层面来看，婚恋教育是美国开展青年婚恋服务的核心
工作之一。美国开展该类公共服务的特点主要是介入早、群体覆盖面广、专
业性强。在当下的中国社会，恋爱对于大学生及中学生而言，似乎是影响学
习及日后发展的一个不稳定因素。当然在应试教育及外部安全隐患较多的大
环境下，家长对于孩子的担忧无可厚非。而在美国的教育理念中，人们会认
为当孩子学会如何恋爱时，往往伴随着爱心及责任感的提升，这甚至是一种
个人进步的体现。但这一切正向的转变，往往都是需要在积极健康的引导下
完成的。

美国在高中阶段就开设有关婚姻价值观的课程，并对未婚先孕的父母提
供婚育计划指导。其实，帮助青年人树立一个健康、积极的婚恋观念，是青
年婚恋公共服务的一个要点。与此同时，心理诊所成为高等教育机构的重要
部门，为大学生群体提供感情危机心理咨询与疏导服务，帮助化解青年时期
较为激烈的情感冲突。

从婚恋平台的搭建角度来看，应该注意到的是越来越多的人倾向于通过
线上平台找寻自己的另一半。根据皮尤中心 2015 年的统计，15% 的美国人
使用过约会网站或在线约会软件，而这一数据在 2013 年仅为 11%。大概有
四成（41%）美国人知道身边有人在使用线上软件进行约会，29% 的人知
道身边有人已经通过线上约会的方式进入一段稳定的恋爱关系。线上约会方
式的广泛应用在青年群体中更为明显。18 岁至 24 岁群体中使用线上方式进
行约会的比例从 2013 年（10%）至 2015 年（27%）提高了 17 个百分点。

---

① Geiger, Abigail, and Gretchen Livingston. "8 Facts about Love and Marriage in America." Pew
Research Center (blog). *Accessed January* 16, 2019. http：//www. pewresearch. org/fact－tank/
2018/02/13/8－facts－about－love－and－marriage/.

一个重要原因是手机约会软件的应用高速增长，在18岁至24岁群体中该类软件的使用率从2013年的5%增长到了2015年的22%。大多数情况下，人们对在线约会方式持较为积极的态度。近六成（59%）的人表示，这是一种较好的认识新朋友的方法，同时，47%的人同意线上交友方式比其他方式更为便捷及有效。

为了回应这种日趋广泛的需要，美国涌现了许多在线征婚交友平台，美国在线婚恋平台的搭建，主要体现了客户群体细化、服务专业性强、注重隐私等特点。例如，婚恋网站Match就可以通过输入若干个关键词、偏好主动搜索出潜在的匹配对象，其友好的操作界面、创新的功能体验，让这家支持15种语言频道的婚恋平台成为美国最著名的婚恋交友网站之一。又如，EliteSingles.com是一个专门以美国精英为受众的婚恋网站，大部分会员具有学士及以上的学历背景，用户集中在30岁至55岁这一青年群体范围之内。由于受众群体具有一定的文化素质，该网站有条件通过较为繁复的个性调查，结合自身强大的算法，使用户得到较为精准的婚配推荐。

与此同时，美国高度重视对婚恋平台管制的相关立法。美国法律通常要求婚恋网站必须对注册用户进行犯罪背景调查。个别地区对于网络安全评分一般的用户，要求婚恋网站提供建议，比如提醒他们在使用网站时，不要透露全名、完整地址或电话等个人隐私信息。为了积极回应这种安全考虑，一些知名网站根据国家性犯罪登记处提供的成员名单对注册用户进行筛查，而且用户在网站注册时，网站需要查看用户信用卡的信誉情况、IP地址风险情况等信息。个别州已通过国家法案来规范在线约会网站，以保护用户不受罪犯包括强奸犯的侵害。①

总结美国近年来有关的家庭政策，要着重强调的就是开放性、多样化的价值趋向。事实上，中国和美国本身文化上的差异是根本性的，例如在很多中国人的生活习惯中，甚至是在年轻人这一趋新的群体意识里，社交生活其

---

① 南七道：《同样是婚恋网站，欧美的骗子为何那么少？》，https：//baijiahao.baidu.com/s？id=1578759897379835891&wfr=spider&for=pc。最后访问时间：2019年6月2日。

实也不是一种必需的生活元素。而美国的情况与之存在根本的差别，广泛的社交习惯让男女之间的关系有条件细分为多个形态。

一个显著的例子就是美国青年人之恋爱关系可以分为 Dating（隐蔽的短暂交往关系，常以接吻为界限）和 Relationship（公之于众的长期恋爱关系）。这种区分的前提恰恰是具有开放性的婚恋理解，强调多尝试对于拓展、了解自身需求及婚恋关系具有重要作用。其实，丰富价值取向的形成与巩固，是出现同性恋平权等社会根本性变革的前提。但从总体来看，美国政府认为婚恋是非常私人化的领域，政府之公权力介入应是以引导为主、规制为辅，间接而审慎的。

三　启示与建议

（一）精确定位公共政策服务范围，采取间接干预的引导模式

纵观各国青年婚恋公共服务之经验，不难发现均是采取间接的方式促进婚姻关系的缔结与存续，鲜见政府直接运营婚恋平台等强势干预婚姻关系之行为。这主要是因为婚恋大体被认为是一种较为私人的行为，政府公权力不方便直接介入。

在此认识的基础上，公共服务或可着力于婚恋观的引导及教育。从美国的经验可知，政府主要通过婚恋教育课程、婚后心理咨询（marriage counseling）、育儿津贴（baby bonus）、家庭福利倾斜等手段去维护良好的婚姻家庭关系。而在我国人口基数较大、财政收入并不十分丰裕的情况下，较执行广泛的津贴等社会福利政策而言，在青年群体内部开展系统的婚恋教育及家庭认识促进课程更具现实可行性。

（二）积极丰富家庭意涵，为不同家庭群体提供相应法律保障

随着社会媒体的广泛应用及信息化社会的形成，人与人之间已然形成高频互动的网状人际关系。再婚家庭的增多及同居关系的普遍存在，让传统意

义上的家庭生存空间逐渐缩小。从新加坡的经验来看，即便通过各种政策工具进行调控、宣传，违反社会发展规律的倡导，往往也是收效甚微的。

取而代之，应适应社会婚恋发展方向，适时应对社会情势变更。在积极宣传传统家庭美好的同时，从法律、政策层面充分保障多样化婚恋选择的空间，维护不同群体的合法权益。例如，从法律层面进一步明确同居关系甚至恋爱关系中的双方权利、义务，充分保障非婚生子女之基础性权利，加强对领养、收养等法律关系的监管。又如，或可参照新加坡及香港婚姻家庭法之内容，适当设置婚后禁止诉讼离婚期，保障最短婚姻存续期间，为刚进入婚姻体系的新人，提供一定的适应空间。

（三）去除婚姻刻板印象，树立健康的新型婚恋观念

传统婚配观念中，存在男性年龄、收入、职业阶层要高于女性这一刻板印象，然而随着社会的变迁，理应弱化年龄、收入、职业高低等社会性因素的影响，引导去除刻板的婚配思维方式，树立从心出发的健康正向婚恋观。从日本婚恋平台实践经验中可以得知，婚恋上如果男女之间存在固化的年龄搭配及收入均衡认识，不利于产生从内心感受出发的真挚情感，进而不利于良性婚恋。

不以性别作为家庭分工的依据，倡导机动、灵活的家庭模式。传统意识中，家庭存在男、女性别分工，而随着女权主义及商业社会的确立，女性受到完整教育的可能性提高，女性就业成为常态。那么在择偶观上，就应该倡导弱化性别意识，强调男性理应分担家务，与此同时女性亦应具有一定的社会专业能力。应该宽容地看待男主内、女主外等有违传统认识的家庭分工模式。无疑，淡化社会婚恋性别偏见，将有利于促进良性婚恋结合。

（四）以线上服务为主线，强调青年婚恋平台的专业化服务意识

通过美国的经验可以得知，婚恋平台搭建之要点，在于其具有专业化的服务意识。青年群体内部也存在家庭背景、教育程度、居住地域等方面的差异，公共婚恋平台之搭建要细化服务受众，切实了解不同群体的婚恋需求，

进而提供较为精准有效的婚恋服务。

注重线上服务，加强政府、党团组织与民间公益团体、商业团体的合作，强调专业人才做专业的事。从各国婚恋平台的经验来看，以线上平台为主要载体是一种面向未来的选择，经过商业实践优胜劣汰后的服务团队能够更好地贴合当下社会需要，公共机构与商业主体之间应开展深度合作，或可发挥各自优势、形成社会整体合力。

四　结语

家庭是靠复杂情感联结的共同体，客观反映其情况的诸多数据虽有所关联，却不能单纯从科学的视角进行机械性、逻辑性的分析。一种可能出现的倾向是，政策的制定者片面注重数据结果，并将其列为探讨公共政策成败的重要参考。关于婚恋家庭关系问题，在注重统计数据走势的同时，亦要关注不同个体在政策下的冷暖感受、利益得失，因为只有这样，或许才能较为彻底、实际、广泛地解决生育率低等社会问题，也正是因为有助于切实解决这些问题，出台相关政策之部门亦将获得更广泛的社会影响及政治话语权。

展望未来，女性是青年婚恋问题的核心。在有关性别研究领域，我国与西方发达社会尚有差距。如何柔性化解女性主义之强势与我国现有男性主导的伦理体系之间的排斥，亦将是学术同仁面临的一个尚待探究的难题。

案 例 篇

Reports on Case Studies

B.14
共青团开展婚恋服务工作的经验总结和案例分析

田 丰*

摘　要：　本文基于近年来各级团组织在青年婚恋方面开展的工作，综合分析了共青团在青年婚恋工作中，充分发挥自身的优势，针对现实中存在的婚恋难等问题，发挥共青团的协调作用，联系社会各方力量，积极开展工作，形成了共青团主导、社会各方力量系统参与的工作格局。梳理了青年婚恋工作的相关案例和工作典型，讨论了青年婚恋工作的难点，发现现有工作中存在婚恋服务有效覆盖面较窄、牵手率较低、缺乏调查研究、活动针对性不强、后续跟进不足、缺乏系统性等问题，并提出了弘扬婚恋文明新风尚、深入开展青年婚恋调查

* 田丰，中国社会科学院社会发展战略研究院，研究员，博士生导师。

工作、提高活动针对性、延伸服务链条、扩大覆盖面等政策
建议，以期对未来团组织在青年婚恋方面拓展工作有所帮助。

关键词： 青年 婚恋 共青团

青年是国家的未来，民族的希望。青年兴则国家兴，青年强则国家强。
促进青年更好成长、更快发展，是国家的基础性、战略性工程。党和国家历
来高度重视青年、关怀青年、信任青年，始终坚持把青年作为党和人民事业
发展的生力军和中坚力量，为青年在革命、建设、改革中施展才华创造条
件、提供舞台；尊重青年敢想敢干、富有梦想的特质，注重激发青年的参与
热情和创新活力，引领青年勇开风气之先、走在时代前列；关心、解决青年
的迫切需求和现实问题，充分照顾青年的特点和利益，优化青年成长环境，
服务青年紧迫需求，维护青年发展权益，促进青年全面发展。青年婚恋是青
年成长过程中不可或缺的组成部分，是全体青年的人生大事和普遍需求，做
好青年婚恋工作不仅有利于青年的健康发展，也有利于社会的发展稳定。长
期以来，党和政府相关工作部门高度重视青年婚恋工作，深入贯彻落实中共
中央、国务院印发的《中长期青年发展规划（2016－2025年）》和共青团
中央、民政部、原国家卫生计生委三个部门联合出台的《关于进一步做好
青年婚恋工作的指导意见》等相关政策规划，密切政府部门、群团组织和
社会力量的协同合作，积极开展工作，帮助广大单身青年解决婚恋难的问
题，满足广大单身青年婚恋刚需，在我国青年婚恋工作中取得了显著成效。

一 共青团开展婚恋服务工作的现状

长期以来，共青团在青年婚恋工作中，充分发挥自身广泛联系青年、深
入青年的优势，针对目前青年中存在的"婚恋难""初婚年龄推迟""离婚
率高""男女未婚比例增加"等问题，积极发挥共青团的协调作用，联系社

会各方力量，形成了共青团主导、社会各方力量系统参与的工作格局。在工作中深入贯彻落实党中央、国务院以及其他部门出台的相关规划政策，将社会主义核心价值观与婚恋文明新风尚相结合，突出价值引领，通过线上线下相结合的工作方式，在机关企事业单位等青年群体中积极开展工作，勇于创新活动形式，活动内容丰富多样，打破了以往传统的相亲模式，有效地促进了青年婚恋问题的解决，呈现如下工作态势。

（一）将社会主义核心价值观与婚恋文明相结合，突出价值引领

长期以来，团中央和各地共青团在开展青年婚恋工作中深入青年之中，积极开展相关调查工作，明确青年多样化的需求和差异化的特点，分析单身青年所面临的婚恋现状和存在的问题，举办婚恋交友与弘扬传统文化、运动健身、绿色环保等相结合的主题活动，在活动开展中邀请心理咨询、婚恋交友等相关领域专家为青年开展专业化的咨询和服务，破除婚事大操大办、盲目攀比、天价彩礼等不良习气，在全社会倡导移风易俗、婚事新办、文明节俭的社会主义新风尚，将服务青年需求与践行社会主义核心价值观相结合，加强对青年婚恋观、家庭观的教育和引导，强化青年在婚姻中的尊重意识、诚信意识和责任意识，培育青年文明、健康、理性的婚恋观。2018 年 4 月，团北京市委的"青青子衿　邂逅青春"北京青年交友联谊活动，选择在中国园林博物馆举行，活动现场单身青年首先进行了"心灵匹配测试"，了解彼此的恋爱性格，同一恋爱性格的人被安排在一起，举办方让单身青年彼此贴上自己的个性签，使得大家能够迅速了解彼此。接下来，单身青年积极参与到"如此遇见""部落运输线""播种多肉""环保购物袋设计大赛"等游戏中。通过游戏来进一步加深了解，活跃现场气氛。其中多肉植物种植和环保袋制作都融入了绿色环保元素，在促进男女青年深入互动交流的同时，积极倡导绿色环保的生态理念。此外，本次活动还加入了冬奥元素，由男女嘉宾单手拼图，形成冬奥会徽，现场营造了浓厚的冬奥氛围。同时本次活动还邀请了资深情感导师在活动中积极关注青年动态，为青年解答疑惑，传授脱单秘籍和恋爱经验，在青年中倡导恋爱新风尚，帮助青年树立文明、健

康、理性的婚恋观，突出活动举办的价值引领。在活动最后的环节还进行了踏春游园，让现场男嘉宾邀请一位女嘉宾走出户外，欣赏美丽春色。将恋爱交友与绿色生活方式完美结合，进一步促进男女青年之间的了解，倡导了新时代文明恋爱风尚。活动结束后还进行了活动满意度调查，了解青年对于本次活动的看法和建议，认真听取青年的建议，优化活动设计，以期在接下来的活动中设计更加合理的活动方案，更好地服务于广大单身青年，切实为广大单身青年提供彼此认识、熟悉和交友的机会，将社会主义核心价值观和婚恋文明新风尚相结合，帮助广大单身青年解决婚恋中的问题，促进青年的成长和发展。

（二）参与群体多为机关企事业单位的单身青年，活动规模趋向中小型

全国各地共青团在开展婚恋服务的过程中，面对的是社会中的广大单身青年。共青团中央、民政部、原国家卫生计生委三个部门联合出台的《关于进一步做好青年婚恋工作的指导意见》明确指出，加大对重点青年群体的服务力度，针对大龄未婚青年、进城务工青年、农村青年、青年官兵、部分行业青年等群体有针对性地开展工作。但考虑到受教育程度、工作性质等相关条件的契合度以及提高婚恋交友的配对率，各群团组织在开展活动时严格审核报名条件，活动参加对象更多地集中在党政机关、国企、医院、高校等相关机关企事业单位中，这在一定程度上限制了活动的覆盖面。另外，就活动开展规模来看，由于考虑到活动的场地、人员等因素，经过筛选，最终能够参加活动的青年数量相对集中在 50～100 对之间，有的活动规模甚至更小。

（三）活动丰富多样，打破了传统的婚恋交友模式

传统上，我国社会中单身男女是以"相亲"的方式来寻找结婚对象的，这种引导式择偶模式在社会中占据主导地位。这种择偶模式在一定程度上束缚了单身男女对幸福恋爱的追求。如今，随着社会转型的加快，年轻人的思

想较之以往已有较大转变，婚恋观念逐渐趋向自由化、开放化，广大青年立足于自身需求来寻找自己的另一半。各地共青团在开展工作中抓住新时代青年婚恋交友的思想特点，根据单身青年多样化需求和差异化的特点，努力创新活动开展模式，通过举办集体汉式婚礼、婚恋交友与公益活动，及婚恋交友与运动健身、婚恋交友与弘扬中华传统文化、婚恋交友与绿色环保等相结合的主题活动为单身青年提供专业的交友服务平台，活动由专业主持人引导开展，主要包括男女嘉宾自我展示、才艺表演、互动游戏、真情告白等环节。与传统的婚恋模式不同，共青团在活动中为广大单身男女提供了一个彼此认识交流的机会，而不参与其感情的具体发展，让单身青年进行自由恋爱。通过丰富多样的活动主题、富具创新性的活动模式使得单身男女在交往中打破以往交友的尴尬局面，显得更加轻松自然。如2017年10月15日由广西共青团区委牵手所举办的"青春携手 共创未来"广西青年联谊交友活动（运动交友专场），与传统恋爱交友活动不同的是本次交友联谊活动被特意安排在令人放松的羽毛球场馆开展，为青年营造轻松、活跃、健康的活动氛围。活动组织方精心策划活动内容，活动以全体嘉宾齐练健身气功八段锦开场，一起跳大绳、一起牵红线、一起传球。而在具体活动中又设计了丰富多彩的游戏环节，将运动健身、趣味游戏、恋爱交友相结合，为广大单身青年提供交友机会，充分尊重和重视广大单身青年的恋爱交友自主权，帮助青年彼此沟通交流、密切彼此之间联系，打破以往传统相亲模式的尴尬，为广大单身青年打造婚恋交友服务平台，大力推广实施"青年体质健康提升工程"。广西共青团区委选择的婚恋交友与运动健身相结合新模式、丰富的活动内容，打破了以往传统的相亲模式，在运动中让单身青年彼此熟悉，既可以帮助广大单身青年解决实际婚恋中遇到的困难和问题，又推动体育锻炼成为青年的生活方式和时尚，有效地提高了婚恋交友活动的时尚性、实效性和创新性。

（四）线上线下深度融合，推动形成多方合力

当今青年生活的一大重要时代背景是互联网高速发展，互联网已经渗透

到青年生活的各个角落，广大青年已经成为"互联网的原住民"。为了适应移动互联网时代社交特点和单身青年婚恋刚需，各地共青团在开展婚恋工作中基于"青年之声"网站、微博、微信公众号、QQ 群、微邦 App 等与青年生活联系紧密的线上交友平台为广大单身青年提供身份认证、互选心动、线上报名、婚恋咨询、沟通交流等专业化服务，为青年提供个人展示、精准交友的线上平台。同时，根据线上报名和互动反馈情况，在"七夕节""5·20""双 11"等与恋爱交友密切相关的重要时间节点，由团组织牵头，联合其他部门及行业协会、婚恋服务企业、高校等社会力量开展相应主题活动，一方面提供有效、便捷、可信赖的线上服务，另一方面发挥共青团的组织优势和信用优势扩大婚恋交友线下服务，推动线上线下深度融合，扩大青年婚恋交友活动服务覆盖面，促进青年婚恋难问题的解决，优化青年交友体验。

（五）服务开展成效显著，能够有效促进问题解决

在我国择偶市场中，单身青年性别比严重失衡，男性占比明显大于女性；另外，青年步入社会以后忙于工作、交友圈子窄、结识异性机会少，再加上缺乏行之有效的婚恋交友平台等因素使得青年面临恋爱难、结婚难的现实问题。面对广大青年迫切的婚恋需求，各地团组织深入贯彻落实党中央和国务院相关规划政策，并根据本地实际情况制定相关规划，在青年婚恋交友服务工作中发挥协调作用，积极牵头联合社会相关力量，扩大活动服务规模，在不同时间，针对不同青年群体，开展特色主题活动，为广大单身青年提供公益性婚恋交友服务，保障青年相关权益，满足青年婚恋刚需，得到了广大单身青年的一致肯定，能够有效地促进青年婚恋难问题的解决。如团湖北省委所组织的青年之声相亲文化节，从 2006 起到现在已经成功举办 13 届，成为湖北省乃至全国范围内规模最大、效果最好、影响最大的公益相亲文化平台；四川省"爱＋"青年交友婚恋服务平台是 2016 年 8 月团四川省委以单身适龄青年为主要服务对象，充分发挥共青团广泛联系青年的优势，建立的以"爱＋"网为主体的实名制的、群团互动的、"O2O"的青年婚恋交友平台，平台在个人信息真实、工作单位真实、感情状况真实的原则下开

展联谊活动，让青年以自由和浪漫的形式进行交友和选择爱情。平台成立以来短短数年之间已经成功举办大小交友活动近两百场，服务单身青年 2.5 万余人，先后开展"爱在一起·草莓情人节""爱在蓝天·青春筑梦"军地青年联谊等多元化主题的"线下"青年交友联谊省级示范活动，在青年中获得良好的反响。"青春飞扬·大城小爱"是由团河南省委联合腾讯大豫网等社会力量所举办的针对社会广大单身青年的相亲文化节，自 2012 年成立以来已经成功举办七届，每次参加人数近千人，内容突出趣味性、多样性和针对性，分为线上、线下两个活动分区。线上活动以专网活动为主，线下互动包括"浪漫满车""8 分钟约会""寻找心仪的她""情感门诊台"等多项内容。具体开展活动时专门为单身青年准备互动游戏环节，尽量让在场的每一位青年都能和不同的异性有机会接触认识，对于彼此有交往意向的男女青年，工作人员为其提供对方的联系方式，关注其后续交往。除了以上几个省份之外，其他省份及其基层团组织也积极组织开展相关青年婚恋交友活动，为社会广大单身青年解决婚恋刚需问题，这些活动取得了一定的成效，能够有效地促进青年婚恋难问题的解决。

二 共青团开展婚恋服务的典型案例

在服务青年、帮助青年解决婚恋难问题的过程中，各地共青团从价值引领、积极服务入手，加强青年婚恋教育，丰富活动服务载体，推动共青团婚恋工作向社会化、常态化方向发展，初步形成了社会多方力量共建共享的婚恋服务工作机制。在做好青年服务工作的同时涌现出了一批优秀典型案例，他们明确青年相关需求，根据本地实际情况，联合多方力量，融合线上线下，创新服务模式，因地制宜地打造了一批机制成熟、效果显著的青年婚恋服务品牌。

（一）湖北省"青年之声"相亲文化节婚恋交友活动

湖北省"青年之声"相亲文化节是为广大青年举办的大型公益相亲活

动。活动从 2006 年到 2019 年共举办 13 届，每届除了开展整体活动之外，还会在不同时间节点、不同地区，针对不同群体，开展特色主题活动，每届相亲文化节会吸引近 2000 名青年参加，而在不同主题的活动场次中又会开展中小规模的相亲活动，从活动开展以来已经服务 30 万人左右。

湖北省"相亲文化节"由团省委联合其他机关单位、新闻媒体、婚姻专业机构举办，充分发挥各方力量优势，形成省级统筹、社会参与、整体联动、小型分散的工作格局，依靠"青年之声"平台，在微博、微信、大豫网等媒体平台上进行活动宣传，邀请专业的心理咨询专家和婚恋指导专家为青年提供心理咨询、解答感情困惑、开设爱情公开课等，同时成立专门的"青年之声"相亲文化节工作委员会，联合相关社会力量，在线下为广大单身青年举办专业化的活动，形成了"线上""线下"深度互动融合的工作模式。

湖北省"青年之声"相亲文化节，在开展过程中尊重青年多样化需求和差异化特点，针对不同青年群体，开展大中小不同规模程度的婚恋交友活动，注重活动的精准化和分层化，有效地提高了活动的精准度，同时"青年之声"相亲文化节，为广大单身青年开展系列化交友活动，弥补了以往开展婚恋交友工作分散化的不足，更加注重婚恋交友工作的系统性。

（二）广东省"粤团聚"婚恋交友新模式

"粤团聚"最初是由团广东省委所牵头打造的青年婚恋交友服务网站，后来经过团队建设、品牌营造、活动开展等逐渐形成了具有广东特色的青年婚恋交友模式。针对当前青年互联网社交模式和迫切的婚恋交友需求，2014 年团广东省委联合南方报业传媒集团、中国电信广东分公司等单位共同建设"粤团聚"网站，定位其为广东青年婚恋交友的网络综合服务平台。由相关力量提供云服务器，支持和打造网站手机网页版，在 2018 年团广东省委联合珍爱网等发布了"粤团聚"线上交友服务平台测试版，融合了团组织把关、大数据匹配、互动心选、交友信息服务、交友报名等多种交友功能，是为广大单身青年提供线上展示、精准交友的公益性综合服务平台。依据自身平台优势，利用网络大数据从男女相亲特点、相亲力分析等方面对单身青年

进行分析，为男女婚恋交友提供科学的数据支持。同时在线下活动中，各地团组织积极创新，因时制宜、因地制宜针对不同的文化情况，在"七夕""5·20""中秋""元宵节"等重要时间节点，将婚恋交友与公益、美食、运动、弘扬传统文化相结合，开展特色主题婚恋交友活动，跳出以往以相亲为单一主题的婚恋交友活动，塑造"粤团聚"特色交友品牌，积极推动"粤团聚"活动往社会化、常态化方向发展。在活动开展之后，积极了解青年婚恋交友衍生出来的休闲娱乐、婚姻摄影等相关需求，加强后续跟进工作，联合相关社会力量，延伸服务链条，为青年提供优质、优惠、全方位的专业化服务。

（三）北京市青年交友联谊系列活动

北京市青年交友联谊系列活动是由团北京市委青少年发展与权益维护部针对青年中存在"恋爱难""交友难"等问题在单身青年中开展的专业化婚恋服务。团北京市委在开展工作中尊重青年需求和差异化特点，将青年划分为不同群体，针对不同层次的青年，增加活动开展频次，开展精准化的服务。活动开始前，团北京市委依托微博、"青春北京"微信公众号等网络平台在线上为广大青年服务，并在线下广泛进行宣传，发动青年参与其中。在具体开展工作中，团北京市委邀请心理咨询师、婚恋指导专家、金婚老人等人士为青年提供情感疏通、疑惑解答、经验分享等服务，引导活动进行、促进活动顺利开展，为广大单身青年提供专业化的婚恋交友服务。在活动结束后，团北京市委对参加的青年提供关于活动满意度的调查问卷，以了解大家对于共青团开展活动的建议，明确活动的不足，以便以后更好地为青年提供专业化的服务。同时会积极邀请在活动中成功牵手的男女嘉宾进行恋爱经验分享，帮助单身青年打破交友中的尴尬、提高沟通交流的能力，促进牵手青年感情的顺利发展。北京市青年交友联谊系列活动积极链接社会各方资源，打造专业化的服务团队，切实服务于青年需求，促进青年之间充分交流沟通，帮助青年树立更加文明、健康、理性的婚恋观。

（四）河北省"青年之声　青春有约"

河北共青团自 2017 年起开展全省青年婚恋交友服务，组织开展了河北省青年婚恋现状调查，通过调查聚焦三个问题：单身时如何找到真爱、恋爱后如何步入婚姻、如何破解"天价彩礼"现象导致的基层青年"结婚难"问题，明确由团河北省青少年网络工作指导中心负责青年婚恋交友的统筹协调工作。2017 年以来省级平台共举办"青年之声　青春有约"婚恋交友活动 16 场，覆盖万余人，210 对青年男女牵手成功，全省以线上线下相融合的方式共举办婚恋交友活动 500 余场，覆盖 7 万人。众筹社会资源形成专业服务队伍，依托各市青年之家等形成线下服务阵地，打造了"青年之声青春有约"活动品牌，搭建安全可靠一体化的线上服务平台。河北青少年思想引导信息化平台是河北共青团自主打造的线上一体化平台，现正在开发婚恋交友活动发布、报名等功能，协调接入公安部人口校验数据库，开通后将大大减轻青年在报名审核中提供身份证明的负担，形成更加安全可靠、便捷、高效的青年婚恋交友平台。同时，河北省印发《河北"青年之声"单身青年联谊会实施方案》《在纪念五四运动 100 周年之际开展"百年五四青春有约"青年婚恋交友活动的方案》，举办优质活动，通过主题派对、文化沙龙、公益行等青年喜爱的活动形式，扩大单身青年交际面和交友圈，为单身青年提供保姆式、全程式婚恋交友服务。

三　共青团开展婚恋服务工作的特点

与我国婚恋市场开展的婚恋服务工作不同，共青团在帮助青年解决婚恋难题的同时，注重引导和培育青年在情感生活中的尊重意识、诚信意识和责任意识，帮助青年树立正确的婚恋观、家庭观，坚持以青年为中心，扩大青年参与渠道，努力探索婚恋交友活动新模式，为青年免费提供相关服务，满足青年的服务需求，提倡活动公益性，呈现了团组织开展活动所独有的特点。

（一）以弘扬婚恋新风尚为基础，注重青年自身素养的提升

共青团在开展婚恋服务工作时加强对青年的婚恋教育，帮助青年树立积极正确的择偶标准，大力倡导文明、健康、理性的婚恋观念。针对当前青年婚恋选择中存在的"门当户对""崇尚物质""单身主义"等不合理的婚恋观念，共青团一方面通过"青年之声""微信""微博"等与青年联系紧密的网上平台在线上对青年进行婚恋教育及沟通交流；另一方面共青团在线下积极发挥自身凝聚青年、服务青年的优势，通过邀请心理咨询专家、婚恋指导专家等专业人士为青年免费开展心理咨询、婚恋感情咨询服务，帮助青年疏通心理压力、解决感情疑惑、提升自身情商。将弘扬婚恋新风尚与婚恋交友活动相结合，有效地促进了青年自我素养的提升。如2018年12月22日下午，由北京团市委联合市律师协会、北京青年宫在朝阳区松榆西里社区举办主题为"探秘心世界　遇见未知的自己"的交友联谊活动。来自北京市各行业的120余名单身青年参加了本次活动。团北京市委在本次活动中邀请了专业心理咨询师作为主持人，将促进青年之间的沟通、培养亲密关系、提升爱的能力等贯穿活动全过程，运用心理咨询专业工作方法，通过"建立关系""遇见未知的自己""爱的表达唱""爱的同心圆""爱需要勇气"等环节设计，最大限度打破尴尬，在帮助青年解决婚恋难题的同时帮助青年树立正确的择偶标准，纠正不正确的婚恋观念，在弘扬文明婚恋新风尚的基础上，激发单身青年婚恋交友的积极性，促进大家的沟通交流，引导单身青年学会在亲密关系中建立自信、把握原则、表达自己，提高青年的恋爱素养，全程传递文明、健康、理性的婚恋观，促进青年的人生成长和发展，获得了在场青年的一致好评。

（二）打造公益性强的婚恋交友平台，突出服务公益性

当前我国单身男女数量大，"恋爱难""结婚难"问题使得广大青年具有迫切的婚恋服务等相关需求。在这样的背景下，我国婚恋市场获得了较快发展，而婚介服务机构为广大青年提供的服务一般需要收取较高会员服务费

用，由于我国婚介市场不规范，敷衍了事、急功近利、骗婚等侵犯广大单身青年权益的现象频频发生。与此相对应，共青团作为服务青年的组织，在党和国家相关政策规划的指导下，在为青年提供婚恋交友服务中，坚持以服务青年、满足广大青年的切实需求作为工作出发点，联合社会各方力量，打造专业化的婚恋服务品牌，提供公益性的青年婚恋服务平台，免费为青年提供心理咨询、婚恋交友讲座、婚恋交友专场活动等服务，积极维护青年婚恋交友权利。各地、各级共青团开展婚恋工作时以公益性为指导，为广大青年提供了一批又一批诚信度高、公益性强的服务品牌。这在具体工作中主要通过以下三个方面体现。第一是打造提升青年自我素质的婚恋课堂，针对广大青年普遍存在的婚恋刚需，各地团组织在开展工作中，与专业的婚介机构和相关社会组织开展合作，邀请专家开设"幸福恋爱大讲堂"等婚恋素养提高课程，通过心理疏导、婚恋经典案例分享等青年人易于接受的方式，帮助青年提高情绪管理、人际沟通、经营感情的能力。第二是组织开展婚恋交友活动。针对青年步入社会以后由工作忙、圈子窄等造成的交友圈子小、缺乏婚恋交友机会等问题，在七夕节、元宵节等重要时间节点上，为青年举办文明、健康、时尚的交友活动，同时融入公益服务、绿色环保、时尚娱乐、运动健身等丰富内涵，以单身青年婚恋交友为工作主线，结合各地实际情况来开展青年联谊交友活动，促进单身青年之间的沟通交流。第三是婚恋交友服务活动。青年结婚难的一个重要因素在于广大青年刚步入社会、尚未实现财富的积累，巨大的经济压力使得青年对婚恋交友望而却步。面对这样的现状，各地共青团在开展工作中，通过举办汉式集体婚礼、链接社会婚恋市场资源为青年婚恋提供优惠等方式为广大青年缓解经济压力，建立单身青年的婚恋数据库，以便精准地为青年提供便捷、优惠的服务，为青年减少沟通交友成本。

（三）活动形式富有创新性，积极探索"婚恋交友＋"新模式

随着我国改革开放和社会主义市场经济的深入发展，中西文化不断交流融合，网络文化对当前青年影响深远。生活在这样的背景之下，青年的思想

观念、利益需求、行为方式等呈现多样化的特点，对青年的婚恋观、家庭观也造成了较大影响。面对这样的变化形势，在开展青年婚恋服务中就得转变观念、调整工作方式，使得其与青年自身实际相契合。婚恋市场中的婚恋活动，其服务模式多为让相亲交友双方自我介绍、个人展示、沟通交流等，这样的模式与传统的相亲模式相比并没有取得实质性的进展，并不能够有效地解决青年婚恋难问题。各地共青团在开展服务工作时，明确青年自身特点，把握青年婚恋需求和动态，突出价值引领和活动服务的公益性，突破婚恋交友的单一主题，融入公益服务、传统文化、运动健身、绿色环保等内涵，创新活动开展环节，密切与青年交流，打破以往的旧模式，积极探索"婚恋交友＋"新模式，取得了显著的效果，获得了青年的一致认可。如团北京市委青少年发展和权益维护部联合北京市志愿服务指导中心、北京市青年宫在2018年5月19～20日组织单身青年开展"种下一棵树　收获一份情"义务植树活动，在前往林场植树的车上就组织单身男女进行自我介绍和才艺展示并将单身男女分组，一棵树由一对男女嘉宾共同种植，种植完成之后又安排了郊游，在20日上午到烈士陵园进行参观祭拜，加强对青年的爱国主义教育，将婚恋交友与公益、环保、社会主义核心价值观相结合；2019年1月19日辽宁省共青团组织单身青年开展了"羽翼未满　恋爱未迟"羽毛球交友活动，将婚恋交友与运动健身结合起来，选择体育场馆作为活动场地，将男女嘉宾进行分组。活动开始前在场馆内设置了异性许愿墙，以便在具体活动开展中增进男女嘉宾彼此的默契和了解，过程中还设计了男女互动环节，在活动的最后让男女嘉宾在许愿墙上取走自己心仪对象的许愿卡，帮助对方实现愿望；2019年3月30日由团安徽省委组织的合肥市第六届青年汉式集体婚礼在三国新城遗址公园举办，此次汉式集体婚礼共有33对新人参加，在活动中33对新人身着汉服，进行祈愿礼、拜谢礼、正席礼、沃盥礼、同牢礼、合卺礼、解缨结发礼等汉式礼仪，活动将婚恋主题与弘扬传统文化相结合，去掉以往婚礼大操大办的琐碎过程，变繁为简，让新人们在感受到传统婚仪的独特魅力的同时传承经典中华文化，向社会倡导婚事新办、文明节俭的婚恋新风尚，有助于帮助青年树立文明、健康、理性的婚恋观。而共青团在具体开展婚恋交友服务活动时，积极创新活动内容形式，认真组织策划，通过"缘来是你""爱情密码""杯水传情""真情告白"等趣味互动游戏来吸引广大青年参与，增加单身青年间的沟通交流，推动青年在活动中深入互动，打破初次相识的尴尬，助力男女嘉宾从彼此相识、相知到相恋，有效地满足了青年的相关需求，打破了以往婚恋交友的旧模式。

四 共青团在开展婚恋服务工作中存在的问题

各地共青团在开展青年婚恋服务工作时，在青年中积极开展婚恋新风尚宣传活动，搭建服务青年的网上婚恋交友平台，优化线下活动，积极打造符合本地特色的青年婚恋服务品牌，在帮助青年解决婚恋问题过程中取得了一定成效。但由于婚恋问题本来就是一个具有复杂性、私密性的问题，加上受到人才引进政策、提高活动配对率、群团组织自身力量的不足等因素的影响，一些地区共青团在开展工作中存在有效覆盖面不够、活动针对性不强、活动开展缺乏系统性等问题。

（一）服务群体有效覆盖面较窄

近些年来我国未婚男女激增，单身青年性别比例失调，单身男青年占比明显高于单身女青年占比，受婚恋压力等多重因素影响，单身青年"恋爱难""结婚难"问题普遍存在，这种现象集中存在于大龄未婚青年、进城务工青年、农村青年、青年官兵、部分行业青年等青年群体之中。各地共青团历来高度重视青年发展，针对青年婚恋难的问题，认真贯彻落实中共中央、国务院印发的《中长期青年发展规划（2016－2025年）》等相关政策规划，联合相关社会力量，采取了一系列举措，帮助青年解决婚恋难题，促进青年自身发展，提高青年的生活幸福感。但是，各地团组织在开展婚恋交友服务工作中针对的群体更多为党政机关、银行、高校等企事业单位里的单身青年，活动的群体覆盖面有限。就活动的规模来看一般为50～100对青年，有的活动规模甚至更小，活动的人员覆盖面也有限。

（二）单身男女缺乏深入了解，牵手率较低

"百年修得同船渡，千年修得共枕眠"。成就一段婚姻需要男女双方投入相当多的时间和精力，二者在相处的过程中要经过了解、磨合、不断成长才能够最终走进婚姻的殿堂。各地共青团在开展青年婚恋服务工作时，时间多集中在"七夕节""5·20"等与婚恋相关的时间节点，单身男女在这短短的时间内通过相识、互动来寻找心仪的对象。然而男女双方需要在性格特点、三观、家庭、受教育程度、工作等众多考量因素上彼此契合才能成功交往。在短短的时间内，要让单身男女彼此深入了解、放心地把心交给对方有相当大的难度。

（三）缺乏青年婚恋观调查研究，活动开展的针对性不强

青年婚恋服务工作要顺利开展需要对当代青年的婚恋观、家庭观、青年婚恋难的原因、青年对婚恋交友的具体需求等相关方面有较为准确的把握。这样才能在活动中有的放矢。这就需要各地共青团在开展工作之前联合高校、社科机构、婚恋指导单位等深入青年之中开展广泛调研，明确本地青年面临的困难和具体需求，把握青年婚恋动态。由于基层团组织鲜有专门针对本地青年婚恋观、家庭观和婚恋需求的深入调研，不能根据不同地区、不同行业青年面临的"婚恋难"实际情况，针对青年具体需求来开展活动，因此活动的针对性不强，这影响了活动效果的提升。

（四）活动后续跟进不足，工作缺乏系统性

共青团婚恋服务活动为单身青年提供了认识异性、结交朋友、彼此交往的契机，这对于在现实生活中工作忙、交友圈子窄、缺乏与青年异性交往机会的广大单身青年来说，的确是促进自己解决婚恋问题、满足自己婚恋需求的重要途径。男女嘉宾在活动中经过彼此熟悉了解之后有交往意愿就可以牵手成功；但就整个婚恋过程来看牵手成功只是其感情生活的开始，这距离走进婚姻殿堂还有很远的路要走，对于这种感情在接下来如何发展，遇到困难

时如何解决，是否能成功步入婚姻殿堂等问题，共青团则缺乏相应的跟进工作。另外，从各地共青团开展的工作来看，其婚恋服务工作呈现零散化趋势，一项活动开展之后，就没有了后续，活动之间联系不够紧密，绝大部分地区没有形成成熟完善的活动体系，从活动的筹备到开始再到完成缺乏系统性，这影响了婚恋交友活动的整体效果，活动开展中初步取得的成果不能够进一步保持并扩大。

五　共青团婚恋服务工作展望

恋爱成家是广大青年的普遍需求和终身大事。做好青年婚恋工作，不仅关乎青年的健康成长，而且关系到国家发展和社会稳定大局。长期以来，在党和国家相关政策规划的指导下，共青团在开展婚恋工作时积极发挥凝聚青年、服务青年的职能，始终把竭诚服务青年、把工作做到广大青年心坎里去作为自己工作的出发点和落脚点，在解决广大单身青年"恋爱难""结婚难"等问题上取得了显著成效。但不可忽视的现实是，目前我国仍存在数量庞大的单身青年，他们的婚恋需求还没有得到满足。因此，针对以往共青团开展工作中存在的问题，提出以下建议。

（一）突出价值引领，弘扬婚恋文明新风尚

各地共青团在开展婚恋交友服务工作、为广大青年服务时，应该坚持青年为本，明确青年自身特点，将社会主义核心价值观和婚恋文明新风尚融合起来，加强青年婚恋教育，通过倡导将恋爱课程引入学校教育之中，来帮助青年纠正在婚恋选择时的"物质主义"等错误观念，从而使其树立积极正确的择偶标准和文明、健康、理性的婚恋观。在具体开展活动时，勇于创新婚恋交友模式，丰富活动内容和形式，将婚恋交友与运动健身、公益服务、绿色环保、传统文化等主题结合起来，在帮助青年解决交友、择偶、婚姻问题的同时强化对青年的尊重意识、责任意识、诚信意识的培养，引导青年树立正确的婚恋观和家庭观。依托各类网上平台，利用大众传播媒介的影响

力，在青年中积极宣传正面的婚恋观念，抵制负面的婚恋观念，形成积极健康的舆论导向。在社会中破除婚事大操大办、炫富攀比、铺张浪费、高价彩礼等不良习气，倡导移风易俗、婚事新办、文明节俭的文明新风尚，引导青年树立正确的家庭观念，倡导尊老爱幼、男女平等、夫妻和睦、勤俭持家、邻里团结，传承优良家教家风，培育家庭文明，注重对青年自身品德的培养，突出对青年的价值引领。

（二）深入开展青年婚恋调查工作，提高活动的针对性

目前进入婚恋交友阶段的青年主要为"80后""90后"青年群体，他们生活在我国市场经济飞速发展、全球化深入发展、网络信息多元化的时代背景之下，又处于人生发展的关键时期，作为思想活跃、追求自由、对新生事物易于接受的庞大群体，他们受到了时代发展的深刻影响，因而青年在婚恋观、家庭观上呈现多样化的特点。以往各地共青团开展婚恋交友工作之前，缺乏针对青年婚恋需求、婚恋观、家庭观的深入调查，这在一定程度上降低了活动的针对性，也造成了牵手率偏低，影响了活动整体效果的提升。因此在接下来的工作中，各地共青团应该联合高校、社科机构、婚恋指导单位开展针对单身青年的专业化调研工作，深入青年内部，针对不同地区、不同年龄段、不同群体青年开展广泛、深入、有针对性的调研，加强对青年婚恋状况的调查研究和关键数据的监测评估，形成相应调研报告，根据调研结果，有的放矢地开展工作，为开展青年婚恋工作提供科学有力的依据，从而提高活动的有效性。

（三）创新婚恋交友活动模式，扩大活动覆盖面

从以往各地共青团开展活动的情况来看，其基本模式是经过前期线上线下宣传，在"七夕节""5·20"等重要时间节点，邀请广大单身青年参与活动，活动包括自我展示、才艺表演、互动游戏、嘉宾告白等基本环节，尚未形成各自成熟的工作机制，活动效果不够明显。长此以往，这种固定化的模式不但会降低单身青年参加活动的积极性，也会影响活动效果的进一步提

高。就参加群体而言，更多为党政机关、医院、银行、高校等企事业单位里的青年。就活动规模来看，参加人数基本在 100 对以下甚至更少。针对以上问题，各地共青团在开展工作时应该根据本地实际情况，因时制宜、因地制宜创新婚恋交友的模式，积极探索具有本地特色的婚恋交友品牌和平台。针对活动覆盖面不广的问题，一方面要关注那些进城务工青年、农村青年等普通青年群体的婚恋需求，加大人力资源投入，加大对其的服务力度，帮助这些普通青年解决婚恋难问题，打破以往婚恋交友中的群体不平衡现象；另一方面要适当扩大活动规模，将大中小型活动结合起来，建立立体化的服务机制，从而扩大活动的有效覆盖面。

（四）延伸服务链条，建立长效工作机制

针对各地共青团在开展活动中存在的缺乏持续跟进、牵手率低、缺乏系统性等问题，在工作开展前应该做好活动规划工作，根据报名人数及参与者年龄、民族、文化水平、职业层次等进行筛选，在设计活动时加强针对性、提高活动的精准度。在活动开展中，根据以往单身青年参加活动后的反馈合理调整活动环节及内容，协调推进，注重现场氛围的营造，调动参与青年的情绪，使得参与的青年能够彼此深入了解，以此来提高活动的牵手率。活动结束后，利用微信等交友工具，建立参与活动青年的交流群，方便青年之间的联系，对于牵手成功和彼此有进一步了解意向的青年，应该加强后续服务工作，邀请其参与后续交友活动，为其进一步发展创造机会，邀请相关婚恋专家为其提供感情咨询和指导，同时链接相关市场资源，建立长效服务工作机制，为青年婚恋交友提供优质、优惠的服务。

（五）加强服务团队建设，形成社会多方合力

青年"婚恋难"是一个社会性问题，单靠团组织一方力量，很难促进问题的有效解决。因此在具体工作中要联合民政部门、卫健委等青年婚恋工作的服务部门开展工作，积极构建协同联动的工作服务机制，加强组织领导，多个部门共同推动婚恋服务工作的开展，加大人力资源投入，邀请婚恋

专业人士到团组织内部挂职、进行专业指导，优化服务效果，要建立起一支融合党政机关、群团组织、社会力量的多元化、专业化队伍，形成社会合力。同时邀请高校专家、婚恋专家为相关工作人员培训，制定工作服务规范，形成团组织的工作机制和工作模式，增强工作队伍的协调能力和服务能力，建设一支素质高、能力强、愿意为青年奉献的专业化服务队伍，推动青年婚恋服务朝着规范化、常态化、社会化方向发展，从而使得各方力量能够更好地服务于广大单身青年，满足其婚恋需求，促进"婚恋难"问题的有效解决。

Abstract

This report is the analysis report (Blue Book of Youth Development) of "The Survey of Chinese Youth's Current Situation of Marriage and Love" research group in Institute of Sociology, Chinese Academy of Social Sciences. Based on the survey data, researchers and scholars from institutions and universities report their findings. In order to grasp the youth's marriage and love problem more accurately and really, the Institute of Sociology, Chinese Academy of Social Sciences organized and implemented "The Survey of Contemporary Youth's Current Situation of Marriage and Love" from December, 2018 to January, 2019. The youth discussed in this report mainly refers to the population group from 20 years old to 35 years old. The intergenerational difference, social differentiation and class differentiation among youth group are very obvious. However, due to data restriction, this report still regards the youth group as a whole in most cases, and conducts corresponding discussion and analysis. This could conceal the internal difference among youth group. Hence, in possible condition, this report would supplement some discussions about different youth groups to make up for these shortcomings.

Several factors jointly shape the youth's marriage and love behavior. These influencing factors range from individual and family to society, market and country, etc. Hence, this blue book of youth's marriage and love tries to examine the issues on youth's marriage and love from several dimensions. Firstly, we try to examine the youth's cognition and attitude towards marriage and love, including the youth's view of marriage and love, idea on sex, view of family, view of childbearing and view of childrearing; meanwhile, we also pay attention to their practical behaviors, because these behaviors are the direct and real reflection of their related ideas. Secondly, we try to examine the national policies and legal provisions regulating the youth's marriage and love behavior. They include the law articles

like marriage law, etc.; and the national policies like maternity leave, etc. Meanwhile, we also discuss and use the related experience of other countries for reference. Finally, we discuss all kinds of marriage and love services provided by the country, society and market, especially the marriage and love service conducted by the Communist Youth League. In order to explore the issues on youth's marriage and love more deeply, this blue book also focuses on several hotspot problems regarding the youth's marriage and love, such as late marriage and late childbearing, the expensive betrothal gifts, and the rise of divorce rate, etc.

This report points out, with economic development and social change, regarding Chinese youth's view of marriage and love and current situation of marriage and love, some have changed and some haven't changed. From the perspective of marriage, the unchanged aspects are that China is still the society with universal marriage; "a man should get married on coming of age, and so should a girl" is still Chinese people's universally acceptable values; for young people, their willingness of getting married is still strong. The changed aspects are that young people's proportion of love is relatively low; they become more autonomous in spouse selection and more emphasize the factor of affection; the forced marriages form parents have increased; the age of marriage has generally postponed; the proportion of marriage cost from the bride's side has increased; the divorce is becoming increasingly popular. From the perspective of childbearing, the unchanged aspects are that most young people still recognize childbearing; they wish they could have both a son and a girl; they have strong sense of identification with blood relationship and family relationship. The changed aspect is that young people's willingness of childbearing has showed decrease trend, the main reason for non-childbearing is economic reason. Regarding sexual relationship, half of unmarried youth have sexual experience in practice, one third of unmarried youth have the experience of sexual intercourse; from the perspective of idea, the young people's sex values would display the diversified orientation, they become more tolerant of premarital sexual relationship.

The youth's marriage and love problem is the big problem in the process of youth development, it's also the problem all the youth will encounter in their whole life course. Hence, the government and society couldn't avoid these questions, namely constructing and improving the social support system for youth's marriage and love according to their current situation and view of marriage and love, creating the friendly environment for youth's marriage and love. In the ending section of every chapter, we also provide the corresponding policy suggestions on concrete issues. We hope these suggestions would be beneficial for the country to introduce some corresponding policies.

Contents

I General Report

Abstract: The youth's marriage and love is the big issue for youth development. The issues on youth's marriage and love involve several dimensions, including the youth's cognition and attitude towards marriage and love; the related policy, attitude and guidance from public power like country, etc.; and the service and support provided by the country, market and society. These influencing factors range from individual and family to society, market and country, they jointly shape the youth's marriage and love behavior. This article highly summarizes the achievements of this bluebook in several aspects. They include the youth's view of marriage and love, idea on sex, view of family, view of childbearing, view of childrearing and their corresponding practical behaviors; the law articles (such as marriage law, etc.) regulating the youth's marriage and love, the related legal provisions like legal maternity leave, etc.; the service and support provided by the country, society and market. Hence, the government and society couldn't avoid these questions, namely constructing and improving the social support system for youth's marriage and love according to their current situation and view of marriage and love, creating the friendly environment for youth's marriage and love.

Keywords: Youth; View of Marriage and Love; Current Situation of Marriage and Love; Legal Provisions on Marriage and Love; Marriage and Love Services

II Sub-reports

Abstract: The view of marriage and love could influence the value orientation of love and marriage behavior directly, and have important influences on the youth's spouse selection behavior and marriage life. Using the data from "The Survey Questionnaire on Contemporary Youth's Ideas on Marriage and Love" conducted by the Central Committee of Communist Youth League, we try to analyze the current situation of contemporary youth's view of marriage and love from three aspects, namely the view of spouse selection, the view of love and the view of marriage. According to the findings, the contemporary youth's view of marriage and love would present both modern characteristic and traditional characteristic. For the youth, the space for spouse selection is increasingly bigger, the mode of spouse selection is increasingly diversified, the standard of spouse selection would more emphasize the affection, and they tend to become more independent in marriage selection and inhabitation after marriage. However, influenced by traditional filial piety culture, family culture and social structure, the contemporary youth would also keep the aspect of tradition in the process of marriage and love. In the process of marriage and love, on the one hand, the youth would be influenced by the process of modernization and individualization; on the other hand, they would also be restricted by special cultural tradition and social structure in our country.

Keywords: Contemporary Youth; View of Spouse Selection; View of Love; View of Marriage

B. 3　Contemporary Youth's Idea on Family

Yan Kangpu , Wang Zhonghan / 059

Abstract：Based on the background of modernization, this article tries to explore the Chinese traditional idea on family and the modern idea on family; and their similarities and differences in three aspects, namely family function, family relationship and value idea. Moreover, we also analyze the reasons for these changes. According to the findings, regarding the idea on family in new period, the cultural feedback continues to deepen; the family and individual is forming the complementary relationship. Regarding the contemporary youth's idea on family, its change is jointly influenced by the changes in economy, culture, society and family structure. We should put forward some corresponding suggestions to contemporary youth, hence the contemporary youth could construct healthy idea on family.

Keywords：Family; Idea on Family; Family Function; Family Relationship

B. 4　Contemporary Youth's Idea on Childbearing　*Liu Zhiqiang / 076*

Abstract：This article focuses on contemporary youth's idea on childbearing. At first, we regard the change as perspective, and explore concrete connotation of youth's idea on childbearing from three aspects, namely the purpose of childbearing, the willingness of childbearing and the quality of childbearing. Regarding the purpose of childbearing, it has changed from "rearing children for old age" and "continuing the ancestral line" to diversified purpose of childbearing; regarding the willingness of childbearing, it has changed from more childbearing to less childbearing, from early childbearing to late childrearing, from having gender preference to "boy or girl are the same"; regarding the quality of childrearing, the contemporary youth would emphasize better bearing and rearing their children. Since the adjustment of policy for childbearing, some new changes have appeared in contemporary youth's idea on childbearing. For many young parents, "finding a partner for child" has become the purpose of having the second child; the youth's willingness regarding number of childbearing has somewhat increased, but still less than alternative level; regarding the child's gender, they have showed the tendency of no preference or double preference; for the females in childbearing age in urban and rural areas, the age of first childbearing has somewhat advanced; regarding the expectation and involvement of children quality, there is no difference in child order among young parents. Regarding contemporary youth's idea on childbearing and its change, they are the results of the development of macro social reality since reform and opening up, including social-economic development, the change in policy for childbearing, the communication between Chinese culture and Western culture, etc. Finally, this article tries to put forward some related policy references, hence the youth could set up scientific and reasonable idea on childrearing which also conforms to the reality of development.

Keywords: Youth; Idea on Childbearing; Fertility Policy

B. 5 The Research Report on Contemporary Youth's Ideas on Childrearing and Children Education *Xu Qi* / 092

Abstract: Using the date of four phases from "China Family Panel Survey" between 2010 and 2016, this research report tries to analyze the contemporary youth's ideas on childrearing and children education. According to the findings, most Chinese youth would recognize the importance of marriage on their children's growth; meanwhile, they also have stronger sense of responsibility on rearing their children. Chinese youth generally have higher educational expectation for their children; most young parents think that they should economize food and clothing, hence create better educational condition for their children. High proportion of parents would like to send their children to study abroad. According to the findings from subsample, there are obvious urban-rural difference and class difference in contemporary youth's ideas on childrearing and children education; some indicators have changed obviously with time. Based on these findings, this research report

tries to put forward several suggestions for the future, namely paying close attention to the family's ideas on childrearing and education, striving to improve the educational equality, and guiding the family education to develop in healthy and rational direction.

Keywords: Contemporary Youth; Idea on Childrearing; Idea on Education; Educational Equality

B. 6   Contemporary Unmarried Youth's Idea on Sex and

Sexual Behavior   *Zhu Di* / 115

Abstract: This report focuses on contemporary unmarried youth's idea on sex and sexual behavior, the related empirical data comes from "National Youth Survey" and "Chinese General Social Survey". According to the findings, the youth holds the attitude of hesitation over premarital sexual behavior on the whole; themen, high-educated and urban youth hold more tolerant attitude over premarital sexual behavior; for the unmarried youth who have higher demand for marriage quality and emphasize having a common goal, they tend to show more tolerant attitude over premarital sexual behavior and premarital cohabitation; for the unmarried youth who are men and have rural household registration, the proportion of sexual behavior is higher; the affection is the important factor to influence whether contemporary youth have premarital sexual behavior or not, while the constraint effect of institution norms on cohabitation or marriage is decreasing. The study also finds that the unmarried youth have insufficient safety consciousness and safety knowledge regarding sexual behavior; for the rural youth especially the youth having the experience of left-behind children, they tend to face rising risks in unsafe sexual behavior. Based on these findings, we try to put forward some related policy suggestions: the school, family and society should collaborate together to construct the support system for sexual education and reproductive health service, especially strengthen the protection and care towards vulnerable groups including rural youth and left-behind children.

Keywords: Idea on Sex; Youth; First Sexual Behavior; Premarital Sexual Behavior; Sexual Risk

Ⅲ   Reports on Laws and Policies

B. 7   The Report on Current Situation of Law and Policy
　　Regarding Chinese Youth's Marriage and Love

Zhang Xiaobing / 131

Abstract: Regarding the field of youth's marriage and love, the characteristics of law and policy are obvious. For example, the perspective of law would advocate freedom of marriage, emphasize the benefit protection towards women, children and the elders, oppose family violence; the perspective of policy would focus on the medical treatment towards spouse and children, the healthcare towards mother and infant and the solution of family house problem. These law and policy have greatly influenced and guided the youth's willingness of marriage and love. However, due to the existence of some loopholes and shortcomings, they also induce a series of social phenomena and problems. These social phenomena and problems are related with almost every aspect of social life, including family stability, the health of family members, wealth affiliation and the transaction of house market, etc. The improvement of law and policy should pay attention to guiding the youth's healthy view of marriage and love, advocate rational marriage, formulate the childrearing complementary measures, effectively increase the fertility rate, scientifically set the policies to restrict purchase and loan, improve the system of real estate segmentation, and confirm the norms related with betrothal gifts and couple loyalty agreement.

Keywords: Youth; Marriage and Love; Childbearing; Law Policy

B. 8   The Study on the Youth's Holiday Rights and

Interests during Pregnancy Period, Maternity

Period and Suckling Period   *Ma Chunhua* / 155

Abstract: This article tries to discuss the youth's holiday rights and interests in pregnancy period, maternity period and suckling period, namely the country's holiday policy regarding pregnancy period, maternity period and suckling period. According to the findings, regarding the existing holiday rights and interests, the coverage of both holiday and allowance is insufficient, many vulnerable groups couldn't get fertility protection actually; for the female group with higher income, the prescribed amount of holiday allowance is less than 100%. Meanwhile, some necessary holiday rights and interests are insufficient, such as lawful accompanying maternity leave in the whole country, especially childrearing leave with salary, etc. Based on these findings, we try to put forward some related policy suggestions.

Keywords: Youth; Maternity Leave; Accompanying Maternity Leave; Childrearing Leave; Suckling Leave

Ⅳ   Reports on Special Subjects

B. 9   The Exploration and Analysis on the Change, Difference

and Influence of Age of First Marriage   *Zhang Xiaoqian* / 177

Abstract: Since reform and opening up, Chinese people's average age of first marriage is continuously postponed. For the men, the average age of first marriage has increased from around 24 years old in 1985 to around 28 years old in 2015; for the women, the average age of first marriage has increased from around 22 years old in 1985 to around 26 years old in 2015. Meanwhile, regarding the age of first marriage, there are multiple group differences in urban and rural areas, education, ethnicity, number of siblings, parental social-economic status and intergeneration, etc. Then we try to further analyze the reason for causing the age of first marriage, and find that the marriage system, women's participation in public sphere, work-family conflict, pressure of urban life, marriage cost and changes in ideas on marriage and childbearing are all the influencing factors, which could cause the phenomenon of delayed marriage. Moreover, the delayed marriage could also bring positive or negative social influence. In the end, this article tries to propose some countermeasures and suggestions towards corresponding negative social consequences.

Keywords: Youth; Age of First Marriage; Late Marriage

B. 10   The Current Situation of Older Unmarried Youth and the Origin Analysis   *Shi Jinqun* / 193

Abstract: The older unmarried youth refer to the group of single young men and women who have passed marriageable age generally recognized by society but are still unmarried. Based on several census data, this article tries to explore the development, current situation of unmarried single men and women over 30 years old in our country, and the reason behind this phenomenon. According to the findings, in China, the number of older unmarried youth has showed increase trend on the whole; in terms of gender, the phenomena of older unmarried could exist in almost every class and every region. However, the older unmarried men are mainly distributed in countryside and among groups with low economic income and low educational level; while the older unmarried women are mainly distributed in city and among groups with high economic income and high educational level. Regarding the increase in the number of older unmarried in our country, it's the result caused by many factors. In the formulation of related policies, we should comprehensively consider related factors. For the older unmarried men and the older unmarried women, we should not only consider the commonality between them, but also consider their respective particularity.

Keywords: Older Unmarried Youth; Age of First Marriage; Marriage Squeeze

青年发展蓝皮书

B. 11　The Analysis Report on the Change Trend of Divorce

　　　Rate among Current Chinese Youth　　*Liu Wenrong* / 209

Abstract：Based on the analysis and comparison of nationwide statistical data regarding divorce rate and young divorce population, this article has the following findings：since reform and opening up, the national divorce rate has generally increased to a great extent；under this context, the divorce risk among contemporary Chinese youth has somewhat increased on the whole. However, according to the proportion of different age among divorce population, the young people are not the main force of divorce population actually. On the contrary, the proportion of young divorce population in the whole divorce population has somewhat decreased to some extent. During the past twenty years, the proportion of young divorce population in rural areas has increased significantly；while in urban areas, the proportion of young divorce population has decreased due to the constant delay of age of first marriage. Regarding the influencing factors, this article tries to combine the survey data from "2019 National Youth's View of Marriage and Love" together, and analyze the reason for constant increase in divorce rate from five aspects, namely cultural idea, population mobility, social policy, media communication and change of gender roles. Regarding the countermeasures and suggestions, this article emphatically discusses how law system and policy for public service should protect marriage system and improve marriage stability；meanwhile, this article also proposes some concrete suggestions on how to strengthen marriage education and service towards young people.

Keywords：Youth；Divorce Rate；Divorce Risk；Marriage Stability

B. 12　The Benefit-seeking Phenomenon in Contemporary Youth's

　　　Marriage and Love and Its Origin Analysis

　　　　　　　　　　　　　　　　Xu Peng, Fan Ruyue / 236

Abstract：This article tries to explore the subjective and objective

300

characteristics of benefit-seeking phenomenon in the field of youth's marriage and love and its origin. The analysis has found that contemporary youth's values in marriage and love has showed some benefit orientation: in the process of spouse selection, over half of young people would emphasize "benefit" factors, including their intended spouses' social-economic status, family background, etc.; in the process of preparing for marriage ceremony, they would have more complex demand for the type and amount of economical consumption. From the perspective of macro structure, the imbalance of sex ratio in marriage market and the prevalence of caring about reputation and comparing unrealistically are external influencing factors, which could cause the above phenomenon; from the perspective of micro individual, the egoistic values based on the principle of rationality is also the important impetus, which could cause the benefit-seeking behavior in marriage. On the basis of empirical analysis, this article tries to further propose several countermeasures and suggestions, which could help the youth to set up positive view of marriage and love.

Keywords: Youth's Marriage and Love; The Benefit-seeking Phenomenon; Standard of Spouse Selection; Expensive Betrothal Gifts

V　Reports on International Reference

B. 13　The Study on International Experiences Regarding
　　　　Improvement Policies for Youth's Marriage and
　　　　Love and Related Social Services　　　　　　*Guo Xi* / 253

Abstract: Regarding the youth's marriage and love, the active and positive relationship is originally the source of forming better family. However, contrary to our wishes, currently the late marriage and even non-marriage have become youth groups' prevalent tendency in our country. How could we properly improve the youth group to establish healthy and positive view of marriage and love, it is an extremely urgent social problem. Regarding this problem, each country has

青年发展蓝皮书

formulated a series of improvement policies for marriage and love, hence we have lessons to learn from and experiences to expect. This article tries to select the improvement policies for marriage and love in Japan, Singapore and America as research objects, and conduct the comparative study. Hence, we could provide our country some references, namely how to plan the improvement policies for marriage and love close to youth's ideology.

Keywords: Improvement Policies for Marriage and Love; New Type of View of Marriage and Love; Construction of Marriage and Love Platform

Ⅵ   Reports on Case Studies

B. 14   The Summarization of Work Experience and Case Analysis on Marriage and Love Service Conducted by the Communist Youth League   *Tian Feng* / 270

Abstract: This article tries to summarize the work on youth's marriage and love conducted by all levels of Communist Youth League organizations in recent years. In the work on the youth's marriage and love, these organizations bring their own advantages into full play; regarding the problems like marriage and love difficulty in real life, they give play to the Communist Youth League's coordinative role, link every aspect of social forces, and develop the positive work. Hence, this kind of work pattern has gradually evolved, namely the dominance of Communist Youth League and the systematic participation of every aspect of social forces. Meanwhile, we also sort out the related cases and work examples regarding the work on youth's marriage and love, and discuss the difficult points in the work concerning the youth's marriage and love. According to the findings, there exist some questions in existing work, including the narrower effective coverage in marriage and love service, the lower hand holding rate, the lack of investigation and study, the weaker pertinence of activity, the insufficient follow-up improvement. and the lack of systematic approach, etc. Based on these findings, we try to put forward several policy suggestions, namely advocating the new trend of marriage and love civilization, deeply conducting the investigation work on the youth's marriage and love, enhancing the pertinence of activity, extending the service chain, and enlarging the coverage, etc. Hence, we could help all levels of Communist Youth League organizations to expand their work on youth's marriage and love in the future.

Keywords: Youth; Marriage and Love; Work Experience

皮 书

智库报告的主要形式
同一主题智库报告的聚合

❖ 皮书定义 ❖

皮书是对中国与世界发展状况和热点问题进行年度监测，以专业的角度、专家的视野和实证研究方法，针对某一领域或区域现状与发展态势展开分析和预测，具备前沿性、原创性、实证性、连续性、时效性等特点的公开出版物，由一系列权威研究报告组成。

❖ 皮书作者 ❖

皮书系列报告作者以国内外一流研究机构、知名高校等重点智库的研究人员为主，多为相关领域一流专家学者，他们的观点代表了当下学界对中国与世界的现实和未来最高水平的解读与分析。截至 2020 年，皮书研创机构有近千家，报告作者累计超过 7 万人。

❖ 皮书荣誉 ❖

皮书系列已成为社会科学文献出版社的著名图书品牌和中国社会科学院的知名学术品牌。2016 年皮书系列正式列入"十三五"国家重点出版规划项目；2013~2020 年，重点皮书列入中国社会科学院承担的国家哲学社会科学创新工程项目。

权威报告·一手数据·特色资源

皮书数据库
ANNUAL REPORT(YEARBOOK)
DATABASE

分析解读当下中国发展变迁的高端智库平台

所获荣誉

- 2019年，入围国家新闻出版署数字出版精品遴选推荐计划项目
- 2016年，入选"'十三五'国家重点电子出版物出版规划骨干工程"
- 2015年，荣获"搜索中国正能量 点赞2015""创新中国科技创新奖"
- 2013年，荣获"中国出版政府奖·网络出版物奖"提名奖
- 连续多年荣获中国数字出版博览会"数字出版·优秀品牌"奖

成为会员

通过网址www.pishu.com.cn访问皮书数据库网站或下载皮书数据库APP，进行手机号码验证或邮箱验证即可成为皮书数据库会员。

会员福利

- 已注册用户购书后可免费获赠100元皮书数据库充值卡。刮开充值卡涂层获取充值密码，登录并进入"会员中心"—"在线充值"—"充值卡充值"，充值成功即可购买和查看数据库内容。
- 会员福利最终解释权归社会科学文献出版社所有。

数据库服务热线：400-008-6695
数据库服务QQ：2475522410
数据库服务邮箱：database@ssap.cn
图书销售热线：010-59367070/7028
图书服务QQ：1265056568
图书服务邮箱：duzhe@ssap.cn

社会科学文献出版社 皮书系列
SOCIAL SCIENCES ACADEMIC PRESS (CHINA)
卡号：289679321128
密码：

基本子库
SUB DATABASE

中国社会发展数据库（下设 12 个子库）

整合国内外中国社会发展研究成果，汇聚独家统计数据、深度分析报告，涉及社会、人口、政治、教育、法律等 12 个领域，为了解中国社会发展动态、跟踪社会核心热点、分析社会发展趋势提供一站式资源搜索和数据服务。

中国经济发展数据库（下设 12 个子库）

围绕国内外中国经济发展主题研究报告、学术资讯、基础数据等资料构建，内容涵盖宏观经济、农业经济、工业经济、产业经济等 12 个重点经济领域，为实时掌控经济运行态势、把握经济发展规律、洞察经济形势、进行经济决策提供参考和依据。

中国行业发展数据库（下设 17 个子库）

以中国国民经济行业分类为依据，覆盖金融业、旅游、医疗卫生、交通运输、能源矿产等 100 多个行业，跟踪分析国民经济相关行业市场运行状况和政策导向，汇集行业发展前沿资讯，为投资、从业及各种经济决策提供理论基础和实践指导。

中国区域发展数据库（下设 6 个子库）

对中国特定区域内的经济、社会、文化等领域现状与发展情况进行深度分析和预测，研究层级至县及县以下行政区，涉及地区、区域经济体、城市、农村等不同维度，为地方经济社会宏观态势研究、发展经验研究、案例分析提供数据服务。

中国文化传媒数据库（下设 18 个子库）

汇聚文化传媒领域专家观点、热点资讯，梳理国内外中国文化发展相关学术研究成果、一手统计数据，涵盖文化产业、新闻传播、电影娱乐、文学艺术、群众文化等 18 个重点研究领域。为文化传媒研究提供相关数据、研究报告和综合分析服务。

世界经济与国际关系数据库（下设 6 个子库）

立足"皮书系列"世界经济、国际关系相关学术资源，整合世界经济、国际政治、世界文化与科技、全球性问题、国际组织与国际法、区域研究 6 大领域研究成果，为世界经济与国际关系研究提供全方位数据分析，为决策和形势研判提供参考。

法律声明

　　"皮书系列"（含蓝皮书、绿皮书、黄皮书）之品牌由社会科学文献出版社最早使用并持续至今，现已被中国图书市场所熟知。"皮书系列"的相关商标已在中华人民共和国国家工商行政管理总局商标局注册，如LOGO（ ）、皮书、Pishu、经济蓝皮书、社会蓝皮书等。"皮书系列"图书的注册商标专用权及封面设计、版式设计的著作权均为社会科学文献出版社所有。未经社会科学文献出版社书面授权许可，任何使用与"皮书系列"图书注册商标、封面设计、版式设计相同或者近似的文字、图形或其组合的行为均系侵权行为。

　　经作者授权，本书的专有出版权及信息网络传播权等为社会科学文献出版社享有。未经社会科学文献出版社书面授权许可，任何就本书内容的复制、发行或以数字形式进行网络传播的行为均系侵权行为。

　　社会科学文献出版社将通过法律途径追究上述侵权行为的法律责任，维护自身合法权益。

　　欢迎社会各界人士对侵犯社会科学文献出版社上述权利的侵权行为进行举报。电话：010-59367121，电子邮箱：fawubu@ssap.cn。

社会科学文献出版社